한국사 & 세계사
# 비교 연표

# 한국사 & 세계사
# 비교 연표

이근호·최유림 지음

청아출판사

## 머리말

흔히 역사는 과거와 현재의 대화라고 합니다. 돌이킬 수도 없고 바꿀 수도 없는 지난 일을 통해 지금을 살아가는 방법을 알 수 있게 해 주기 때문입니다. 게다가 미래에 일어날 일에 대한 예측과 대비도 어느 정도는 가능하게 해 주니 역사를 아는 것은 중요합니다.

그래서인지 예전보다 다양한 역사 다큐멘터리나 강연과 토론을 겸한 역사 프로그램이 TV에서 여러 편 방영되고 있습니다. 코로나 팬데믹으로 인해 제한된 문화 단체의 역사 강좌 등의 자리를 유튜브가 대신하고 있고요. 그렇기에 대중의 역사 지식이나 인식도 많이 달라졌습니다. 그러나 역사에 대한 관심이 특정 시대나 나라, 인물에 집중되어 아쉬운 마음이 듭니다. 단편적인 사건 위주로 접근하는 경향도 안타깝다는 생각을 지울 수가 없습니다.

물론 역사에 흥미와 재미를 느끼게 되고, 이를 일상에 적용하여 도움을 받는다면 역사를 접하는 방법은 중요하지 않다고 생각할지도 모릅니다. 그러나 역사에서는 흐름 파악이 중요합니다. 먼저 역사의 고고한 흐름을 읽고 그 속에서 사건이나 인물, 나라를 이해하는 풍토가 필요하다고 생각합니다. 그런 측면에서 볼 때 연표, 즉 역사연대표를 활용하는 것은 역사의 흐름을 이해하는 데 유익한 방법입니다.

이 책에서는 연표로 방대한 역사를 정리하였습니다. 연표를 단순한 사실의 나열 정도로만 받아들일 수도 있지만, 연표를 효율적으로 활용한다면 사실에 대한 이해를 넘어 해당 시대의 역사상을 조망해 볼 수 있습니다. 연표를 통해 역사의 흐름을 수월하게 파악할 수 있게 되니까요.

또한 우리 역사와 세계의 역사를 비교하기 쉽도록 나란히 구성하였습니다. 대한민국이라는 한 나라의 역사만을 이해하는 관점에서 나아가 같은 시대 혹은 전후 시대의 동서양 역사와 비교하고 검토할 수 있게 하자는 취지였습니다. 전 세계가 몇천 년 동안 서로 영향을 주고받았음을 입체적으로 접한다면 이 또한 역사의 흐름 파악에 용이할 테니 말이지요. 여기에 관련 사진들을 풍부하게 수록하여 이해를 돕고 관심을 유발하도록 했습니다.

2021년이 얼마 남지 않은 이때, 대한민국이라는 동북아시아 끝자락에 사는 여러분 모두가 역사의 한 페이지를 장식하고 있다는 사실을 잊지 않았으면 좋겠습니다. 먼 훗날 지금을 과거의 역사로 접하게 될 후손들을 위해 역사에 꾸준히 관심을 두기를, 이 책이 여러분이 역사를 이해하는 데 조금이나마 도움이 되기를 바랍니다.

2021년 11월
이근호, 최유림

# Contents

## 제 4 장 근 대

**1641~1913년**

근대는 최초의 시민혁명인 청교도 혁명에서부터 제1차 세계대전 발발 전까지를 말한다. 시민혁명, 산업혁명 등 굵직한 사건이 역사 무대에 등장했다. 특히 시민이 주도한 혁명은 시민의식을 성장시켰고, 비약적인 사회 발전의 원동력이 되었다. 서양 제국주의 물결은 동양에까지 밀려들었다. 우리나라는 500년 역사의 조선이 무너지고 일제의 식민지가 되었다.

## 제 5 장 현 대

**1914년~현재**

제1, 2차 세계대전 동안 서양 열강은 협력과 대립을 거듭하였고, 식민지에서는 다양한 민족주의 운동이 일어났다. 1945년에 전쟁이 끝나면서 제국주의가 막을 내렸고, 수많은 식민지가 독립하여 주권 국가로서 세계의 일원이 되었다. 이제 세계는 나라 간의 협력과 평화를 다양하게 모색하고 있다. 우리나라는 일제 치하에서 벗어나 정치적·경제적 발전을 위한 격동기를 거쳐 세계 일류 국가로 발돋움하고 있다.

# 제 1 장
# 고대

원시 시대
~
475년

ANCIENT AGES

# Ⅰ Ancient Ages

## 원시 시대~475년

인류는 1,500만 년 전부터 라마피테쿠스, 오스트랄로피테쿠스를 거쳐 호모 사피엔스 사피엔스까지 진화했다. 그동안 다양한 상상력과 경험을 통해 발전한 인류는 한곳에 정착하면서 농경과 목축을 시작했다. 이 신석기 혁명을 통해 초기 사회가 형성됐고, 메소포타미아, 이집트, 인더스, 황허 등 초기 문명으로 이어졌다.

인류 최초의 문명은 비옥한 초승달 지역과 나일강 유역에서 시작됐다. 메소포타미아의 남부 지역에 가장 먼저 들어온 민족은 수메르인이었다. 이들은 유프라테스강과 티그리스강을 기반으로 문명을 만들었다. 메소포타미아 지역의 역사는 끊임없는 이주와 침입의 연속이었다. 하지만 새로이 이주해 온 민족이 메소포타미아 문명의 핵심을 받아들여 자신들의 문명과 결합해 더 나은 문명으로 발전시켰다.

이집트는 원래 상이집트와 하이집트로 나뉘어 있었으나, 메네스라는 전설적인 왕이 나타나 통일을 이뤄 왕국의 기틀을 마련했다. 이집트는 사막과 바다로 둘러싸여 있어 외부에서 침입하기가 어려운 지역이었다. 그렇기에 거의 2천 년 동안 별다른 변화 없이 고유한 문화를 간직할 수 있었다.

BC 1600년 이후 메소포타미아 및 이집트 문명을 변화시킨 침입이 시작됐다. 이 침입자들이 정착하여 토착 문화를 흡수할 무렵 또 다른 철기 사용 민족이 침입해 왔다. 그 결과 BC 1200년 이후 헤브라이, 페니키아, 아람, 아시리아 등을 포함하는 문명이 새롭게 일어났다. 그러다 BC 6세기경 페르시아가 서아시아 전역을 정복하여 제국을 건설하고 그리스 세계까지 손길을 뻗쳤다.

최초의 서양 문화는 그리스에서 생겨났다. 그리스 문화는 오리엔트 문화와는 성격이 다른 독창적인 문화로, 오늘날 유럽 문화의 원천이 됐다. 그리스는 지리적 조건 및 왕성한 활동력을 기반으로 바다를 통해 곳곳에 식민지를 건설했다. 이로써 지중해 일대가 하나의 세계로 형성되기 시작했다.

로마의 역사는 BC 8세기 중엽부터 AD 5세기 말까지 약 1,300년에 걸쳐 전개됐다. 공화정 수립부터 BC 1세기 초 아우구스투스의 제정에 이르는 공화정 시기와 그 후부터 5세기 후반 서로마 제국 멸망까지의 제정 시기로 나눌 수 있다. 공화정 시기의 로마에서는 정치 참여가 귀족 중심에서 평민으로 확대되었으나, 결코 아테나와 같은 민주정은 실현하지 못했다. 제정 시기의 로마는 팽창하고 확대하는 정복 정책보다 확정된 국경선을 유지하는 평화 정책에 중점을 두었고, 후기에는 황제의 권위가 강해진 전제정치가 실시됐다. 2세기 말부터 군대의 세력에 좌지우지되던 로마는 3세기 중엽부터 시작된 게르만족의 이동으로 멸망의 길에 접어들었다.

인더스강 유역에서 생겨난 인더스 문명의 대표 도시로는 모헨조다로와 하라파가 있다. 이 도시들을 건설한 드라비다족은 농경과 목축으로 생활했다. BC 1500년경 중앙아시아에서 유입된 아리아인이 갠지스강 유역까지 진출했는데, 이 과정에서 카스트 제도가 생겨났다. 또한 인도 최초의 왕조인 마우리아 왕조와 쿠샨 왕조를 거치면서 불교가 탄생, 발전했다.

황토가 많은 황허강 유역에서는 중국 문명이 시작됐고, 중국 고대 역사의 삼대 왕조인 하·상·주도 생겨났다. 봉건 제도로 유지되던 주나라의 멸망 후 혼란했던 춘추전국 시대를 수습한 것은 진시황제였다. 중국 최초의 통일 왕조인 진은 군현제를 기반으로 강력한 중앙 집권 정책을 실시했다. 진의 뒤를 이어 유방이 세운 한은 전한과 후한을 합쳐 400년 넘게 유지됐고, 한나라 문화는 중국 문명의 토대가 되어 동아시아 여러 나라에 영향을 미쳤다.

우리 조상들은 만주와 요서 지방, 한반도를 중심으로 생활해 왔다. 구석기·신석기·청동기·철기 시대를 거치면서 문화가 발달하고 생활에 변화가 생겼으며 국가도 생겨났다.

우리나라 최초의 국가는 단군이 세운 고조선이다. 단군은 하늘나라 왕인 환인의 아들 환웅과 웅녀 사이에서 태어났다. 단군왕검은 기원전 2333년, 아사달을 도읍으로 나라를 세웠다. 널리 인간 세계를 이롭게 한다는 뜻의 '홍익인간'을 건국 이념으로 삼았고, '팔조법'을 제정하여 백성을 다스렸다. 고조선은 한나라의 침략을 받았지만 슬기롭게 대처하여 민족의 자주성을 지켰다.

커다란 알에서 태어났다고 전해지는 주몽은 22세에 고구려를 세우고 부근의 여러 나라를 정벌하여 영토를 넓혔다. 고구려는 중국 한의 세력인 낙랑을 내쫓고 만주 지역과 한반도 북쪽에서 크게 세력을 떨쳤다. 5세기에 이르러서는 광개토대왕과 장수왕이 동북아시아의 패권을 장악하였다.

백제의 시조 온조는 한강 유역의 지리적 이점을 활용해 부근의 세력을 끌어들여 눈부신 발전을 이루었다. 근초고왕 때는 고구려와의 싸움에서 고국원왕을 전사시켰고, 왕권을 강화하고 중국, 일본과 활발히 교류하는 등 전성기를 맞이했다. 그러나 이후 고구려의 위협을 피해 도읍을 곰나루(공주)로 옮겨야 할 정도로 세력이 약해졌다.

신라는 6개의 씨족 집단이 박혁거세를 거서간으로 추대하면서 시작됐다. 그 후 주변 여러 소국을 연합하거나 정복하여 연맹 왕국을 형성했다. 4세기 중엽에 이르러서는 김씨의 왕위 세습과 왕위의 부자 상속을 확립했다. 이는 왕권이 안정되었음을 보여 주는 것으로, 마립간이라는 왕호 역시 이를 뒷받침해 준다.

| ☀ 한국사 ☀ | ☀ 세계사 ☀ |
|---|---|

### ◉ BC 1500만 년
#### 라마피테쿠스 출현

마이오세(Miocene Epoch)부터 플라이오세(Pliocene Epoch)에 걸쳐 아시아·아프리카·유럽 각지에서 살았을 것으로 추정되는 화석 영장류가 처음 출현했다. 라마피테쿠스는 진화 계통상 원숭이에서 사람으로 진화하는 첫 분기점이며, 최초의 유인원으로 보기도 한다. 오스트랄로피테쿠스 이래 현재까지 이어지는 사람속(屬·Homo)의 직접적 조상이며, 사람과(科)의 일원이다.

### ◉ BC 250만 년
#### 구석기 시대 시작

돌을 깨트려서 만든 뗀석기를 사용한 구석기 시대가 시작됐다. 당시 사람들은 사냥하거나 열매를 따 먹으며 동굴이나 강가에서 무리 지어 살았다.

구석기 시대에 사용된 다양한 뗀석기

### ◉ BC 100만 년
#### 불의 사용

인류가 언제부터 불을 사용했는지 정확하게 알 수는 없다. 처음에는 직접 불을 만들기보다는 번개나 산불 같은 자연에서 불씨를 얻어 이용했을 것으로 추정된다. 인류는 불을 이용하면서 커다란 변화를 맞이했다.

## BC 70만 년 ◁
### 한반도 구석기 시대 시작

모든 인류의 구석기 시대에 사용되었던 뗀석기가 한반도에서도 사용됐다. 이 시기 만주와 한반도에서는 단순한 채집 생활을 했고, 신분 차이가 없는 평등한 사회가 이루어졌다. 한반도 구석기 유적지로는 평남 상원 검은모루 동굴, 경기 연천 전곡리, 충남 공주 석장리 유적지 등이 있다.

오스트랄로피테쿠스

호모 에렉투스

네안데르탈인

호모 사피엔스

인류의 진화

## ❯ BC 4만 년
### 호모 사피엔스 출현

원시 인류의 직접 조상으로 알려진 오스트랄로피테쿠스는 BC 300만 년경 처음 출현했다. 이들은 직립 보행을 하고 간단한 도구를 사용했다. 이후 인류는 호모 하빌리스, 호모 에렉투스, 네안데르탈인, 크로마뇽인을 거쳐 호모 사피엔스로 진화했다. 호모 사피엔스는 아프리카·유럽·아시아에서 출현하여 북미와 오스트레일리아 지역으로 퍼져 나갔다. 현생인류는 호모 사피엔스 사피엔스로, 호모 사피엔스의 아종(亞種)이다.

## ❯ BC 15000년
### 농경 시작

일부 부족들이 처음으로 농사를 지었고, 인류는 농경으로 말미암아 정착 생활을 하게 되었다. 그러나 일부 학자들은 BC 9500년에 지금의 시리아 부근에서 인류 최초로 농경을 시작했다고 보기도 한다.

신석기 시대의 토기

 **BC 8000년**

### 신석기 시대 시작

농경 문화가 발전하면서 간석기와 토기를 사용한 신석기 시대가 시작됐다. 식량을 채집하는 단계에서 생산하는 단계로 진입하여 잉여 식량 생산도 가능해졌다. 그 결과 정착 생활과 인구 증가가 촉진되었으며, 이러한 현상이 지구상 전 지역으로 확대됐다. 정착 생활을 하면서 제도가 발전하게 됐고, 가족과 종교, 국가의 형태가 본격적으로 갖추어지기 시작했다.

**BC 7000년**

### 옥수수 재배 시작 아메리카

벼, 밀과 함께 세계 3대 식량 작물에 속하는 옥수수는 중남미에서 최초로 재배된 것으로 추정된다. 옥수수 재배 흔적으로 가장 오래된 것은 멕시코의 테우아칸 분지에서 발견된 옥수수 이삭이다.

**BC 6000년** ❮

### 한반도 신석기 시대 시작

오랜 빙하기가 끝나고, 만주와 한반도에서도 간석기와 토기가 사용되기 시작했다. 농경을 시작하면서 정착 생활에 들어가 혈연을 중심으로 하는 부족 관계가 형성됐다. 서울 암사동, 평양 남경, 김해 수가리 등에 신석기 시대 유적이 남아 있다.

**발상 vs 발생**

흔히 발상(發祥)과 발생(發生)이 혼재되어 사용된다. 그렇지만 '어떤 대상이나 현상이 새로 생겨남'을 의미하는 **발생**을 문명의 탄생과 발전에 적용하는 것보다는 '역사상 큰 의의가 있을 만한 일이 처음으로 일어남'을 의미하는 **발상**을 사용하는 것이 더 정확하다.

**BC 3500년**

### 메소포타미아 문명 발상 아시아

유프라테스강과 티그리스강이 만나는 메소포타미아의 남쪽 지역에 에리두라는 도시가 형

성되어 인류 최초의 문명이 개화했다. '메소포
타미아'는 강의 중간이라는 뜻으로, 현재의 이
라크 지역을 말한다.

### ● BC 3200년

#### 이집트 문명 발상 아프리카

나일강이 제공하는 풍요와 안정 위에서
이집트 문명이 개화했다. 풍요로운 삶은
먹고사는 일상의 문제를 초월하여 이상
세계인 종교와 현실 세계인 사회에 대한
인식을 높이는 데 기여했다. 그리하여 피
라미드와 스핑크스 같은 찬란한 문화를
이룩했다.

#### 메소포타미아, 쐐기문자 발명 아시아

메소포타미아 문명의 건설자인 수메르
인은 숫자나 사물 또는 생각을 상징하는
기호 체계를 고안하여 최초의 문자인 쐐
기문자를 발명했다. 끝이 네모난 갈대로
진흙 판에 새긴 쐐기 모양의 문자는 처
음에는 상형문자로 출발했으나, 점차 약
350개의 음절 기호 및 발음 기호로 변형
됐다. 쐐기문자는 BC 500년경까지 서아
시아 전역에서 생산물의 양이나 땅의 크
기, 상업적 계약 등을 기록하는 데 쓰였다.
이 외에도 메소포타미아에서는 바퀴, 유
리, 주판, 우산 등이 발명됐다.

수메르인이 발명한 쐐기문자

### ● BC 2560년

#### 이집트, 쿠푸왕의 피라미드 건설 아프리카

피라미드는 고대 이집트 파라오의 무덤
으로, 나일강 주변에는 지금도 80여 개의
피라미드가 남아 있다. 이 중 가장 규모
가 크고 유명한 것은 쿠푸왕의 피라미드
이다. 고대 이집트 사람들은 사람이 죽으
면 영혼이 나갔다가 다시 돌아올 것이라

이집트 기자 지역에 있는 쿠푸왕 피라미드

모헨조다로 유적

고 믿어서 육체를 미라로 만들어 보관했다. 피라미드는 파라오의 미라를 보관하는 장소일 뿐만 아니라 죽은 뒤 다시 돌아와서 살 궁전이었다. 이 외에도 이집트에서는 태양력, 파피루스, 자물쇠 등을 발명하여 사용했다.

### ❯ BC 2500년
#### 인더스 문명 발상 아시아
인도 인더스강 하류에 있는 모헨조다로와 그 지류를 중심으로 거대한 규모의 문명이 일어났다. 모헨조다로는 반듯한 도로를 갖춘 계획도시로, 가옥이나 도로까지 하수 시설이 잘 갖추어져 있었다. 약 1,000년 동안 번영했던 인더스 문명은 어느 날 갑자기 사라졌다. 현재까지는 당시에 사용했던 문자를 해독하지 못해 멸망 원인이 수수께끼로 남아 있다.

#### 중국 문명 발상 아시아
중국 문명은 황허강과 창장강 유역에서 발상했다. 토지가 비옥하여 농경이 발달한 이 지역에서 청동기가 사용되면서 문명의 발전이 시작됐다. 황허강 유역에는 중국 최초의 나라인 하(夏)나라가 성립되었다고 전해진다.

### BC 2333년 ❮
#### 고조선, 건국
《삼국유사》에 나오는 단군신화에 따르면, 하늘나라의 왕 환인의 아들인 환웅과 웅녀가 결혼하여 낳은 단군왕검이 아사달에 도읍을 정하고 고조선을 건국했다. '홍익인간(弘益人間)'을 기본 이념으로 삼았던

곡성 단군전에 봉안되어 있는 단군왕검의 영정(출처: 문화재청)

우리 역사상 최초의 국가이며 제정일치 사회인 고조선에서는 '팔조법'이 시행됐다. 이때 건국된 조선을 위만조선과 구분하고자 고조선이라 부른다.

함무라비 법전

미노아 문명의 크노소스 궁전

### ❯ BC 1750년

#### 바빌로니아, 함무라비 법전 제정 아시아

고대 바빌로니아를 43년간 지배했던 함무라비왕이 수메르인과 셈족의 고대법을 수집하여 새로운 법체계를 확립했다. 높이 2.25m의 돌기둥에 새겨진 282조의 '함무라비 법전'은 일종의 보복법이었다. '눈에는 눈, 이에는 이'라는 원칙과 계급에 따라 적용되는 불평등한 형벌 원칙이 명시되어 있다. 고대적 잔재가 남아 있기는 했지만, 인류 역사상 가장 오래된 성문법이라는 의미가 크다. 함무라비 법전은 1901년 프랑스 탐험대가 페르시아의 수사에서 발견하여, 현재 파리 루브르박물관에 소장되어 있다.

### ❯ BC 1600년

#### 에게 문명 발상 유럽

크레타섬의 크노소스에서는 미노아 문명이, 그리스 본토의 미케네에서는 미케네 문명이 발상했다. 도시가 생겼고 초기 형태의 문자를 사용했으며, 교역을 위한 해군을 거느렸고, 세련된 모양의 도자기와 금속 제품을 생산했다. 이들이 남긴 문자 중 선문자 B는 그리스어의 초기 형태임이 밝혀져 고전 시대 이전의 그리스어 연구에 획기적인 역할을 했다.

카데시 조약이 새겨진 점토판

● BC 1259년

이집트, 카데시 조약 체결 아프리카

최초로 철기를 만들어 오리엔트에서 패권을 장악하고 있던 히타이트와 이집트는 카데시에서 전투를 벌였다. 두 나라 중 어떤 나라도 승기를 잡지 못해 휴전 협정을 맺었는데, 이때 체결된 조약이 세계 최초의 평화 협정인 '카데시 조약'이다.

BC 1122년 ●

기자조선 성립

기자조선은 중국 상(商)나라에 살았던 기자(箕子)가 조선에 와서 고조선에 이어 세웠다는 나라다. 그러나 조선으로 망명한 기자와 그의 자손들이 BC 1100년경부터 BC 194년까지 고조선을 다스렸다고 하는 '기자동래설(箕子東來說)'은 역사적으로 뒷받침되지 않아, 실제 존재 여부는 확실치 않다.

BC 1100년 ●

한반도 청동기 시대 시작

청동 야금술(冶金術)이 발달하면서 청동기 문화가 전개됐다. 벼농사가 시작됐고 계

전남 화순군 대곡리에서 출토된 청동기(출처: 국립중앙박물관)

● BC 1100년

독자적인 그리스 문명 시작 유럽

그리스인은 미케네 문명의 붕괴와 함께 찾아온 암흑시대를 지내면서 오리엔트의 영향에서 벗어나 독자적인 그리스만의 문화를 이룩하기 시작했다. 이 시기는 폴리스 탄생을 위한 준비 기간이었으며, 진정한 의미의 그리스 문명이 서서히 태동하고 있었다.

급이 발생했으며 거대한 돌로 만든 무덤인 고인돌이 만들어졌다. 전남 화순 대곡리 유적, 전북 고창 고인돌 유적지 등이 남아 있다.

강화 부근리 고인돌

❯ **BC 1046년**

중국, 주 왕조 성립 아시아

실존했다는 것이 고고학적으로 밝혀진 최초의 중국 왕조인 상나라에 조공하던 주(周)나라 무왕이 상을 멸망시키고 호경을 수도로 삼아 왕조를 세웠다. 요순시대(堯舜時代)를 잇는 이상의 치세로 불리는 주나라는 왕실의 일족과 공신을 요지에 두어 다스리는 봉건제˝를 시행했다.

### 봉건제 vs 군현제

**봉건제(封建制)**는 임금이 신하에게 땅을 나누어 주고 그 지역을 통치하게 하는 제도다. 임금과 신하 사이에는 계약에 의한 관계가 성립됐으며, 중국과 유럽 등에서 각기 다른 방식으로 발전했다.

**군현제(郡縣制)**는 중앙 집권적인 지방 행정 제도로, 전국을 여러 개의 군(郡)으로 나누고, 그것을 다시 현(縣)으로 나누어 중앙에서 관리를 보내어 다스렸다. 중국 진나라의 시황제 때 봉건 제도의 약점을 없애고자 처음 실시했고, 우리나라에서는 삼국 시대에 신라에서 일부 실시됐다.

## ☀ 한국사 ☀

카르타고 유적지

아테네 아크로폴리스

올림피아 제전이 열렸던 고대 올림피아의 모습

## ☀ 세계사 ☀

### ❯ BC 800년

#### 페니키아, 카르타고 건설 아프리카

티레 왕가 출신의 페니키아인이 북아프리카 튀니스만 북쪽 연안에 카르타고라는 도시를 건설했다. 카르타고는 땅이 비옥한 데다 에스파냐와 북아프리카를 잇는 통상로에 위치하여 지중해 해상 무역의 요충지로 발전했다. BC 146년 포에니 전쟁에서 로마에 패할 때까지 서지중해 최대 세력으로 번영했다.

#### 폴리스 형성 유럽

BC 800년경 씨족 집단 또는 부족 집단에 기반을 둔 촌락공동체들이 더 큰 정치적 단위로 바뀌어 가기 시작했다. 교역이 늘고 방위의 필요성이 커지자 도시들이 시장과 방어 요새를 중심으로 성장했고, 그 결과 도시국가(폴리스)가 등장했다. 대표적인 도시국가로는 아테네, 테베, 메가라와 스파르타, 코린토스 등이 있었다.

### ❯ BC 776년

#### 그리스, 고대 올림픽 경기 시작 유럽

올림피아 제전은 고대 그리스 최고의 신인 제우스에게 바치는 일종의 종교 행사로, 제사를 지낸 뒤 제전 경기가 열렸다. 당시 그리스는 여러 개의 폴리스로 나뉘어 서로 대립하고 있었는데, 올림픽 경기가 열리는 동안에는 선수와 참관인의 왕래를 돕기 위해 모든 전쟁이 중단됐다. 그리스인은 올림픽 경기를 통해 육체와 정신의 단련은 물론, 전 그리스인의 단합과 통일이라는 민족의식까지 일깨웠다.

### ❯ BC 770년

중국, 춘추전국 시대 시작 아시아

주나라가 수도를 낙양으로 옮긴 BC 770년부터 진(晉)이 한·위·조로 분열하여 실권을 잡고 제후국으로 승격한 BC 403년까지를 춘추 시대라 하며, 그 이후부터 진(秦)이 중국을 통일한 BC 221년까지를 전국 시대라 한다. 이 두 시대를 아울러 춘추전국 시대라 하며, 중국 고대의 변혁기로서 정치적으로는 크게 혼란했지만, 농기구 출현, 화폐 경제 발달, 신분 제도 동요 등 사회·경제적으로는 크게 발전했다.

### ❯ BC 753년

로마, 도시국가로 건설 유럽

티베르강 유역에 거주하던 이탈리아인들이 도시국가 로마를 건설했다. 로마는 차츰 주변 도시를 정복해 나가면서 BC 6세기경에는 주변 지역 대부분을 아울렀다. 왕정에서 공화정으로 그리고 제국으로 발전한 로마는 고대 유럽의 중심 역할을 했다.

### ❯ BC 563년

석가모니 탄생 아시아

불교의 창시자인 석가모니는 본래 성은 고타마, 이름은 싯다르타인데, 깨달음을 얻은 후 붓다(Buddha)라 불리었다. 지금의 네팔 남부와 인도의 국경 부근에 있던 카필라바스투에서 왕자로 태어난 그는 29세 때 괴로움과 고통의 본질과 해탈을 구하고자 모든 것을 버리고 출가하였다. 깨달음 얻은 그는 가르침을 펼치다 BC 483년 열반에 들었다.

공자

### ❂ BC 551년

#### 중국, 공자 출생 아시아

공자는 춘추전국 시대의 사상가로, 유교를 창시했다. 인(仁)과 예(禮)를 중시하고 덕(德)으로 정치해야 한다는 그의 사상은 《논어(論語)》에 집대성되어 있다. 유교 사상은 2천 년 가까운 세월 동안 동아시아 왕조의 국가 이념이었고, 인문주의의 원형이었다.

### ❂ BC 550년

#### 페르시아, 아케메네스 왕조 성립 아시아

키루스 2세가 현대 이란의 고대 왕조인 아케메네스 왕조 페르시아를 세웠다. 최전성기였던 다리우스 1세 때는 행정 조직을 정비하고 영토를 크게 확장했다. 아케메네스 왕조는 피정복민에게 관용을 베풀었는데, 이는 페르시아와 이슬람의 전통으로 이어졌다. 그러나 세 차례에 걸쳐 일어난 페르시아 전쟁에서 그리스에 패하였고, 다리우스 3세 때 알렉산드로스 대왕의 원정군에게 패하여 BC 330년에 멸망했다.

로마 원로원

### ❂ BC 509년

#### 로마, 공화정 수립 유럽

전설상 로물루스와 레무스라는 쌍둥이에 의해 BC 753년 왕정으로 건국된 로마는 에트루리아 왕을 몰아내고 공화정을 수립했다. 공화정 체제의 로마는 귀족 출신의 원로원, 2명의 집정관과 여러 정무관 그리고 민회가 주축이 되어 국가 권력을 분담해 통치했다.

페르시아 군인과 그리스 장갑 보병

❷ BC 492년

### 그리스, 페르시아와 전쟁 <sup>유럽</sup>

페르시아는 그리스가 소아시아에 있는 그리스 도시들의 반란을 지원한 것에 대한 보복 조치로 그리스를 침략했다. 아테네를 중심으로 한 그리스 연합군은 페르시아의 강력한 육해군에 맞서 마라톤 전투(BC 490년)와 살라미스 해전(BC 480년)에서 승리를 거두었다.

❷ BC 431년

### 그리스, 펠로폰네소스 전쟁 발발 <sup>유럽</sup>

민주정치˝를 대표하는 폴리스인 아테네와 과두정치를 대표하는 폴리스인 스파르타가 각각 동맹시(同盟市)들을 거느리고 BC 404년까지 27년간 펠로폰네소스 전쟁을 벌였다. 아테네는 식량 수송로 차단과 동맹 도시의 탈퇴로 스파르타에 항복했다. 전쟁은 스파르타의 승리로 끝났지만, 장기간의 소모전으로 인해 그리스 세계는 쇠퇴의 길로 접어들었다.

#### 민주정치 vs 과두정치

민주정치(民主政治)는 국민이 주권을 행사하는 정치, 민주주의 원칙을 따르는 정치를 말한다. 국가 권력이 특정 지배자에게 집중되어 국민의 뜻이나 법률의 제약을 받지 않고 실시되는 전제정치(專制政治)와 반대되는 개념이다.

과두정치(寡頭政治)란 소수의 우두머리가 국가의 최고 기관을 조직하여 행하는 독재적 정치로, 과두정치를 시행하는 나라에서는 권력을 가진 자들이 파벌을 이루어 다툼을 벌이기가 쉽다.

### BC 400년 ❷
### 한반도 철기 시대 시작

철의 야금술이 발명, 보급되어 한반도도 철기 시대로 진입하였다.

철제 농기구

## ● BC 338년

### 마케도니아, 그리스 정복 유럽

마케도니아의 왕 필리포스 2세는 노련한 외교 수완과 탁월한 군사력으로 영토를 확장해 나갔고, BC 338년 카이로네이아 전투에서 그리스 연합군에게 승리를 거두었다. 그리스의 도시국가들은 명목상 자치 독립을 보장받고 기존 정치 체제를 유지할 수 있었으나 그리스 특유의 폴리스 체제는 막을 내렸다.

이소스 전투. 왼쪽에 투구를 쓰지 않은 채 말을 타고 있는 인물이 알렉산드로스 대왕이다.

## ● BC 330년

### 마케도니아, 페르시아 정복 유럽

아버지 필리포스 2세의 유지를 받들어 동방 원정을 추진한 알렉산드로스는 페르시아를 격파할 때까지 세 번의 전투를 치렀다. BC 334년 그라니코스강의 전투와 BC 333년 이소스 전투, BC 331년 가우가멜라 전투가 그것이다. 특히 마지막 전투에서 결정적으로 페르시아군을 무너뜨리고 페르시아 주요 도시를 점령한 알렉산드로스는 소아시아 전역에 걸친 대제국을 건설했다. 그러나 그는 원정 도중 열병에 걸려 BC 323년 33세의 젊은 나이로 생을 마감했다. 그의 사후 왕위 계승을 둘러싸고 약 40년간 이어진 디아도코이 전쟁(후계자 전쟁)으로 마케도니아는 결국 조각조각 나뉘었다.

### 헬레니즘 시대 도래

알렉산드로스가 페르시아를 정복한 BC 330년부터 로마가 지중해 세계를 통일한 BC 30년까지 약 300년 동안을 헬레니즘 시대라 부른다. 알렉산드로스 대왕의 동방 원정으로 영토가 소아시아·메소포타미아·이집트·인도까지 확대되고, 그 결과

이 지역들에서 그리스 문화와 오리엔트 고유문화가 융합하여 새로운 문화가 탄생했다.

## ❯ BC 317년
### 인도, 마우리아 왕조 탄생 아시아

마가다 왕국 출신 찬드라굽타가 인도 최초의 통일 제국 마우리아 왕조를 세웠다. 마우리아 왕조는 그의 손자이자 제3대 왕인 아소카왕 시대에 최전성기를 맞았다. 아소카왕은 전쟁 중 행했던 살생에 대한 참회로 불교에 귀의했고, 불교 숭상 정책을 펼쳤다. 인도 전역에 자신의 칙령을 새긴 돌기둥을 만들어 세웠는데, 기둥 꼭대기는 네 마리 사자상으로 장식했다. 1950년 1월에 만들어져 지금까지 사용 중인 인도의 국장(國章)에도 이 사자상이 들어가 있다.

아소카왕의 돌기둥 꼭대기를 장식한 사자상

### BC 300년 ❮
### 고조선, 연의 침입을 받음

중국 전국 시대 연(燕)나라의 장수 진개가 고조선을 침략하여 서쪽 2,000리 땅을 차지했다.

## ❯ BC 264년
### 로마, 포에니 전쟁 시작 유럽

이탈리아반도를 통일하고 대외 정복에 박차를 가하여 지중해 진출을 모색하던 로마는 지중해 무역권을 쥐고 있던 카르타고와

제3차 포에니 전쟁에서 카르타고 성벽을 공격하는 로마 군인들

포에니 전쟁을 벌여 시칠리아섬을 속주로 편입했다. '포에니(Poeni)'는 페니키아인을 가리키는 라틴어로, 당시 페니키아의 식민시(植民市)였던 카르타고와의 싸움을 폭넓게 표현한 것이다. 포에니 전쟁은 BC 264년부터 BC 146년까지 세 차례에 걸쳐 치러졌다. 전쟁에서 패배한 카르타고는 아무것도 남기지 않고 역사의 뒤안길로 사라졌고, 승리한 로마는 지중해 세계를 정복할 결정적 기회를 마련했다.

진시황릉 병마용갱

### ◉ BC 221년

중국, 진 왕조의 전국 통일 아시아

주나라 제후국의 하나였다가 역사상 최초로 중국을 통일한 진(秦)의 시황제는 봉건제를 폐지하고 군현제를 시행했으며, 분서갱유(焚書坑儒)를 통해 사상 통일을 단행하는 등 중앙 집권 체제를 강화하는 한편, 흉노에 대비해 만리장성을 쌓았다. 하지만 진나라는 시황제의 폭압 정치를 견디다 못한 백성들이 일으킨 반란으로 통일 후 15년 만인 BC 206년에 멸망하고 말았다.

### ◉ BC 202년

중국, 한 왕조 성립 아시아

진(秦)나라 말기 반란에 가담한 유방은 초나라 항우와 힘을 합쳐 진을 멸망시키고, 해하(垓下) 전투에서 항우를 격파한 뒤 통일 왕조 한(漢)을 세우고 황제 자리에 올랐다. 한고조 유방은 진의 국가 체제인 군현제를 계승했지만, 통일 과정에서 여러 집단의 협력을 받았기에 이들 공신과 그 일족을 제후왕(諸侯王)과 열후(列侯)로 봉할 수

## BC 200년 ◀
### 삼한, 한반도에 형성

한반도 남부에 진(辰)이 있었고, 진에서 마한(馬韓), 진한(辰韓), 변한(弁韓)이 형성됐다. 이 세 나라를 묶어서 삼한이라고 한다. 삼한은 후에 각각 백제와 신라, 가야로 병합됐다.

## BC 194년 ◀
### 고조선, 왕위에 오른 위만

중국에서 고조선으로 망명해 와 변경 수비를 맡고 있던 위만(衛滿)이 점차 세력을 키워 왕검성에 쳐들어가 준왕을 몰아내고 왕위에 올랐다. 왕이 된 위만은 국호도, 수도도 그대로 계승하여 고조선의 정통성을 이어 갔다(위만조선). 위만은 철제 무기로 무장한 군대를 이끌고 영토를 크게 확장했다.

중국 최고의 역사가로 칭송되는 사마천

밖에 없었다. 그리하여 군현제와 봉건제가 합쳐진 군국제(郡國制)를 실시했다. 이후 한나라는 기원후 8년 왕망의 정변으로 잠시 맥이 끊겼다 다시 이어져 전한(前漢, BC 202~AD 8년)과 후한(後漢, 25~220년)으로 약 400년간 존속했다.

---

### 기전체 vs 기사본말체 vs 편년체

**기전체(紀傳體)**는 역사적 인물의 전기(傳記)를 이어 감으로써 한 시대의 역사를 구성하는 기술 방법으로, 본기(本紀)·열전(列傳)·지(志)·연표(年表) 등으로 구성된다.

**기사본말체(紀事本末體)**는 사건의 명칭을 제목으로 하여 사건에 관계된 기사를 모아 원인이나 결과를 밝혀 적는 역사 기술 방법이다.

**편년체(編年體)**는 연월(年月)에 따라 역사서를 기술하는 방법으로, 사마천이 기전체를 창출하기 전까지 주로 사용되었다.

## ❯ BC 145년
### 중국, 사마천 출생 아시아

사마천은 아버지의 뜻에 따라 BC 109년부터 BC 91년까지 역사서 《사기(史記)》를 편찬하는 데 온 힘을 다했다. 태사령이라는 관직에 있을 때 흉노족에 투항한 이릉 장군을 변호했다는 죄목으로 궁형(宮刑)을 당하는 불운을 겪기도 했지만, 역사서 편찬을 포기하지 않았다. 동양 최고의 역사서이자 중국 최초의 기전체 역사서인 《사기》는 본기 12권, 서 8권, 표 10권, 세가 30권, 열전 70권 등 총 130권으로 구성되어 있다.

**◎ BC 133년**

로마, 개혁 정치 시작 <sup>유럽</sup>

포에니 전쟁에서 승리하여 지중해의 실질적 주인이 된 로마는 지배층의 사치와 대농장 소유로 자유 소농민이 몰락하고 빈민층이 확대되는 등 국가 전체가 위기로 치달았다. 호민관이던 그라쿠스 형제가 공유지 재분배를 통한 토지 개혁을 시행하려 했으나, 원로원과 귀족 등 반대파에 밀려 죽임을 당하고 개혁은 실패했다.

**BC 108년 ◎**

고조선, 멸망

고조선의 경제력과 군사력이 점차 강대해지자 위협을 느낀 중국의 한(漢) 무제가 BC 109년 5만의 군사를 동원하여 쳐들어왔다. 고조선은 1년간이나 항전했으나 끝내 수도 왕검성이 포위되고 우거왕이 주화파에 의해 살해되면서 멸망하였다. 한나라는 고조선이 있던 자리에 낙랑군, 진번군, 임둔군, 현도군의 한사군(漢四郡)을 설치하고 직접 통치에 나섰다. 이 시기 한반도 일대에는 부여, 동예, 옥저 등이 함께 존재했다.

암살되는 카이사르

**◎ BC 58년**

로마, 카이사르의 갈리아 정복 <sup>유럽</sup>

율리우스 카이사르는 로마 공화정 말기의 정치가이다. 뛰어난 장군이자 웅변가이기도 했던 그는 유서 깊은 귀족 집안 출신이었으나 민중의 편에 선 정책으로 명성을 얻고 정치가로서의 기반을 구축했다. BC 60년 폼페이우스, 크라수스와 함께 제1차 삼두(三頭) 정치를 결성하고, BC 59년에는 공화정 최고 관직인 집정관에 취임했다. 이후 속주(屬州)인 갈리아의 총독이 되어 BC 58년부터 BC 51년까지 갈리아 전쟁을 수행했다. 이때의 일을 기록한 《갈리아 전기》는 간결한 문체와 정확한 현실 반영이 돋보이는 라틴 문학의 걸작으로 평가된다. 카이사르는 공화정을 폐지하고 스스로 황제가 되려고 한다는 오해를 사서 BC 44년 브루투스 등의 공화파에 의해 암살됐다.

### BC 57년 ◐
신라, 건국

나정(蘿井)이라는 우물 옆에 있던 자주색 알에서 태어났다는 박혁거세는 여섯 촌장의 지지를 얻어 거서간(居西干)이 된 후 나라를 세우고 국호를 서라벌(徐羅伐)이라 하였다.

### BC 37년 ◐
고구려, 건국

천제의 아들 해모수와 하백의 딸 유화 사이에서 태어났다는 동명왕(東明王) 주몽은 부여에서 졸본으로 내려와 고구려를 건국했다.

### ◐ BC 31년
로마, 악티움 해전 발발 <sup>유럽</sup>

카이사르 사후 BC 43년에 옥타비아누스와 레피두스, 안토니우스의 제2차 삼두정치가 시작됐다. BC 36년 레피두스가 실각하면서 이두 정치 체제가 형성됐고, 안토니우스는 이집트의 클레오파트라와 결탁해 옥타비아누스와 대립했다. 옥타비아누스는 그리스 서북부의 악티움 앞바다에서 안토니우스-클레오파트라의 연합군과 치열한 해전을 벌여 승리를 거두었다. 이로써 안토니우스는 권력에서 물러났고, 100년에 걸친 내란이 종식되면서 로마에 평화가 찾아왔다. 이렇게 옥타비아누스는 향후 2세기 동안 로마가 번영을 누릴 수 있는 초석을 쌓았다.

악티움 해전

제1대 로마 황제 아우구스투스

● BC 27년
로마, 제정 시작 <sup>유럽</sup>

옥타비아누스는 원로원으로부터 아우구
스투스(Augustus, 존엄한 자)라는 칭호를 받
고 로마 초대 황제로 즉위했다. 명목상으
로는 공화정이 유지됐지만, 실질적으로는
황제가 전권을 장악한 제정(帝政)이 시작
됐다. 로마의 제정은 AD 476년까지 이어
졌다.

BC 18년 ◀
백제, 건국

북부여에서 동명왕 주몽의 전처소생인
유리가 찾아와 고구려 왕이 되자, 주몽의
셋째 아들 온조는 동복형 비류와 함께 고
구려를 떠나 남하하였다. 이때 온조는 위
례성(지금의 서울)에 도읍을 정했고, 비류는
미추홀(지금의 인천)에 도읍을 정하고 나라
를 세웠다. 후에 비류가 온조 측에 통합되
자, 국호를 십제(十濟)에서 백제(百濟)로 고
쳤다.

아기 예수의 탄생을 축하하는 동방 박사

● BC 4년
예수 탄생 <sup>아시아</sup>

베들레헴에서 죽음과 부활을 영원한 정
신적 모티브로 하는 그리스도교의 창시
자인 예수가 탄생했다. 예수가 구세주라
며 사람들의 칭송을 받자, 위기감과 반발
심을 느낀 유대교 사제들이 그를 모함해
십자가형으로 죽게 했다(AD 30년경). 그러
나 그의 사랑과 자비 사상은 제자들을 통
해 전해져 2천 년이 넘는 지금까지도 존
속하고 있다.

| ☀ 한국사 ☀ | ☀ 세계사 ☀ |
|---|---|

**3년 ◁**

**고구려, 국내성 천도**

고구려 최초의 도읍지 졸본에서 압록강변의 국내성으로 천도하였다.

**22년 ◁**

**고구려, 부여 공격**

고구려 제3대 왕인 대무신왕이 동부여를 공격했다. 부여 왕 대소는 온 나라의 병력을 동원하여 맞섰으나 고구려 장군 괴유의 손에 죽음을 맞았다.

**❷ 25년**

**중국, 후한(後漢) 성립** 아시아

광무제(본명은 유수)는 전한(前漢) 유방의 9세손으로, 전한을 멸망시킨 왕망의 군대를 격파한 뒤 25년에 한나라를 다시 일으켜 세우고 낙양에 도읍하였다. 왕망의 가혹했던 정치를 폐지하고 전조(田租)를 인하하는 한편, 개간한 밭을 측량하는 등 통일 국가의 기틀을 마련했으며, 군사를 모집하여 중앙 집권화를 꾀하였다. 후한 때는 세계 최초의 종이인 채후지(蔡侯紙)가 만들어졌고, 실크로드가 개척되는 등 문화 부분에서도 커다란 발전이 있었다.

**32년 ◁**

**신라, 중앙관제 마련**

유리 이사금(尼師今, 신라 때의 임금 칭호 중 하나)은 사로 6촌을 행정 구역인 6부(六部)로 개편하고 부별로 성씨를 나누어 주었으며, 17등급의 관제를 확립했다.

**고구려, 낙랑 정복**

대무신왕의 아들 호동 왕자의 활약으로 대무신왕 15년인 32년에 낙랑군 일부 지역을 정복했다.

로마 대화재를 그리스도교 탓으로 돌리고 교도들을
처형한 네로 황제

**○ 37년**
### 로마, 네로 황제 출생 <sup>유럽</sup>

네로는 로마 황제 클라우디우스 1세의 둘째 아내인 아그리피나가 전남편과의 사이에서 낳은 아들로, 클라우디우스의 양자로 입적됐다. 권력욕이 강했던 아그리피나는 54년 남편 클라우디우스 1세를 독살하고 아들 네로를 로마의 제5대 황제로 만들었다. 성정이 섬세하고 예술가적 기질이 강했던 네로 황제는 치세 초기에는 선정(善政)을 펼쳤다. 그러나 이후 학자와 예술가를 기분에 따라 맘대로 처형했으며, 64년 로마의 대화재를 그리스도교도 박해 구실로 삼기도 했다. 그리하여 지금까지도 폭군의 대명사로 통하고 있다.

김해 지역에서 발견된 금관가야의 그릇받침
(출처: 국립중앙박물관)

**42년 ○**
### 금관가야, 건국

하늘에서 내려온 알에서 깨어났다고 전해지는 김수로가 김해 지역 9간(九干)의 추대를 받아 금관가야를 건국했다. 낙동강 하류 삼각주 지역에 자리 잡은 금관가야는 농업이 발달했고, 바다와 인접한 지리적 환경의 영향으로 경제적, 문화적으로 발달했다. 유적으로는 경남 김해의 구지봉과 대성동 유적이 있다.

**56년 ○**
### 고구려, 동옥저 정복

태조왕이 동옥저를 정복함으로써 고구려의 영역이 동해 인접 지역으로까지 확대됐다. 태조왕은 이후 현도군, 낙랑군 등 한 사군을 공격했고, 중앙 집권적 형태로 체제를 정비하여 고구려가 고대 국가로 발전하는 기틀을 마련했다.

## 65년

신라, 국호 변경

제4대 왕인 탈해 이사금 때 국호를 계림
(鷄林)으로 개칭했다.

중국 최대의 불교 석굴인 윈강 석굴

## ❯ 67년

중국, 불교 전래 아시아

불교는 인도에서 티베트, 페르시아, 아프
가니스탄 등으로 전파되었다가 실크로드
를 통해 중국에 전해졌다. 지리적으로 인
도와 가까운 중국이 서역을 통해 불교를
전해 받은 것은 교역의 힘이라 할 수 있다.

오현제. (위 줄 왼쪽부터 차례로) 네르바, 트라야누스,
하드리아누스, 안토니누스 피우스, 마르쿠스 아우렐
리우스

## ❯ 180년

로마, 오현제 시대 종말 유럽

오현제(五賢帝)는 로마 제국 최전성기에 잇
달아 로마를 다스렸던 유능한 다섯 황제
네르바, 트라야누스, 하드리아누스, 안토
니누스 피우스, 마르쿠스 아우렐리우스
를 말한다. 180년 마르쿠스 아우렐리우
스가 사망하면서 96년부터 이어졌던 오
현제 시대가 막을 내렸다. 마르쿠스 아우
렐리우스는 선임 황제들의 관행을 깨고
아들인 콤모두스에게 제위를 물려주었
다. 콤모두스는 패륜적 행동과 잔인한 지
배로 악명이 높았다. 192년 그가 후계자
없이 암살되자, 여러 속주의 군대가 제각
기 황제 후보를 옹립했다. 이후 군대가 마
음대로 황제를 폐립한 군인 황제 시대가
284년까지 계속됐다.

## 184년

중국, 황건의 난 발생 아시아

외척과 환관의 권력 다툼으로 후한의 혼란이 극에 달하자 태평도 교주 장각은 소규모 농민 반란군을 조직하여 황건(黃巾)의 난을 일으켰다. 다급해진 후한 조정은 황보숭이 이끄는 관군을 내세워 진압에 나섰다. 장각의 갑작스러운 병사로 상황이 어려워진 황건적은 관군의 야간 공격을 막지 못하고 패했다. 비록 황건의 난은 후한 왕조를 전복시키지는 못했지만, 지배 체제를 흔들어 놓기에는 충분했다. 결국 후한은 220년 위(魏)나라 조비에게 멸망하였다.

## 194년

고구려, 진대법 시행

진대법(賑貸法)은 파종기인 3월에서 7월에 가구 수에 따라 관가의 곡식을 백성에게 대여해 주고 수확기인 10월에 갚게 하는 제도다. 사냥하러 갔다가 굶주림에 울고 있는 백성을 만났던 고국천왕이 재상 을파소의 건의를 받아들여 시행했다. 진대법은 백성이 노비가 되어 세금 수입원이 감소하는 것과 백성의 굶주림을 막고자 한 제도였다.

## 226년

페르시아, 사산 왕조 성립 아시아

아르다시르 1세가 파르티아 왕조를 넘어뜨리고 사산 왕조 페르시아를 세웠다. 왕조의 명칭은 조로아스터교의 제사장인 '사산'의 이름에서 유래했으며, 발상지는 아케메네스 왕조와 같은 파르스 지역이다. 페르시아가 알렉산드로스 대왕에게 패배한 이후 무주공산이었던 이 지역에 확실하게 자리 잡은 사산 왕조는 국가 체계를 잘 정비하여 수백 년간 로마와 경쟁했다. 후세에 무굴 제국과 이슬람 국가 등으로 계승되었다.

## 234년

백제, 고대 국가의 기틀 마련

제8대 고이왕이 즉위하여 대외적으로 정복 사업을 활발히 펼치고, 내부적으로 6좌평과 16관등을 제정하고 율령을 반포하는 등 중앙 집권적 국가의 기틀을 다졌다.

305년에 완공된 디오클레티아누스 궁전

● 286년
로마, 분할 통치 시작

내란을 수습하고 로마에 평화를 가져온 황제 디오클레티아누스는 황제 한 사람이 광대한 로마 제국 전체를 통치할 수 없다고 판단하여, 막시미아누스를 공동 황제로 삼고 제국을 반으로 나누어 서반부를 그에게 양도했다. 이 두 황제가 각기 부황제를 한 명씩 두어 제국을 넷으로 나누어 방위를 책임진 사분통치(四分統治)가 시행됐다.

● 304년
중국, 5호 16국 시대 시작

5호(五胡)란 흉노·갈·저·강·선비의 다섯 유목민족을 일컬으며, 이들이 세운 13국과 한족이 세운 3국을 통틀어 5호 16국이라 한다. 이처럼 한족과 이민족들은 중국 화북 지방을 번갈아 지배하면서 4세기부터 5세기 초에 걸쳐 흥망성쇠를 거듭했다. 비슷한 시기에 강남에서는 송(宋)이 진(晉)으로 교체되었는데, 이때부터를 남북조(南北朝)라 불렀다. 439년 북위가 화북 지방을 통일하면서 5호 16국 시대는 막을 내렸다.

● 306년
로마, 콘스탄티누스 대제 즉위 유럽

디오클레티아누스의 계승자들 사이에서 일어난 내란을 수습하고 황제가 된 콘스탄티누스 대제는 분할 통치되던 로마를 다시 통합하여 제국 전체를 지배했다. 그는 비잔티움에 새로운 도시를 건설하고

콘스탄티누스 대제의 업적을 기리기 위해 세운 개선문

이름을 콘스탄티노폴리스(콘스탄티노플)로 변경했다. 313년에는 밀라노 칙령을 내려 그리스도교를 공인하고 장려했다. 이로써 황제를 유일신 하느님과 사람 중간에 자리하게 했고, 교회에 감추어진 재산을 합법적으로 거둬들였다. 그리스도교 탄압은 종지부를 찍었고, 사람들은 신앙의 자유를 얻었으며, 그리스도교도는 몰수된 재산을 돌려받았다.

### 311년 ◀
#### 고구려, 서안평 점령

5호 16국으로 분열된 중국의 혼란기를 틈타 미천왕은 요동의 서안평을 공격하고 낙양을 공략했다. 이후 313년에는 마지막까지 남아 있던 낙랑군을 멸망시켜 400여 년간 한반도에 존재하던 한사군을 전부 없애고 고조선의 중심지를 되찾았다.

굽타 왕조 시대 인도 불교 미술의 전형을 볼 수 있는 아잔타 석굴 사원

### ▶ 320년
#### 인도, 굽타 왕조 성립 아시아

찬드라굽타 1세가 창건한 굽타 왕조는 마우리아 왕조 이후의 최대 왕국으로, 북인도를 통일하여 고대 인도 문화의 최전성기를 이루었다. 십진법과 산스크리트 대서사시 및 힌두 미술이 발달했고, 석굴 사원이 유행했으며 천문학과 수학, 야금술도 발달했다.

### ▶ 325년
#### 니케아 공의회 개최 유럽

알렉산드리아의 주교 아타나시우스는 성

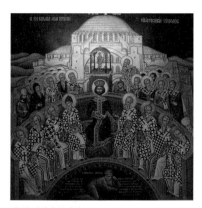

제1차 니케아 공의회

부, 성자, 성령이 하나라는 삼위일체설(三位一體設)을 주장했고, 사제 아리우스는 그리스도는 하느님의 아들이므로 하느님과 그리스도가 동등한 신성을 갖고 있다는 삼위일체설은 잘못이라고 주장했다. 아리우스파와 아타나시우스파 사이에 교리 논쟁이 일자, 로마의 콘스탄티누스 대제가 소아시아의 니케아에 주교와 신학자 등을 소집하여 첫 종교 회의를 연 것이 니케아 공의회이다. 논의 끝에 그리스도의 신성을 부정하는 아리우스파를 이단으로 선포하고, 아타나시우스파의 교리를 정통으로 삼아 분열된 교회를 통일시켰다.

## 346년 ◀
### 백제, 전성기 도래

346년에 즉위한 근초고왕의 활약으로 백제는 삼국 가운데 가장 먼저 전성기를 이룩했다. 마한을 점령하여 남해안까지 영토를 넓혔고, 고구려를 공격하여 고국원왕을 전사시켰다. 역사서를 편찬케 하고, 왕권을 강화했으며, 아직기와 왕인을 일본에 파견하고 진나라와 사신 왕래를 하는 등 외교 활동 무대를 넓혔다. 근초고왕 때 백제는 중국 요서 지방과 일본을 잇는 요충지 역할을 했다.

백제가 일본 왕에게 하사한 칠지도

## 356년 ◀
### 신라, 왕호 변경

내물왕이 즉위하면서 왕호를 '이사금'에서 '마립간(麻立干)'으로 바꾸었다. 이때부터 통일신라 효공왕 때까지 약 550년간 김씨가 왕위를 계승하였다.

## ❯ 375년
### 게르만족의 대이동 <sup>유럽</sup>

스칸디나비아반도 남부에서 유틀란트반도와 북독일에 걸쳐 거주하던 게르만족은 BC 2세기~BC 1세기에 이동을 시작하여 동남쪽으로는 흑해 연안, 서남쪽으로는 라인강 유역까지 퍼져 나갔다. 이때 게르만족은 북게르만(덴마크인, 노르만인), 서게르만(앵글인, 색슨인, 프랑크인 등), 동게르만(동고트인, 서고트인, 반달인, 부르군트인 등)의 세 그룹으로 갈라졌다. 375년 동게르만의 고트족이 아시아에서 침입해 온 훈족의 압박을 받아 이동을 시작했다. 이렇게 움직이기 시작한 게르만족은 6세기 말까지 유럽 각지에 게르만 부족 국가를 세웠고, 로마 제국의 게르만화는 빠르게 진행되었다. 게르만족의 이동을 막지 못한 로마 제국은 결국 멸망의 길을 걸었다.

## ❯ 385년
### 인도, 굽타 왕조의 전성기 <sup>아시아</sup>

찬드라굽타 2세는 사무드라굽타의 뒤를 이은 굽타 왕조의 제3대 왕으로서 굽타 왕조의 최전성기를 이루었다. 그는 '태양'을 뜻하는 '비크라마디티야(Vikramaditya)'라고 불렸다. 이 시기는 산스크리트 문학의 황금기였으며, 동진의 승려 법현(法顯)이 인도를 여행한 것도 이때였다.

## 391년 ❮
### 고구려, 전성기 도래

광개토대왕은 고구려 제19대 왕(재위 391~412년)으로 우리나라 역사상 최대의 영토 확장을 이루었다. 최초로 '영락(永樂)'이라는 연호를 사용하여 재위 당시 영락대왕이라 불렸다. 동부여를 정벌하고 남쪽으로는 한강까지 진출했으며, 서쪽으로는 후연을 격파하고 랴오둥 지역을 확보했다. 내물왕의 요청으로 신라에 침입한 왜구를 쫓아내고 신라를 영향권에 두었다.

414년 장수왕이 아버지 광개토대왕의 공적을 기리고자 세운 광개토대왕비와 탑본(출처: 국립중앙박물관)

## 392년
### 로마, 그리스도교 국교화 유럽

테오도시우스 1세는 밀라노 칙령(313년)으로 공인되었던 그리스도교를 로마 제국의 국교로 공식 선포하였다.

테오도시우스 1세

## 395년
### 로마, 동·서로 분열 유럽

395년 테오도시우스 황제가 죽자, 로마 제국은 그의 두 아들에 의해 동서로 분열되었다. 콘스탄티노폴리스에 수도를 정한 동로마 제국은 이후 약 1,000년 동안 명맥을 이어 갔다. 반면 로마를 수도로 삼은 서로마 제국은 출발부터 삐걱거렸다. 서로마 제국을 물려받은 둘째 아들 호노리우스는 너무 어린 나이에 즉위한 데다 내전으로 만신창이가 된 제국을 이어 가기에는 역부족이어서, 서로마 제국은 476년에 멸망하였다.

## 427년
### 고구려, 평양 천도

장수왕은 남쪽으로의 영토 확장과 귀족 세력 약화 및 왕권 강화를 목적으로 수도를 평양으로 옮겼다. 천도한 평양성은 이전의 국내성처럼 평상시에 도시 기능을 하는 안학궁(安鶴宮)과 유사시 방어에 유리한 대성산성(大城山城)의 이중 구조로 이뤄졌다.

## 433년 ◀

### 신라와 백제, 나제 동맹 결성

고구려의 평양 천도에 위협을 느낀 신라(눌지왕)와 백제(비유왕)가 힘을 합쳐 고구려의 남진(南進)을 막기 위해 나제 동맹(羅濟同盟)을 맺었다.

## ▶ 455년

### 로마, 반달족의 침입 유럽

반달족은 로마 제국의 곡창 지대인 북아프리카를 침략하여 중부 지중해를 장악한 다음 로마시에 침입해 약탈을 자행했다. 이에 앞서 410년에는 알라리크가 이끄는 서고트족이 로마 영토를 마음껏 유린하였다. 그들은 로마시를 약탈하고, 이어 남부 갈리아로 진군해 들어갔다. 로마는 점점 악화 일로를 걷고 있었다.

## 475년 ◀

### 백제, 웅진 천도

고구려 장수왕은 군대 3만을 백제로 보내 수도 한성을 점령하고 개로왕을 죽이는 등 맹공격을 퍼부었다. 개로왕의 뒤를 이은 문주왕은 지금의 공주인 웅진으로 천도했다. 이때 도읍을 수호하기 위해 쌓은 공산성(公山城)이 유적으로 남아 있다.

공산성의 서문인 금서루(출처: 국립중앙박물관)

제 2 장
# 중세

476년
~
1453년

MIDDLE AGES

# Ⅱ Middle Ages

## 476~1453년

게르만족의 이동과 서로마 제국의 몰락으로 유럽 역사의 주 무대는 지중해에서 유럽 대륙으로 옮겨 갔으며 게르만족이 역사의 주인공으로 새롭게 등장했다. 그리스·로마 문명과 그리스도교 그리고 게르만 요소가 합쳐진 새로운 시대가 도래하였다.

로마 제국 몰락 후 로마의 관할 지역은 크게 3개의 문화권으로 나뉘었다. 유럽 그리고 서로마 제국 멸망 후에도 1천 년 동안 유지된 동로마 제국(비잔틴 제국)과 7세기 아라비아반도에서 생겨나 급성장한 이슬람 세계가 그것이다.

그중 중세의 유럽은 비잔틴 세계나 이슬람 세계보다 문화적으로 뒤떨어져 있었고, 특히 게르만족의 이동에 뒤따른 혼란과 무질서로 인해 암흑기로 불린 시기를 보냈다. 그렇지만 오늘날의 유럽은 이 시기를 거치며 발전했는데, 이때 유럽을 지탱한 두 기둥은 봉건 제도와 그리스도교였다.

10세기에 접어들면서 유럽 사회는 점차 안정되기 시작했다. 9세기에 있었던 노르만족, 마자르족 및 무슬림의 침입도 약해졌고, 장원을 바탕으로 한 봉건제가 자리 잡았기 때문이다. 사회가 안정되자 농업 생산력과 인구가 증가했으며, 개척과 개간 사업이 활발히 이루어졌다. 남는 농산물 처리를 위해 규모가 작은 지방의 시장이 생겨났고, 도시는 교역의 중심지로 부각됐다. 11세기에는 유럽 전체에 활기가 넘쳐 흘렀다.

이러한 활기는 11세기 말 십자군 원정을 불러왔다. 십자군은 그동안 공격만 받았던 유럽이 이슬람 세계에 대하여 반격할 힘이 생겼음을 말해 주는 것이며, 중세 유럽에서 그리스도교의 세력이 얼마나 강했는지를 보여 주는 것이었다. 성지 회복이라는 목적을 달성하지는 못했으나 원정으로 상업 활동이 촉진되었고 도시가 발달했다. 상공업 활동의 중심지로 자유와 자치권을 획득한 도시에서는 영주에게 예속되는 농촌과는 뚜렷이 구별되는 생활 영역이 형성됐다. 그리고 시민 계급이라는 새로운 계층이 생겨났다.

12~13세기 그리스도교적이며 봉건적인 중세 문화의 꽃이 만발했던 유럽의 봉건 사회는 14세기부터 붕괴의 길을 걸었다. 봉건 경제가 위축하기 시작했고 심각한 기근, 공포의 흑사병, 장기간의 전쟁, 농민의 반란 등이 연이어 발생했다. 부유한 상인과 금융가는 도시 귀족으로 변신했으며, 하층민이나 노동자의 폭동과 반란이 수시로 일어나 길드 중심의 경제도 흔들렸다. 봉토를 매개로 한 주종 관계는 깨어지고 왕권 중심의 통일 국가 형성이 촉진됐지만, 백년 전쟁이나 장미 전쟁과

같은 전쟁의 진통을 겪어야만 했다. 13세기에 절정에 달했던 교황권도 14세기에는 교회의 대분열 등으로 쇠퇴했다.

5세기에는 고구려의 광개토대왕과 장수왕이 동북아시아의 패권을 장악했다. 을지문덕과 연개소문은 중국 수와 당의 침략을 슬기롭게 물리쳐 고구려인의 용감하고 씩씩한 기상을 유감없이 펼쳤다. 또한 일찍부터 독자적 신앙이 있었던 고구려는 소수림왕 2년에 불교를 받아들여 문화의 터전을 넓혔다.

수도를 사비(부여)로 옮기고 재기를 꿈꿨던 백제의 마지막 왕인 의자왕은 당과의 친교 정책을 추진하고 신라 세력을 견제하는 한편, 고구려와 우호 관계를 유지하면서 국력을 튼튼히 하였다. 그러나 사치와 향락에 빠져 나당 연합군의 공격을 막아 내지 못했고, 그렇게 백제의 운명은 끝이 났다.

삼국 가운데 가장 늦게 전성기를 맞은 신라는 6세기 중엽 한강 유역에 진출하고 6가야를 합쳐 세력을 넓히는 한편, 화랑도를 발전시켜 삼국 통일의 기반을 다졌다. 삼국을 통일한 신라는 삼국의 문화를 종합하고 당의 문화를 받아들여 찬란한 문화를 꽃피웠다. 불교가 발전하여 수많은 절이 세워졌고 유명한 고승이 나왔으며 한문학도 발달했다. 특히 최치원은 당나라에 유학해 과거에 합격하고 벼슬까지 했으며, 〈토황소격문(討黃巢檄文)〉을 써서 문필가로도 명성을 떨쳤다.

689년 고구려 유민의 지도자 대조영은 일부 말갈족을 모아 동모산에 나라를 세우고 나라 이름을 '진'이라 했다. 대조영은 고구려 계승 의식을 분명히 밝히고 돌궐족 등과 손잡고 당나라에 대항하였다. 당의 화해 교섭을 받아들여 '발해군왕'에 봉해진 뒤, 나라 이름을 '발해'로 고쳤다. 발해의 등장으로 잃었던 만주 땅을 되찾았던 우리 민족은 10세기에 발해가 거란족에 의해 멸망한 이후로는 만주에서 활동하지 못했다.

통일신라 후기에 정치가 문란해지고 중앙 정부의 힘이 지방에 미치지 못하자, 지방 호족 세력들이 중앙 정부에 대항하였다. 900년에는 견훤이 완산주(전주)에 도읍하여 후백제를 세웠고, 901년에는 궁예가 송악(개성)을 중심으로 후고구려(후에 마진, 태봉으로 개명)를 세웠다. 그러나 나라를 이끌 능력이 없었던 궁예는 918년 부하들에 의해 쫓겨났고, 왕건이 임금으로 추대되었다. 왕위에 오른 왕건은 국호를 '고려'로 바꾸었다. 이후 신라가 먼저 고려에 항복하고 후백제의 견훤 또한 그의 아들과의 내분으로 고려에 항복하였다. 이로써 고려는 약 반세기 동안 혼란했던 후삼국을 통일하고 새 시대를 열었다. 태조 왕건은 고구려를 계승한다는 기본 이념 아래 불교를 호국 신앙으로 삼았다. 북진 정책을 시행해 거란을 물리치고 압록강 하류까지 영토를 넓혔다.

그러나 국초부터 시행한 문신 우대 정책으로 무신의 불만이 쌓여만 갔다. 여기에 왕권 다툼까지 겹쳐 무신이 정권을 장악하는 상황이 발생했다. 4대에 걸쳐 최씨 무신 정권이 이어지는 동안에 몽골이 침입해 왔다. 고려는 수도를 강화도로 옮기고 끈질기게 항전했으나 역부족이었고 결국 몽골의 간섭을 받게 되었다. 북진 정책과 개혁 정책 실패, 몽골의 지배와 왜구의 침입은 고려 왕조를 곤경에 빠뜨렸고, 고려 최후의 충신 정몽주의 죽음을 고비로 고려는 막을 내렸다.

조선을 세운 태조 이성계는 유교를 받들고, 중국과 같은 큰 나라는 섬기고 다른 이웃 국가와는 사이좋게 지내며, 농업을 중요하게 여기는 3대 정책을 내세웠다. 조선은 유교 중심, 양반 중심의 사회로 신분 제도가 엄격했다.

| ※ 한국사 ※ | ※ 세계사 ※ |
|---|---|

오도아케르 앞에 무릎 꿇은 서로마 제국 황제 로물루스 아우구스툴루스

### 485년 ◀
### 백제, 신라와 교류

백제의 동성왕은 신라 왕족의 딸과 혼인하여 양국 관계를 돈독히 하였다. 그는 이를 기반으로 고구려에 대응하고, 왕권을 강화하며, 나라의 부흥을 시도했다.

프랑크 왕국 메로빙거 왕조의 창시자 클로비스 1세

### ▶ 476년
### 서로마 제국, 멸망 유럽

지금의 이탈리아, 에스파냐, 북아프리카를 차지하고 있던 서로마 제국은 게르만족의 침입으로 수입이 줄어들자 국가 재정을 유지하기조차 힘들었다. 이민족 군인들의 지배 아래 겨우 명맥을 유지해 온 서로마 제국은 476년 마지막 황제 로물루스 아우구스툴루스가 게르만 용병대장인 오도아케르에 의해 폐위되면서 멸망했다. 그러나 당시 '로마 제국'으로 인정받고 있던 것은 동로마였기에, 로마 제국은 계속 유지되고 있다고 여기는 분위기였다.

### ▶ 486년
### 프랑크 왕국, 메로빙거 왕조 시작 유럽

프랑크족은 작은 부족 국가로 시작해 차츰 다른 게르만 부족을 정복, 통합하며 피레네산맥에서 엘베강에 이르는 서유럽 대부분을 차지한 대제국으로 성장했다. 프랑크 왕국의 클로비스 1세는 라인강 유역에 머물던 프랑크족을 이끌고 갈리아 지방으로 이동하여 메로빙거 왕조(486~751년)를 열었다. 프랑크 왕국의 역사는 지배 왕조에 따라 메로빙거 왕조 시대와 카롤링거 왕조 시대로 나뉜다. 496년 오늘날의 프랑스와 벨기에 지역 대부분을 정복한 클로비스는 그 지역 사람들이 믿고 있던 가톨릭으로 개종했다.

## 494년 ⓒ
### 부여, 고구려에 멸망

BC 1세기경 건국되어 한때는 고구려와 맞서고 한(漢)과 전쟁을 벌였던 부여가 고구려에 투항했다. 이로써 부여는 역사에서 막을 내렸다.

힌두교의 삼주신(트리무르티)인 브라흐마, 비슈누, 시바

## 503년 ⓒ
### 신라, 국호 변경

신라의 마지막 '마립간'이자 최초의 '왕'인 지증왕은 서라벌·사로·계림 등으로 불리던 국호를 '신라(新羅)'로 확정했다. 지증왕은 순장을 금지하고, 농업 생산량 증대를 위해 우경법(牛耕法)을 시행했다. 512년에는 장군 이사부를 발탁하여 지금의 울릉도인 우산국을 정벌하게 했다.

## 520년 ⓒ
### 신라, 율령 반포

신라의 법흥왕은 율령(律令)을 반포하고 백관의 공복을 제정하는 등 고대 국가로서의 체제 정비를 일단락 지었다. 삼국 중 율령을 가장 먼저 반포한 것은 백제로, 고이왕 때인 206년이었다. 백제는 일찍부터 중국과 교류하여 나라를 통치하는 데는 율령이 효과적임을 알았다. 고구려는 소수림왕 때인 373년에 율령 반포가 이루어졌다.

## ❯ 500년
### 인도, 힌두교 창시 아시아

힌두교'는 고대부터 전해 오던 브라만교가 복잡한 민간 신앙을 받아들여 발전한 종교이다. 힌두교는 윤회(輪廻)와 업(業), 해탈(解脫) 및 도덕적 행위를 중시한다. 힌두교는 굽타 왕조의 지원으로 성장했으며, 특정한 교주나 조직이 없는 것이 특징으로, 지금도 인도인의 80%가 믿고 있다.

### ▎힌두교 vs 브라만교

**힌두교**는 '인도의 종교'라는 뜻으로, 중앙 집권적 권위나 위계 조직이 없고, 오랜 세월 동안 다양한 신앙이 융합된 종교다. 그렇기에 종교라기보다는 인도의 사회·관습·전통 등을 포괄하는 생활방식이자 문화라 할 수 있다.

**브라만교**는 사제 계급인 브라만과 최고신 브라흐마를 중요하게 생각하는 종교로, 《베다》가 근본 경전이다. 브라만교는 자연숭배라는 원시종교에 뿌리를 두고 있어 제물을 바치는 것을 강조했고, 값비싼 제례와 엄격한 계급 제도, 사제의 횡포 등 한계를 지니고 있었다.

523년 ⓒ

### 백제, 부흥 모색

성왕이 즉위하여 대내적으로는 문물을 정비하고 국가 체제를 재확립했다. 대외적으로는 중국 남조 및 일본과의 교류를 강화하여 백제의 부흥을 꾀하였다.

527년 ⓒ

### 신라, 불교 공인

법흥왕은 불교를 국교화하려 했으나 대신과 귀족들의 극심한 반대에 부딪혔다. 이에 불교 수용을 주장하던 이차돈이 순교를 자청했다. 자신이 죽은 뒤 기이한 일이 있을 것이라는 그의 예언대로 이차돈의 목을 베자 우윳빛 피가 용솟음치고 하늘이 어두워졌으며 땅이 흔들리고 꽃비가 내렸다고 한다. 이차돈의 순교로 법흥왕은 국가의 확고한 지배 이념으로 불교를 공인할 수 있었다.

이차돈 순교비(출처: 국립경주박물관)

유스티니아누스 1세

### ❯ 529년

#### 동로마 제국, 《로마법대전》 편찬 유럽

527년 동로마 제국(비잔틴 제국) 황제로 등극한 유스티니아누스는 옛 로마 제국의 번영을 재현하고자 했다. 그는 로마 제국과의 연속성을 강조하고 자신의 위신과 절대권을 강화하기 위해 트리보니아누스 등의 법학자에게 명하여 황제 입법을 집대성한 로마 법전을 편찬케 했다. 그때까지 공포된 모든 법률을 체계적으로 개정하여 529년부터 534년까지 편찬한 〈칙법휘찬〉, 〈법학제요〉, 〈학설휘찬〉, 〈신칙법〉을 총칭하여 《로마법대전》이라 한다. 한편 유스티니아누스 황제는 서유럽을 재정복하기 위해 아프리카에 있던 반달

왕국을 정복하고(534년), 두 차례 이탈리아 원정에 나서 동고트족을 몰아냈다(553년).

### 532년 ◀
#### 금관가야, 멸망

지금의 김해 지역에 있었던 금관가야는 가야 연맹(6가야; 금관가야, 아라가야, 고령가야, 성산가야, 대가야, 소가야)의 맹주로 활약하였다. 해외 진출에 유리한 지리상 이점을 이용해 선진 문물을 유입하여 문화를 축적했고, 중개무역으로 경제적 이익과 통제력을 키웠다. 그러나 4세기 이후 신라와 고구려의 공격으로 큰 타격을 입었고, 가야 연맹의 주도권은 대가야로 넘어갔다. 소국으로 간신히 명맥만 유지하던 금관가야는 결국 532년 국보를 들고 신라에 항복하면서 완전히 멸망했다.

### 536년 ◀
#### 신라, 연호 사용

법흥왕 23년, 신라 최초로 건원(建元)이라는 연호를 사용했다.

성 소피아 성당

### ▶ 537년
#### 동로마 제국, 성 소피아 성당 건립 유럽

유스티니아누스 황제는 당대의 으뜸가는 건축가들을 발탁해 수도 콘스탄티노폴리스에 성 소피아 성당을 세우도록 했다. 그는 자신이 신으로부터 지상의 모든 일을 위탁받은 은총 황제라는 자긍심을 가지고 성당 건립을 추진했다. 성 소피아 성당은 정사각형의 벽 위에 원형의 돔을 올려놓은 비잔틴 양식으로 지어졌다. 15세기까지는 성당으로, 그 후에는 모스크로, 1935년부터는 박물관으로 사용됐다. 그러다 2020년 7월 10일 에르도안 대통령의 지시로 다시 이슬람 사원으로 바뀌었다.

538년 ◀
### 백제, 사비 천도

국력을 회복한 백제는 성왕 16년에 협소한 웅진(지금의 충남 공주)을 벗어나 사비(지금의 충남 부여)로 수도를 옮기고 나라 이름을 남부여로 바꾸었다. 아울러 중앙 관부는 22부, 수도는 5부, 지방은 5방으로 나누는 등 지배 체제를 다졌다.

사비성 남쪽에 조성된 백제의 별궁 연못 궁남지(출처: 대성동고분박물관)

❯ 552년
### 돌궐 제국, 성립 아시아

돌궐 제국은 몽골고원과 알타이산맥을 중심으로 활동한 튀르크계 민족인 돌궐족이 세운 국가다. 처음에는 철륵(鐵勒)의 한 부족으로서 유연(柔然, 몽골 지방 고대 유목 민족)에 소속되어 있었다. 그중 아사나씨(阿史那氏)의 족장 토문(土門)이 유연과 철륵을 격파한 뒤 독립하여 552년 돌궐 제국을 세우고 군주 자리에 올랐는데, 이리가한(伊利可汗)이라 불렸다. 583년 돌궐은 수나라의 이간책으로 동·서로 나뉘었다. 중앙아시아를 지배한 서돌궐은 657년 당나라에 복속됐고, 몽골고원에 정착한 동돌궐은 744년 위구르에 의해 멸망했다.

553년 ◀
### 신라, 한강 유역 차지

551년 백제와 신라의 나제 연합군은 고구려에 빼앗겼던 한강 유역을 되찾았다. 그런데 2년 뒤, 신라 진흥왕은 동맹 관계를 깨고 한강 유역의 땅을 불시에 급습하여 독차지했다. 이로써 100여 년간의 나제 동맹이 완전히 무너졌다. 신라의 배신에 화가 난 백제의 성왕은 군사를 이끌고 신라를 공격했으나 관산성 전투에서 목숨을 잃고 말았다(554년). 이 여세를 몰아 진흥왕은 562년 대가야마저 병합했다.

568년 ◀
### 신라, 순수비 건립

진흥왕은 새로 개척한 땅에 순수비를 세웠다. 순수(巡狩)란 왕이 나라 안을 두루 살피며 돌아다니면서 통치 상황을 보고

받는 의례를 말하는데, 진흥왕은 자신의 순수를 기념하고자 비를 세웠다. 지금까지 발견된 진흥왕 순수비로는 창녕비, 북한산비, 황초령비, 마운령비가 있다.

북한산 진흥왕 순수비
(출처: 국립중앙박물관)

무함마드가 알라의 계시를 받은 히라 동굴

## ❯ 570년

### 아라비아, 무함마드 탄생 아시아

고대 아라비아의 예언자이자 이슬람교 창시자인 무함마드(마호메트)는 메카의 쿠라이시(Quraysh) 부족 중 한 가문에서 유복자로 태어났다. 조부와 숙부의 보호 아래 성장한 그는 청년 시절 대상(隊商)을 따라 시리아 등지를 왕래했다. 그러다 부유한 상인이었던 미망인 카디자를 만나 결혼하여 3남 4녀를 두었다. 무함마드는 세속적 생활에서 벗어나 메카 교외의 히라산에 있는 동굴에서 고행, 명상 생활을 했다. 그러던 중 610년 알라의 계시를 받고 이슬람교를 창시했다. 그는 유일신 알라 앞에서 인간의 평등을 주장하는 새로운 도덕과 사회 제도 및 사회 관행의 확립을 주장했다.

## ❯ 589년

### 중국, 수의 통일 아시아

양견(楊堅)은 581년 북주(北周)의 어린 황제 정제로부터 양위를 받아 수(隋)를 세웠고, 589년 남조의 진(陳)을 멸망시켜 통

중국을 통일한 수 문제 양견

**598년 ◀**
### 고구려, 수나라의 침입

고구려 영양왕이 요서 지방을 공격하자 동방의 강대국 고구려를 견제하던 수나라 문제가 30만 대군을 이끌고 고구려를 침공했다. 그러나 장마와 역병, 군량 수송 문제로 수의 고구려 원정은 실패했다.

일 왕조를 이룩했다. 수나라는 문제(文帝), 양제(煬帝), 공제(恭帝)의 3대에 걸쳐 겨우 38년 동안만 유지되었으나, 남북으로 갈라져 있던 중국을 오랜만에 하나로 통일한 국가였다. 수는 국책 사업으로 대운하를 건설하여 남북의 물류 유통을 원활히 했지만, 무리한 토목 공사를 강행하여 백성을 가혹하게 착취하고 잦은 정복 전쟁을 벌여 백성의 원망을 샀다.

### 신정정치 vs 정교분리

신정국가는 **신정정치**가 행해지는 나라를 말한다. 신정정치란 정교일치가 이루어지는 정치 형태로, 대개 정치적 지도자가 신의 대리자 자격으로 다스리는 것과, 종교적 지도자가 신의 대리자 자격으로 율법에 입각하여 임의로 다스리는 것으로 나뉜다. 신정정치는 신을 지배 이데올로기로 이용하기에 계급 간의 불평등을 심화시켰다.

**정교분리**는 종교의 중립성을 유지하여 정치 권력과 종교를 함께 연관 짓지 않는 것을 말한다. 근대부터 정치와 종교의 분리를 근간으로 하는 정치 제도가 발달하면서 민주주의가 자리 잡은 오늘날에는 지배자의 이익을 대변하던 정교일치 정치를 미개한 시대의 불합리한 정치 유산으로 간주한다.

**❷ 610년**
### 동로마 제국, 헤라클리우스 왕조 시작 <sup>유럽</sup>

헤라클리우스가 폭정을 일삼던 황제 포카스를 폐위시키고 동로마 제국 황제로 즉위했다. 정치적으로는 로마의 이념과 제도를 계승하고, 종교적으로는 그리스도교를 믿고, 헬레니즘 문화가 발달한 동로마 제국은 조로아스터교를 바탕으로 하는 신정국가(神政國家)<sup>●</sup>인 사산 왕조 페르시아와 부딪힐 수밖에 없었다. 헤라클리우스는 군사·행정 조직을 정비하고 국력을 키워 페르시아 대원정을 시도했다

(622~628년). 결국 페르시아는 동로마 제국군에 의해 소아시아에서 쫓겨났다.

612년 ⓒ
### 고구려, 살수대첩 승리

수나라 양제가 고구려 침공을 재개했다. 113만의 대군을 동원해 요동성 공략에 나섰으나 별 성과를 보지 못하자 30만의 별동대를 조직하여 평양성을 직접 공격하게 하는 작전을 세웠다. 이에 고구려 장군 을지문덕은 뛰어난 지략으로 적군을 유인하여 살수에서 대승을 거두었다. 수나라는 613년, 614년에도 고구려에 군대를 보냈으나 번번이 실패했다.

살수대첩

당 고조 이연

### ⓓ 618년
#### 중국, 당 건국 아시아

이연(李淵)이 수나라 공제에게 왕위를 물려받아 당(唐)을 세웠다. 당은 907년 애제(哀帝) 때 주전충(朱全忠)에게 멸망할 때까지 20대 290년간 계속됐다. 남북이 통일되어 정치·문화가 크게 발전하고 여러 제도가 정비되어 강대한 문명국으로 성장한 당나라는 우리나라를 비롯하여 동아시아 주변 세계에 큰 영향을 미쳤다. 수도인 장안은 국제도시로 발돋움했다.

### 632년 ◀
#### 신라, 선덕여왕 즉위

진평왕의 뒤를 이어 신라의 제27대 왕이
된 선덕여왕은 우리 역사상 최초의 여왕
이다. 이는 당시 왕위에 오를 성골 남자가
없었을 뿐만 아니라 남녀의 차별이 크지
않았음을 보여 준다.

선덕여왕 때 만들어진 첨성대(출처: 문화재청)

### 645년 ◀
#### 고구려, 안시성 싸움 승리

643년 백제와 고구려의 공격을 받은 신
라는 당에 군사 협조를 요청했다. 고구려
로 쳐들어갈 구실을 찾고 있던 당나라는
고구려에 공격 중지를 요구했으나, 연개
소문은 이를 받아들이지 않았다. 당시 연
개소문은 642년의 정변으로 보장왕을 옹
립하고 스스로 대막리지(大莫離支)가 되어
강경한 대외 정책을 펴고 있었다. 645년
당 태종은 10만 대군을 이끌고 고구려 안
시성을 공격했으나 함락하지 못했고, 성
주(城主)의 영웅적인 기개에 감탄하면서
철수했다. 야사에는 당시 안시성 성주가
양만춘이라고 전하나 정사에는 수록되어
있지 않다.

### ▶ 645년
#### 일본, 다이카 개신 시작 <sup>아시아</sup>

당에 유학한 후 일본 국내 체제를 쇄신해
야 한다는 지식인의 지원에 힘입은 나카
노오에 왕자는 645년 정권을 장악하고
있던 소가(蘇我) 가문을 제거하고 고토쿠
대왕을 세웠다. 일본 최초로 독자적 연호
인 다이카(大化)를 사용했고, 646년 천황
의 개혁 칙령이 발포됐다. 율령제와 중앙
집권 체제를 도입한 다이카 개신(大化改新)
으로 일본 최초의 통일 정권인 야마토 정
권은 막을 내렸다.

### 660년 ◀
#### 백제, 멸망

백제의 마지막 왕인 의자왕 치세 초기, 백
제로부터 잦은 공격을 받은 신라는 당과
동맹을 맺었고, 660년 나당 연합군이 백
제 공격을 단행했다. 백제 계백 장군의
5천 결사대가 황산벌에서 김유신이 이끄

는 5만의 신라군을 상대로 항전했으나 결국 패했고, 나머지 백제군은 금강 기벌포에서 당나라 소정방의 13만 대군에게 항복했다. 나당 연합군은 여세를 몰아 사비성을 공격했고, 7월 18일 항복을 선언한 백제는 건국 678년 만에 역사에서 사라졌다. 의자왕은 태자 및 유민 1만 2천여 명과 함께 당에 압송되었다가 그곳에서 병사했다.

계백 장군의 황산벌 전투(출처: 전쟁기념관)

## 668년 ◎
### 고구려, 멸망

666년 정권을 장악하고 있던 연개소문이 사망하자, 실권을 장악하려 한 연개소문의 아들과 형제들 사이에 내분이 일어났다. 지배층의 세력 다툼으로 나당 연합군의 공격을 막아 내지 못한 고구려는 요동성이 함락되고 668년 9월 평양성마저 함락되면서 멸망했다. 당은 평양에 안동도호부(安東都護府)를 설치하고 고구려를 관리했다.

## ◎ 661년
### 사라센 제국, 우마이야 왕조 성립 아시아

무함마드가 후계자를 결정하지 않고 죽자, 칼리프 계승을 두고 우마이야 가문과 무함마드의 사위인 알리를 신봉하는 무리 사이에 심한 갈등이 일었다. 알리가 암살당한 후 우마이야 가문이 칼리프 지위를 승계하여 750년 아바스 왕조가 탄생할 때까지 이슬람 세계를 지배했다. 이때 알리를 무함마드의 정식 후계자로 보고 다른 칼리프의 존재를 인정하지 않는 '시아파'와 무함마드와의 혈연관계가 없더라도 이슬람 통치자가 될 자격이 있다고 보는 '수니파'가 결성되면서 이슬람 세계는 정치적, 종교적으로 분열되어 오늘날까지 계속되고 있다. 현재 무슬림의 90% 정도는 수니파이고 시아파는 10% 정도이다.

### 칼리프 vs 술탄

**칼리프**란 이슬람 제국 주권자의 칭호로, 일반적으로 무함마드의 정치와 종교의 권한을 계승한 후계자를 말한다. 칼리프는 교리의 순수성을 유지하고 지키며, 이슬람 공동체를 통치하는 모든 일을 관장한다. 세속적으로 많이 쓰이는 술탄에 대해 종교적 측면이 강조된 호칭이다.

**술탄**은 칼리프가 수여한 정치적 지배자의 칭호로, 〈코란〉에서는 도덕적·정신적 권위를 의미하는 것으로 나온다. 술탄은 시간이 지나면서 정치권력 또는 지배 권력을 나타냈고, 11세기부터는 이슬람 군주의 칭호로 사용되었다.

| ※ 한국사 ※ | ※ 세계사 ※ |

### 676년 ◀

### 신라, 삼국 통일

당과 연합하여 백제를 무너뜨리고(660년), 고구려까지 넘어뜨린(668년) 신라는 드디어 당나라까지 몰아내고 삼국을 통일했다. 안으로는 정치 체제 정비와 경제 능력 강화, 밖으로는 탄탄한 대외 관계를 유지한 것이 통일의 원동력이었다. 고구려와 백제를 통합하는 과정에서도 신분에 대한 차별 없이 전쟁에서의 기여도에 따라 포상하여 성공적으로 유민(流民)을 흡수했다. 신라는 우리나라 역사상 처음으로 통일 국가를 이루었지만, 대동강에서 원산만에 이르는 영토라는 한계를 가졌다.

### 685년 ◀

### 통일신라, 9주 5소경 설치

신라는 넓어진 영토를 효율적으로 통치하고자 신문왕 5년에 지방 행정 구역으로 전국을 9주(州)로 나누고, 특수 행정 구역으로 5소경(小京)을 두었다. 5소경은 옛 고구려 지역에 2개, 옛 백제 지역에 2개, 옛 가야 지역에 1개를 두었다.

9주 5소경

### ❯ 687년

### 프랑크 왕국, 피핀이 장악 <sup>유럽</sup>

메로빙거 왕조 말기 프랑크 왕국의 실질적 권력은 왕실 관리인인 궁재(宮宰)가 장악하게 됐다. 프랑크 왕국 전체의 궁재가 된 피핀 2세(일명 중(中) 피핀)는 프랑크족의 모든 영토를 자신의 지배 아래 두고, 벨기에와 라인강 유역에 자신의 가문을 위한 새로운 세력 근거지를 구축했다.

중국 역사상 유일한 여황제인 측천무후

## 698년 ◀

### 발해, 건국

고구려 멸망 후 고구려 유민 일부를 강제 이주시킨 당에 저항하던 대조영이 말갈인과 연합하여 나라를 세웠다. 지금의 중국 지린성 부근인 동모산에 정착하여 국호를 진(震)이라 했다가, 713년 발해로 바꾸었다. 인안(仁安)이라는 독자적 연호를 사용하고, 고구려 정신을 계승했다고 국서에 밝힌 발해는 만주 대부분과 연해주까지 영토를 넓혔다. 10대 선왕 때 '바다 동쪽의 번성한 나라'라는 의미의 '해동성국(海東盛國)'이라 불릴 만큼 번성했다.

## 722년 ◀

### 통일신라, 정전 지급

통일신라는 성덕왕 21년 처음으로 백성에게 정전(丁田)을 지급하고, 국가에 세금을 내게 했다.

## ❯ 690년

### 중국, 측천무후의 주 건국 아시아

무후, 무측천이라 불리는 측천무후는 당 태종의 후궁으로 입궁하여 고종의 황후가 되었다가, 스스로 제왕의 자리에 올라 중국 최초이자 유일한 여황제가 됐다. 그녀는 나라 이름을 주(周)로 고치고 천수(天授)라는 연호를 사용했다. 수도를 뤄양으로 옮겼으며, 자신을 성신(聖神) 황제라고 불렀다. 측천무후는 엄격한 법치주의 아래, 과거 제도와 행정 제도를 정비했고 농경을 장려했다. '무주의 치(武周의 治)'라 불릴 정도로 태평성대를 이루었으나, 당의 부활을 지지하는 반란으로 인해 중종에게 양위하고 말았다.

## ❯ 726년

### 동로마 제국, 성상 파괴 운동 공포 유럽

그리스도교의 5개 교구 중 하나로 나란히 출발한 로마와 콘스탄티노폴리스 교회는

## 동방 정교회 vs 로마 가톨릭

**동방 정교회**는 동로마 제국의 국교로, 4세기 무렵부터 콘스탄티노폴리스를 중심으로 발전한 그리스도교의 한 종파이다. 교의나 의식을 중시하고 상징적, 신비적인 경향이 강하며, 러시아와 동유럽 등에 퍼져 있다. 동방 정교회는 독립적인 지역 교회들의 협의체이며, 콘스탄티노폴리스 세계 총대주교는 상징적인 칭호와 명예만을 갖고 있다.

**로마 가톨릭**은 그리스도 사후 베드로를 중심으로 형성된 초대교회에서 유래하며, 2~3세기에 유대교와는 다른 교의와 전승이 자리 잡았다. 312년 로마 제국에 의해 공인된 후 중세를 거치면서 유럽에 확실한 영향력을 미쳤다.

서로마와 동로마로 제국이 나뉘면서 정치적으로 다른 입장을 띠게 되었다. 양쪽 교회의 긴장 관계는 교황이 전 세계 가톨릭교회의 우두머리로 절대적 권한을 갖는다는 '교황 수위권'과 황제가 교회의 수장을 겸하는 '황제 교황주의'로 인해 심화하였다. 그러던 중 동로마 제국의 황제 레오 3세는 우상을 숭배하지 말라는 십계명을 근거로 성화상(聖畵像) 공경을 금지하고 성상을 파괴하라는 칙령을 발포했다. 이에 교회는 크게 반발했는데, 동로마 황제의 간섭에서 벗어나고자 했던 로마 교황청에는 좋은 명분이 되었다. 결국 그리스도교는 1054년 동방 정교회'와 로마 가톨릭으로 분열됐다.

### 732년 ◀
### 발해, 당나라의 등주 공격

무왕이 장군 장문휴에게 명해 당의 등주(登州)를 침공했다. 기습적인 선제공격에 당은 치명적 손실을 입었고, 발해군의 기세를 누르지 못한 당나라는 신라를 끌어들였다. 733년 신라는 지원 병력을 파견했으나 폭설과 한파로 인해 성과 없이 후퇴했다.

### ▶ 732년
### 프랑크 왕국, 사라센 제국 격퇴 <sub>유럽</sub>

피핀 2세의 아들 카를 마르텔은 투르-푸아티에 전투에서 에스파냐로부터 진격해 온 이슬람군을 격퇴하여 프랑크 왕국의 실질적 지배자가 됐다. 이 전투에서의 승리는 서유럽의 이슬람화를 막았다는 점에서도 의미가 있다. 사라센(Saracen)은 중세의 유럽인이 무슬림을 부르던 호칭이

프랑크 왕국 군대가 이슬람군을 격파한 투르-푸아티에 전투

었다. 그렇기에 사라센 제국은 특정 제국이 아니라 이슬람 왕조들을 총칭하는 말로, 우마이야 왕조 때부터 13~15세기까지 사용됐다.

## ❯ 750년

### 사라센 제국, 아바스 왕조 성립 <sup>아시아</sup>

아바스가(家)는 반(反)우마이야 왕조파 사이에서 무함마드의 직계만이 이슬람 국가의 칼리프가 될 수 있다는 사상이 확산하는 것을 이용하여 세력 장악에 성공했다. 이렇게 성립한 아바스 왕조는 우마이야 왕조 최후의 칼리프가 피살된 후 500여 년간 이슬람 세계를 지배했다. 옛 페르시아의 수도 근방에 있는 바그다드에 새 수도를 건설한 아바스 왕조는 독자적인 이슬람 행정을 발전시켰으며, 페르시아의 절대주의를 모방했다. 뛰어난 문명 발달을 이루었으며 수학, 역사학, 천문학 등의 학문 연구가 활발했다. 《아라비안나이트(千—夜話)》는 이때 바그다드에서 저술된 것이다.

## ❯ 751년

### 프랑크 왕국, 카롤링거 왕조 성립 <sup>유럽</sup>

카를 마르텔의 아들 피핀 3세(일명 소(小) 피핀)는 로마 교황 자카리아에 의해 신이 정한 왕으로 인정받았다. 그는 메로빙거 왕조를 무너뜨리고 프랑크 왕국의 두 번째 왕조인 카롤링거 왕조를 열었다. 당시 교황청은 외부의 도움이 필요한 상태였는데, 프랑크 왕국의 왕이 되려던 피핀의 요구를 수용하고 이를 해결했다. 이후 피핀은 롬바르드족이 지배하고 있던 로마에서 라벤나 지방을 빼앗아 교황 스테파노 2세에게 기부했는데, 이것이 독립국으로

피핀 3세

서 교황령의 시초이다(756년). 카롤링거 왕조의 창시자인 피핀은 로마 가톨릭교회의 후원자 노릇을 톡톡히 했다.

발해 수도였던 상경용천부의 절터에 남아 있는 석등

755년 ◁

### 발해, 수도 천도

적대 관계에 있던 당나라와 친교를 맺고 선진 문물을 수입, 발전시킨 제3대 문왕은 742년경 수도를 동모산에서 중경현덕부(中京顯德府)로 옮겼고, 755년에 다시 상경용천부(上京龍泉府)로 옮겼다. 상경용천부는 당의 수도 장안을 본떠 만들었는데, 주작대로(朱雀大路)가 중요한 증거다. 또한 고구려의 영향을 받아 만든 온돌 유적도 남아 있다. 이후 785년 다시 수도를 동경용원부(東京龍原府)로 옮겼다가 794년에 성왕이 또다시 상경용천부로 천도했고 발해 멸망 때까지 수도가 되었다.

757년 ◁

### 통일신라, 녹읍 부활

신문왕은 왕권 강화를 위해 녹읍제(祿邑制)를 폐지하고 관료전(官僚田)과 녹봉(祿俸)을 지급했다. 이는 귀족들의 강력한 반대에 부딪혔고 결국 경덕왕 16년(757)에 녹읍이 부활했다.

### 녹읍 vs 녹봉 vs 관료전

**녹읍**은 관리들에게 직무의 대가로 준 토지로, 관등의 차이에 따라 차등 있게 지급됐다. 녹읍을 받은 관리들은 그 지역으로부터 조세를 징수하고 토지에 딸린 노동력과 공물도 취할 수 있었다.

**녹봉**은 관리들에게 직무의 대가로 준 금품으로, 등급에 따라 일정한 양의 봉급을 연봉이나 월봉으로 지급했다. 녹봉은 쌀을 뜻하는 녹(祿)과 포백을 뜻하는 봉(俸)으로 구별된다.

**관료전**은 관료들에게 직무의 대가로 준 토지로, 녹읍과 달리 해당 토지로부터 조세만 수취하고 노동력 등은 취할 수 없었으며 관직에서 물러나면 관료전을 반납해야 했다.

768년 ◀

### 통일신라, 대공의 난 발발

혜공왕이 어린 나이에 즉위한 후 태후의 섭정이 계속되자 귀족들의 불만이 누적 됐다. 이는 일길찬(一吉飡, 17관등 중 제7관등) 이었던 대공(大恭)과 그 아우들의 난으로 표출됐고, 전국의 96각간(角干, 신라 때의 최고 관위)이 서로 싸웠다. 이후 신라는 왕권 쟁탈전의 거센 소용돌이에 휩싸였다.

로마 교황 레오 3세로부터 서로마 황제의 관을 수여 받은 카롤루스 대제

❯ 771년

### 프랑크 왕국, 카롤루스 대제가 통일 유럽

카롤루스 대제(샤를마뉴)는 부왕 피핀 3세 가 죽은 뒤 동생과 왕국을 공동 통치하다 가, 동생이 죽자 단일 통치자가 됐다. 그 는 활발한 정복 사업으로 프랑크 왕국의 영토를 크게 확장하여 중부 유럽 대부분 과 이탈리아 북부 및 중부를 영토로 편입 하였다. 신앙심이 깊었던 카롤루스 대제 는 이탈리아 부근의 영토 일부를 교황청 에 봉헌했다. 이 일로 800년 로마에서 교 황 레오 3세에 의해 서로마 제국 황제로 임명됐다. 동로마 황제에 필적할 만한 세 력을 얻은 그는 서유럽인의 자신감과 독 립성을 내외에 천명했다.

바이킹의 투구

❯ 793년

### 바이킹 시대 개막 유럽

바이킹은 8세기 말에서 11세기 초, 바다 를 통해 유럽, 러시아 등에 침입한 노르만 족을 말한다. 이들은 인구 증가에 따른 토 지 부족을 해결하고, 한랭하고 메마른 땅 을 벗어나 온난하고 비옥한 지역으로 가 려고 민족 대이동을 감행했다. 일찍부터 뛰어난 항해술을 익힌 이들에게 전쟁과 모험, 전리품에 대한 욕망은 해외 진출을

더욱 부추겼다. 무자비한 침입과 싸움, 약탈 등으로 당시 유럽에서 바이킹은 공포의 대상이었다. 바이킹은 콜럼버스보다 500년이나 앞서 아메리카를 발견했고, 프랑스의 노르망디를 획득하여 새로운 나라를 세웠다. 이 노르망디 공국의 후손인 노르망디 공작 윌리엄 1세는 훗날 영국에 노르만 왕조를 세웠다.

## ❯ 814년
### 프랑크 왕국, 루트비히 1세 등극 <sup>유럽</sup>
카롤루스 대제가 사망하고 그의 아들 루트비히 1세(루이 1세)가 황제로 즉위했다. 신앙심이 깊었던 그는 '경건왕(敬虔王)'이라는 별칭으로 불렸으나 통치자로서는 무능하고 유약했다. 그가 아들들에게 나라를 분할 상속함에 따라 프랑크 왕국은 내란에 휩싸였다. 설상가상으로 새로운 외부 침략 세력(바이킹족, 마자르족, 이슬람족)이 밀고 들어와 프랑크 왕국은 분열 위기에 처하였다.

### 822년 ◁
### 통일신라, 김헌창의 난 발발
웅천주 도독(都督)이던 김헌창은 아버지 김주원이 선덕왕 사후 왕위를 계승할 위치에 있었으나 정치적 알력으로 인해 즉위하지 못하자 난을 일으켰다. 새로운 정부를 수립하여 국호를 장안(長安), 연호를 경운(慶雲)이라 하였고, 한때 충청·전라·경상도 일대의 넓은 지역을 장악하고 기세를 떨쳤다. 그러나 이내 관군에게 진압됐고 김헌창은 스스로 목숨을 끊었다.

### 828년 ◁
### 통일신라, 청해진 설치
당나라의 장교로 있다가 신라로 돌아온 장보고는 신라인이 당의 해적에게 납치되어 노비로 팔리고 있는 것을 막고자 흥덕왕에게 바닷길의 요충지인 청해(淸海, 지

## ❯ 828년
### 영국, 잉글랜드 통일의 시작 <sup>유럽</sup>
속주였던 브리타니아에서 410년 로마가 철수하자, 게르만족이 밀고 들어왔다. 이후 6세기 말까지 게르만족의 일파인 앵글족과 색슨족 등은 켄트, 에식스, 서식스,

금의 완도)에 진(鎭)을 설치할 것을 청하였다. 왕이 허락하자 그는 지방민 1만 명을 뽑아 청해진을 설치하고, 가리포에 성책을 쌓아 보수하는 등 전략적 거점을 마련했다. 청해진 대사가 된 장보고는 수병을 훈련해 해적을 완전 소탕하고, 서해 무역의 주도권을 장악했다. 그러나 그의 세력이 커지자 불안을 느낀 문성왕은 염장을 자객으로 보내 장보고를 살해했다(846년).

베르됭 조약으로 삼분된 프랑크 왕국

이스트앵글리아, 머시아, 웨섹스, 노섬브리아 등 7개의 소왕국을 건설했다. 7세기 잉글랜드에는 그리스도교가 널리 전파됐으며, 828년에는 웨섹스의 에그버트 왕에 의해 통일의 기틀이 마련됐다. 9세기 후반에는 앨프레드 대왕이 앵글로색슨족의 법률을 집대성하고 각종 개혁을 단행하여 앵글로색슨족 문화의 최성기를 이룩했다. 927년에는 웨섹스의 애설스탠(Æthelstan) 왕이 통일 잉글랜드 왕국을 출범시켰다.

## ❯ 843년

프랑크 왕국, 베르됭 조약으로 분열 유럽

프랑크 왕국의 루트비히 1세는 죽기 전에 네 아들에게 왕국을 분할 상속했다. 그런데 왕위를 이어받은 장남 로타르 1세가 동생들에게 상속된 영토마저 차지하려고 하면서 형제간에 심한 분쟁이 일어났다. 841년 3남 루트비히 2세는 막내 카를 2세와 손잡고 퐁트누아에서 로타르 1세를 공격했다. 이 전투에서 패배한 로타르 1세는 협정에 나설 수밖에 없었고, 843년 세 형제는 베르됭에서 왕국을 분할하는 조약을 체결했다. 그 결과 영토가 로타르 1세의 중프랑크 왕국(로트링겐, 부르군트, 북이탈리아), 루트비히 2세의 동프랑크 왕국(라인강 동쪽), 카를 2세의 서프랑크 왕국(론강, 손강, 셰르트강 서쪽)으로 나뉘었다. 이 세 왕국은 후에 각각 이탈리아, 독일, 프랑스로 발전하게 된다.

### ◆ 862년

#### 러시아, 노브고로드 공국 성립 유럽

유럽 대륙 동부에서 시베리아에 걸쳐 살아가던 슬라브족을 중심으로 노브고로드 공국이 성립했다. 전설적인 바이킹 류리크가 세운 나라로, 오리엔트와 콘스탄티노폴리스, 한자 동맹의 도시들과 교역하다가 1478년 모스크바 대공국에 합병됐다. 이 공국에서 러시아가 비롯되었다.

### ◆ 870년

#### 동·서프랑크 왕국, 메이르선 조약 체결 유럽

중프랑크 왕국은 로타르 1세 사후 다시 그의 세 아들에게 삼분되었다. 그중 로트링겐을 다스리던 로타르 2세가 869년 후사 없이 죽자 서프랑크 왕국의 카를 2세가 로트링겐을 병합했다. 이에 동프랑크 왕국의 루트비히 2세가 반발하여 양국 간에 전쟁이 일어날 뻔했으나, 870년 메이르선에서 타협이 이뤄져 로트링겐을 동·서로 분리해 나누어 가지는 조약을 체결했다. 그 후 880년 리베몽 조약으로 동프랑크 왕국이 로트링겐의 서쪽 절반까지 차지했다.

### ◆ 875년

#### 중국, 황소의 난 발생 아시아

당나라 말기 지방 번진(藩鎭)의 세력이 커지고 중앙 관리의 당쟁과 환관의 횡포가 심해지면서 정부의 지배력이 약해졌고 백성에 대한 수탈도 심해지자 전국에서 농민 반란이 일어났다. 그중 소금 상인으로 반체제 활동을 해 오던 황소의 반란군이 가장 강했다. 그는 장안에 정권을 세우

70

고, 국호를 대제(大齊), 연호를 금통(金統)이라 했다. 884년 토벌군의 반격과 주전충의 배반으로 황소가 자결하면서 10여 년간 이어진 반란은 끝이 났지만, 이는 당나라가 붕괴하는 결정적 계기가 됐다.

## 889년 ◁
### 통일신라, 농민 반란 발생

신라의 세 번째 여왕인 진성여왕은 흉년으로 인해 세금이 줄어들자, 중앙 관리를 파견하여 직접 지방의 세금을 징수하게 했다. 이에 초적(草賊)이라 불리는 농민들의 반란('원종·애노의 난'이 대표적)이 일어났고, 이를 이용해 세력을 확대하려는 지방 호족도 생겨났다. 육두품(六頭品) 출신의 학자 최치원은 894년 어지러운 정치를 바로잡기 위해 진성여왕에게 10여 조의 시무책(時務策)을 올렸으나, 진성여왕은 귀족들의 압력을 이기지 못해 이를 수용하지 못했다.

통일신라 말기의 대학자이자 문장가로 이름을 날린 최치원

## 900년 ◁
### 후백제, 건국

상주 지방 호족 출신인 견훤은 889년 농민 반란 때 세력을 모아 무진주(지금의 광주) 일대를 수중에 넣었다. 그는 900년에 완산주(지금의 전주)에 도읍하고 후백제를 세웠다. 후백제는 한때 후삼국 중에서 군사력이 가장 강했으나 그 전성기는 오래가지 못했고, 아들들 사이에 왕위 다툼이 벌어졌다. 견훤이 넷째 아들 금강을 총애해 왕위를 물려주려 하자 맏아들 신검 등은 동생 금강을 죽이고 견훤을 금산사(金山寺)에 유폐했다(935년). 석 달 뒤 금산사를 탈출한 견훤은 고려로 망명했고, 후백제는 936년 고려에 의해 멸망했다.

견훤이 유폐되었던 금산사(출처: 문화재청)

### 후고구려, 건국

신라 47대 헌안왕 또는 48대 경문왕의 아들이라고도 하고, 몰락한 진골 귀족 출신이라고도 하는 궁예는 894년 강릉 일대를 중심으로 활동했다. 그는 세력이 점점 막강해지자 지금의 개성인 송악을 도읍으로 정하고 국호를 후고구려라 하여 왕위에 올랐다. 후에 나라 이름을 마진(摩震), 태봉(泰封)으로 바꾸었다. 후고구려는 후삼국 중 가장 넓은 영토를 차지할 정도로 번성했지만, 스스로 미륵불을 자처하며 점차 잔악한 전제 군주로 변해 간 궁예는 민심을 잃어 918년 백성에게 살해당했다.

요나라를 세운 거란족

## ❯ 907년

### 중국, 5대 10국 시대 시작 아시아

주전충에 의해 당나라가 멸망한 907년부터 송나라가 전 중국을 재통일한 979년까지를 5대 10국 시대라고 한다. 화북 지역에는 후량(後梁), 후당(後唐), 후진(後晉), 후한(後漢), 후주(後周) 등 5왕조가 있었고, 화남과 기타 지방에서는 전촉(前蜀), 후촉(後蜀), 오(吳), 남당(南唐), 오월(吳越), 형남(荊南), 민(閩), 초(楚), 남한(南漢), 북한(北漢) 등 10국이 난립하였다. 이 밖에 단기간 독립을 유지하고 있던 기(岐), 연(燕), 주행봉(周行逢) 정권 등이 있었다.

## ❯ 916년

### 중국, 거란의 요 건국 아시아

4세기부터 내몽고 자치구에서 유목 생활을 하던 거란족은 6~9세기경 수와 당의 영향을 받아 발전하고 있었다. 이때 거란족 중 동호계(東胡系) 유목민 야율아보기가 당이 쇠약해진 틈을 타 상경임황부를 수도로 삼고 요(遼)를 세워 황제로 즉위했다. 건국 당시에는 국호가 거란이었는데, 947년 연운 16주(燕雲十六州)를 탈취하고 국호를 대요로 바꾸었다. 요나라는 1125년에 여진족을 통일한 금나라의 공격을 받아 멸망했다.

| ※ 한국사 ※ | ※ 세계사 ※ |

## 918년 ◁
### 고려, 건국

신라 말 송악의 호족이었던 왕건은 궁예의 부하였는데, 그의 횡포가 갈수록 심해지자 홍유, 배현경, 신숭겸, 복지겸 등과 함께 궁예를 추방했다. 왕건은 고구려를 계승한다는 의미에서 국호를 고려, 연호를 천수(天授)라 하고 왕위에 올랐다. 신라 말에 분열된 한반도를 다시 통일한 고려 왕조는 1392년까지 약 500년간 존속했다.

## 919년 ◁
### 고려, 송악 천도

왕건은 궁예가 수도로 삼았던 철원에서 자신의 고향이자 기반 세력이 있는 송악(개경)으로 수도를 옮겼다. 이로써 정치적, 군사적 기반을 확고히 다질 수 있었다.

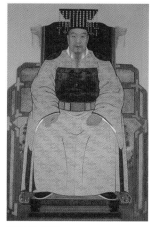

고려 태조 왕건

## 926년 ◁
### 발해, 멸망

거란족의 요나라는 영토를 확장하기 시작했는데, 중국으로 나아가는 데 걸림돌이 될 수 있는 발해를 먼저 공격했다. 발해는 925년 12월 말부터 다음 해 1월 초에 걸친 거란의 대대적인 공격을 맞아 멸망했다. 이후 발해 유민들이 만주와 한반도 등으로 뿔뿔이 흩어지는 바람에 발해 역사의 상당 부분도 함께 사라졌다.

935년 ◉

### 통일신라, 멸망

신라의 마지막 왕인 경순왕(김부)은 고려
에 사람을 보내어 신하로서 왕건을 뵙기
를 원한다며 항복 의사를 밝혔다. 고려 태
조 왕건은 경순왕이 아닌 김부로서의 배
례를 받고, 그를 정승으로 임명하여 태자
이상의 품위를 주었으며, 맏딸 낙랑공주
와 혼인시켜 사위로 삼았다. 이로써 신라
의 천년 역사는 막을 내렸다.

936년 ◉

### 고려, 후삼국 통일

태조 왕건은 후백제를 멸망시키고 후삼국
을 완전히 통일했다. 이로써 36년간의 후
삼국 시대가 끝이 났다. 건국 초기부터 민
생과 내정의 안정에 전력을 기울여 백성
의 신망을 얻은 왕건의 한반도 재통일은
단순한 영토의 통일을 넘어 진정한 통일
국가를 세웠다는 민족적 의의가 있다.

일본 최초로 역성혁명을 시도한 다이라노 마사카도

◈ 939년

### 일본, 다이라노 마사카도의 난 발생 아시아

일본 왕족인 다이라노 마사카도는 일본
중부의 간토 지역을 장악하고는 중앙 정
부에 대립해 반란을 일으켰다. 이는 일본
최초의 역성(易姓)혁명으로, 교토의 조정
에 버금가는 권력을 얻은 마사카도는 조
정에 맞서는 독자적인 천황이라는 의미
로 '신황(新皇)'이라 자칭했다. 그런데 기마
술이 뛰어나고 휘어진 일본도를 최초로
만들어 사용한 마사카도의 반란은 지방
무사의 힘으로 진압됐다. 이 과정에서 정
부의 무력함과 무사의 실력이 만천하에
드러났고, 무사들은 군사 귀족으로 성장

하게 된다. 이렇게 일본의 무사 계급인 사
무라이가 등장하게 됐다.

## 945년 <
### 고려, 왕규의 난 발생

943년에 태조가 죽고 맏아들 혜종이 뒤
를 이어 왕위에 올랐는데 처음부터 왕권
을 노리는 세력이 많았다. 혜종 2년, 외척
인 왕규가 자기 외손을 왕위에 앉히려고
난을 일으켰다. 혜종의 이복동생인 왕요
또한 서경을 지키는 장군 왕식렴과 결탁
해 왕위를 노리고 있었는데, 왕규의 난이
발생하자 군대를 거느리고 수도에 들어
와 왕규와 그 무리를 살해하였다. 정적을
제거한 왕요는 혜종의 뒤를 이어 정종으
로 즉위했다.

## 947년 <
### 고려, 광군 조직

정종은 나날이 세력이 강대해지는 거란
의 침입에 대비하고자 청천강 이북 지역
에 성을 쌓고, 전국에 예비군 성격의 광군
(光軍)을 조직했다. 호족의 군사력을 하나
로 연합하여 결성된 광군은 평소에는 생
업에 종사하다가 전쟁이 발발하면 지방
군으로 활동했다.

## 956년 <
### 고려, 노비안검법 시행

고려 건국 과정에서 호족이 소유한 토지
와 노비는 그들의 경제적, 군사적 세력 기
반이 되었다. 이에 광종은 원래 양민이었
던 노비를 본래의 신분으로 회복시키는
노비안검법(奴婢接檢法)을 실시했다. 그 결
과 호족의 수입이 되었던 세(稅)가 국가에
귀속됐고, 호족의 사병(私兵)이 감소하여
왕권이 강화됐다. 또한 광종은 중국 후주

에서 건너온 쌍기(雙冀)의 건의를 받아들여 처음으로 과거 제도를 시행했다(958년). 관리 채용 시험인 과거제로 임금에 대한 충성심과 유교 사상에 대한 신념과 능력을 지닌 인재를 등용하여 왕권 중심의 관료 사회를 만들고자 했다. 960년에는 백관의 공복(公服)도 제정했다.

공복을 입은 고려의 관리

송 태조 조광윤

### ❯ 960년

중국, 송 건국 아시아

5대의 마지막 왕조 후주의 세종이 병사하자, 병마절도사였던 조광윤이 정변을 일으켜 정권을 장악하고 송(宋)을 건국했다. 제위에 오른 그는 군인을 억압하고 문관을 우대하는 문치주의(文治主義)를 채택하는 한편, 모든 권한을 중앙 정부로 집중시켜 독재 체제를 확립했다. 첫 도읍지는 개봉(開封, 카이펑)이었으나 정강의 변(變)으로 강남의 임안(臨安, 지금의 항저우)으로 천도했다(1127년). 개봉 시대를 북송(北宋), 임안 시대를 남송(南宋)이라 한다.

### ❯ 962년

신성 로마 제국, 성립 유럽

지금의 독일인 동프랑크 왕국의 오토 1세는 왕권 강화를 위해 그리스도교와 손잡았고, 교황 요한 12세는 오토 1세를 로마의 수호자로 여겨 황제의 관을 씌워주었다. 이후 1806년 프란츠 2세가 제위에서 물러날 때까지 독일의 국왕은 신성

### 963년 ❮

고려, 제위보 설치

광종은 흉년이 들었을 때 빈민을 구제할 목적으로 제위보(濟危寶)를 설치했다. 제위보에서는 백성에게 일정한 이자를 받

고 곡식이나 돈을 꾸어 주었다가 다시 돌려받는 것을 관리하였고, 빈민의 질병 치료도 맡았다. 제위보는 공양왕 3년(1391)에 폐지됐다.

로마 제국 황제로 불렸다. 신성 로마 제국이라는 호칭이 사용된 것은 엄밀히 말하면 1254년부터다. 그렇지만 800년 이후 프랑크 왕국의 왕들이 로마 제국의 황제라 불린 것은 고대 로마 제국의 부활과 연장이 이루어졌다고 여겼기 때문이며, 옛 로마의 보존자인 그리스도교회와 한 몸이라는 의미에서 신성(神聖)이란 단어가 덧붙여 사용됐다.

## 976년 ◐
### 고려, 전시과 실시

경종 원년, 관료와 국역 부담자를 등급인 과(科)로 나누어 지위에 따라 전지(田地)와 시지(柴地)를 지급하는 전시과(田柴科)를 실시했다. 분류 기준은 관품(官品)과 인품(人品)이었는데, 수급자의 과등(科等)은 18단계로 나누었다. 전시과 실시로 지배 체제가 확립되고 계층 구별이 확실해졌다. 경종 때 시작된 이 제도는 목종, 현종 등을 거치며 개정됐고, 문종 30년(1076)에 최종적으로 정비됐다.

송 태종 조광의

## ❯ 979년
### 중국, 송의 통일 아시아

송 태종 조광의는 978년 오월(吳越)의 항복을 받았고, 979년 북한(北漢)을 멸망시켰다. 이로써 5대 이후 분열되어 있던 중국을 재통일했다. 전국의 주를 중앙에 직속시키고, 전운사(轉運使)를 배치했다. 전운사는 관할 지역의 군사·경제·치안의 일을 관장하고, 관리를 감찰했으며, 지방관의 권한을 분산·억제하고 재정의 중앙 집권화를 실현했다. 그러나 문치주의 확립의 대가로 군사력은 약화하여 대외 관계는 항상 수세일 수밖에 없었다.

981년

## 고려, 시무 28조로 정비

제6대 왕 성종이 즉위하자, 최승로는 국
방비 절감, 음사(淫祀) 제한, 불교의 폐단 시
정 등을 포함한 〈시무 28조〉를 건의하여
국가 체제 정비의 방향을 제시했다. 성종
은 최승로의 의견을 대부분 받아들여 유
교 사상을 통치 이념으로 삼아 여러 제도
를 정비했다. 28조 가운데 현재 전하고
있는 것은 22조뿐이지만, 최승로의 개혁
적이고 자주적인 유교 정치 이념은 후대
까지 영향을 미쳤다.

983년

## 고려, 전국에 12목 설치

양주, 광주, 충주, 청주, 공주, 진주, 상주,
전주, 나주, 승주, 해주, 황주 등 12개 중요
지역에 목(牧)을 설치하고 지방관 목사(牧
使)를 파견한 12목이 시행됐다. 이는 고려
건국 이후 처음 설치한 지방 행정 조직으
로, 지방 토착 세력에 대한 중앙의 통제력
이 체계적으로 미치기 시작했다.

카페 왕조의 개창자 위그 카페

## 987년

### 프랑스, 카페 왕조 성립 유럽

지금의 프랑스인 서프랑크 왕국 카롤링
거 왕조의 마지막 왕 루이 5세가 죽자, 파
리의 백작이었던 위그 카페가 왕으로 추
대됐다. 이로써 카페 왕조가 시작됐는데,
초기에는 파리 주변의 작은 지역에서만
직접적 지배권을 가지고 있었을 정도로
왕권이 미약했다. 그러나 농업과 상업의
성장을 기반으로 화폐 경제가 발달하고
중앙 관제가 정비되어 필리프 2세와 루
이 9세 때는 왕권이 엄청나게 강해졌다.
카페 왕조는 1328년까지 14대 340여

년간 지속됐으며 13세기 말에는 사실상의 국가 통일을 이루었다.

993년 ◎
### 고려, 거란의 1차 침입

거란은 송과 친선을 유지하는 고려에 불만을 품고 있었다. 993년 거란 장군 소손녕이 80만 군사를 거느리고 고려에 쳐들어오자 서희는 적장 소손녕과 담판을 벌였다. 서희는 탁월한 외교술로 소손녕의 군사를 돌려보냈을 뿐만 아니라 이후 압록강 지역의 여진까지 몰아내고 강동 6주를 설치해 영토를 압록강 유역까지 넓혔다.

소손녕과 외교 담판을 벌여 거란의 침략을 물리친 서희(출처: 전쟁기념관)

996년 ◎
### 고려, 건원중보 주조

성종 15년, 우리나라 최초의 화폐인 건원중보(乾元重寶)가 주조됐다. 철전과 동전 두 종류인 건원중보는 중국에서 당 숙종의 건원 연간(756~762년)에 처음 발행됐다. 고려는 이를 모방하여 앞면에는 '건원중보'라 새기고, 뒷면에는 고려의 화폐임을 뜻하는 '동국(東國)'이라는 두 글자를 새겨 차별화했다. 건원중보는 철전이 주조된 이후에 동전이 추가로 주조, 발행된 것으로 보인다.

건원중보(출처: 국립중앙박물관)

### 철전 vs 동전

**철전(鐵錢)**은 고려 전기에 주조, 유통된 돈으로 쇠붙이를 이용해 만들었다.

**동전(銅錢)**은 구리나 은 또는 니켈 등의 금속을 섞어서 만든 돈으로, 동그란 모양의 돈을 통틀어 이르는 말이기도 하다.

철전이나 동전은 가치가 낮은 데다 무겁고 불편하여 후에 종이돈이 생겨났다.

| ※ 한국사 ※ | ※ 세계사 ※ |

### 1009년 ❮

#### 고려, 강조의 정변 발생

제7대 왕 목종의 모후인 천추태후와 그녀의 정부(情夫) 김치양이 간통하여 낳은 그들의 아들을 왕위에 올리려고 역모를 꾸미자, 목종은 서북면도순검사(西北面都巡檢使) 강조에게 명하여 궁궐을 지키게 했다. 그러나 강조는 정변을 일으켜 김치양 부자를 주살하고 목종마저 폐위시킨 뒤 살해하고 현종을 즉위시켰다.

### 1010년 ❮

#### 고려, 거란의 2차 침입

거란이 임금인 목종을 시해한 강조의 이신벌군(以臣伐君)을 문제 삼아 다시 고려에 쳐들어왔다. 그러나 거란이 침입해 온 진짜 목적은 고려와 송을 단절시키고 강동 6주를 되찾으려는 것이었다. 거란은 흥화진과 서경을 격파하지는 못했지만, 개경의 궁궐과 건물들을 불태웠다. 고려는 화친을 제의했고, 거란은 현종의 친조(親朝)를 조건으로 철수했다.

### 1019년 ❮

#### 고려, 귀주대첩 승리

1018년 12월 거란은 고려 왕의 친조와 강동 6주 반환을 요구하며 세 번째로 쳐들어왔다. 이때 고려의 강감찬은 상원수로서 흥화진에서 거란 장군 소배압이 이끄는 10만 대군을 대파했다. 그런데도 거란군은 포기하지 않고 개경으로 향하다

고려군이 거란군을 크게 무찌른 귀주대첩(출처: 전쟁기념관)

다시 강감찬의 부장(副將) 강민첨의 공격을 받았고, 고려군의 청야 전술로 식량 공급에 차질이 생기자 군사를 돌려 퇴각했다. 1019년 2월 강감찬은 패퇴하는 거란군을 추격하여 귀주에서 적을 섬멸했다. 이 전투를 귀주대첩이라 하는데, 이때 살아 돌아간 거란군은 겨우 수천 명에 불과했다. 이로써 거란은 고려에 강동 6주를 돌려받는 것뿐만 아니라, 압록강 연안을 장악하여 고려와 만주 지역을 평정하고 송을 치려던 계획까지 포기했다.

고려의 명장 강감찬
(출처: 전쟁기념관)

### 1033년 ◉
#### 고려, 천리장성 축조

세 차례에 걸친 거란의 침입 이후 덕종은 거란과 여진의 침입에 대비하고자 유소에게 명해 장성을 쌓게 했다. 장성의 규모는 서쪽의 압록강 어귀인 흥화진에서 시작하여 맹주(孟州), 삭주(朔州)를 지나 정변(靜邊), 화주(和州)를 거쳐 도련포(都連浦)까지 천여 리에 달했다. 장성은 높이와 폭이 각각 25자가량의 석축으로 1044년(정종 10)에 완공되었다. 천리장성은 오랫동안 고려의 북방 방어선으로 이용됐다.

압록강 어귀에서 함경남도 동해안의 도련포까지 길이가 약 1천 리(약 400km)에 달하는 천리장성

### ◉ 1037년
#### 사라센 제국, 셀주크 왕조 성립 아시아

중앙아시아에 살던 튀르크족의 일파인 셀주크 튀르크가 1037년에 세운 셀주크 제국은 오스만 제국 이전까지 가장 강했던 튀르크족의 나라였다. 이슬람교를 믿었던 셀주크 왕조는 흑해를 사이에 두고 있던 동로마 제국과 대립할 수밖에 없었다. 1058년 아바스 왕조의 칼리프로부터 정치적 지도자를 의미하는 '술탄'의 칭호를 받아 나라의 기틀을 마련한 셀주크 튀르크는 1071년에는 동로마 제국과 전

셀주크 왕조의 초대 술탄 토그릴 베그

쟁을 벌였다. 당시 동로마 제국 황제였던 로마누스 4세를 포로로 잡고 예루살렘을 정복했는데, 이는 십자군 원정의 원인이 됐다.

## 1049년 ◄
### 고려, 대비원 설치

문종은 빈민을 위한 의료 구제 기관인 대비원(大悲院)을 개경의 동·서 양쪽에 설치했다. 제위보(濟危寶)에서 하던 질병 치료와 구호를 분리, 보강한 대비원은 불교의 대자대비(大慈大悲) 정신에 따라 운영됐다. 자선 사업을 통해 불교에 대한 친밀감을 높이고, 불교를 널리 전파하는 역할을 톡톡히 한 기관이다.

필리프 1세

헤이스팅스 전투를 묘사한 태피스트리

## ❯ 1060년
### 프랑스, 필리프 1세 즉위 <sup>유럽</sup>

수많은 봉토가 모인 것에 불과했던 프랑스는 필리프 1세가 즉위하면서 달라졌다. 그는 교묘한 동맹 정책과 강력한 봉신 간의 분쟁에서 중립을 지키는 정책으로 영지를 확장해 나갔다. 또한 성직을 매매하여 왕실 재정을 튼튼히 하였는데, 이로 인해 교황청과 갈등을 빚기도 했다. 그렇지만 필리프 1세는 프랑스 정치 발전의 초석을 성공적으로 닦았다.

## ❯ 1066년
### 영국, 노르만에 정복 <sup>유럽</sup>

노르망디 공국에 망명했다가 잉글랜드로 돌아와 왕위에 오른 에드워드(참회왕)는 자신의 후계자로 노르망디 공국의 윌리엄을 꼽았다. 그런데 에드워드가 죽은 뒤 해럴드 2세가 왕위에 오르자 윌리엄은 자신의 왕위계승권을 주장하며 영국으로 진격하였다. 헤이스팅스 전투에서 해럴드 군을 격파한 윌리엄 1세는 1066년 크리스마스에 웨스트민스터 사원에서 잉글랜드 왕으로 즉위했다. 이로써 노르만족의 잉글랜드 통치가 시작됐다.

## ❯ 1077년

### 신성 로마 제국, 카노사의 굴욕 <sup>유럽</sup>

교황 그레고리우스 7세와 신성 로마 제국의 황제 하인리히 4세가 주교 서임권을 둘러싸고 정면충돌했다. 교황의 황제 파문과 황제의 교황 폐위 선언으로 서로 대립했으나, 황제의 정책에 불만을 품은 독일 제후들이 왕을 폐위하기로 결의하면서 하인리히는 위기에 빠졌다. 그는 파면을 피하고자 교황이 머물고 있던 북이탈리아의 카노사성을 방문했다. 하인리히는 추운 겨울 성문 앞에서 3일간 맨발로 서서 교황에게 용서를 구하여 겨우 굴욕적인 사면을 받았다. 이 사건으로 황제의 위신은 크게 손상됐고 교황의 권력은 절정을 향하게 되었다.

카노사에서 교황에게 용서를 구한 하인리히 4세

## ❯ 1096년

### 제1차 십자군 원정 개시 <sup>유럽</sup>

클레르몽 공의회에서 출정을 결정한 서유럽의 그리스도교도들은 무슬림으로부터 성지 예루살렘을 되찾기 위한 제1차 원정을 감행했다. 가슴과 어깨에 십자가 표시를 하여 십자군으로 불린 이들은 크게 승리하여 예루살렘을 탈환하는 데 성

### 1097년 ❮

### 고려, 주전도감 설치

농업과 공업의 생산력이 발전하여 상품 유통량이 늘면서 철전보다 보관과 운반에 편리한 금속화폐의 필요성이 커졌

다. 이때 송나라에 다녀온 의천의 주장에 따라 화폐 주조 업무를 담당할 주전도감(鑄錢都監)을 설치했다. 주전도감에서는 1102년 금속화폐인 해동통보(海東通寶)를 주조하여 유통했다. 송과 거란의 전폐(錢幣)를 참고하여 만든 해동통보뿐만 아니라 삼한통보(三韓通寶), 동국통보(東國通寶), 해동중보(海東重寶)도 함께 사용됐다.

1102년에 발행된 구리로 만든 해동통보(출처: 국립중앙박물관)

공했다. 십자군 원정은 그리스도교도와 이슬람교도의 싸움이라는 점에서 종교적인 면이 강하지만, 실상은 다른 목적이 있었다. 봉건 영주, 특히 하급 기사는 새로운 영토에 대한 야망으로, 상인은 경제적 부에 대한 욕망으로, 농민은 봉건 영주의 중압에서 벗어나려는 갈망으로 원정에 가담했다. 십자군 원정을 계기로 이탈리아 상인을 중심으로 동방무역이 크게 번창하여 유럽의 상업이 발달했으며, 동방 문화가 유럽에 유입되어 활발한 문화 교류가 일어났다.

1099년 예루살렘을 점령한 십자군

## 1104년 ◁

### 고려, 별무반 결성

숙종은 동북 지역에서 계속하여 분란을 일으키는 여진족을 대대적으로 정벌하고자 윤관에게 여진 정벌 임무를 맡겼으나 오히려 여진과의 전투에서 패하고 말았다. 패전의 원인을 기병 부족이라고 분석한 윤관의 건의에 따라 여진족의 기병에 대적할 수 있는 강력한 기병 중심의 군사조직인 별무반(別武班)을 편성했다. 별무반은 신기군(기병), 신보군(보병), 항마군(승병)으로 구성되었다. 별무반은 여진 정벌이라는 목적을 위해 일시적으로 만들어진 군사조직으로, 고려 말까지 존속됐다고 보기는 어렵다.

## 1107년

### 고려, 동북 9성 축조

예종 2년 윤관을 원수(元帥), 오연총을 부원수로 하는 17만 대군이 여진족을 정벌했다. 고려군은 동북면의 여진족 촌락 130여 곳을 평정하고 함주, 길주 등지에 9성을 쌓아 영토를 넓혔으며, 남쪽 지방의 백성들을 이곳으로 옮겨 살게 하였다. 그러나 여진족이 무력 항쟁을 계속하고, 9성을 돌려달라며 강화 교섭을 요청해 오자 고려는 여진과 군신 관계를 맺는 조건으로 9성을 여진에 돌려주었다.

윤관 장군의 여진 정벌(출처: 전쟁기념관)

윤관이 여진족을 정벌하고 국경을 표시하는 비석을 세우는 장면을 그린 〈척경입비도〉

## 1112년

### 고려, 혜민국 설치

예종 7년, 가난한 백성들의 질병을 고쳐 주기 위하여 혜민국(惠民局)을 설치했다. 혜민국에서는 백성들이 쉽게 약을 구할 수 있도록 편의를 제공했다. 충선왕 때는 사의서(司醫署)의 관할로 두었다가 1391년(공양왕 3)에 혜민전약국(惠民典藥局)으로 개칭했다.

금 태조 아구다

## ❯ 1115년

### 중국, 여진의 금 건국 아시아

만주 원주민 퉁구스족의 하나인 여진족 완안부(完顔部)의 추장 아구다(아골타)가 금(金)을 세웠다. 완안부의 근거지인 안추후수이(按出虎水)에서는 금이 많이 나오는 데다가 중국식으로 표기하기 위해 국호를 금이라고 했다. 그러나 여진족은 끝까지

85

자신의 문자와 언어를 사용했고, 중국식 관습을 금지했다. 병농일치의 군제(軍制)인 맹안모극제(猛安謀克制)로 짧은 시간에 대제국으로 성장한 금나라는 1125년에는 요를 멸망시키고 서하와 고려까지 손아귀에 넣었다.

## ❯ 1127년
### 중국, 남송 건국 아시아

송은 요나라로부터 연운 16주를 탈환하기 위해 금과 동맹을 체결한 뒤 지키지 않은 데다가 평소 여진족을 오랑캐라고 함부로 대하였다. 결국 1125년 금나라는 10만 병력을 이끌고 송의 수도인 카이펑을 포위했고, 송의 흠종은 굴욕적인 화약을 체결할 수밖에 없었다. 하지만 흠종이 약속을 전혀 이행하지 않자 금나라가 재침하였다. 카이펑이 함락되고 흠종을 비롯해 황족, 관료 등 3천여 명이 포로로 잡혀가 송 왕실의 혈통이 중단되는 '정강의 변(靖康之變)'이 일어난 것이다. 이때 유일하게 끌려가지 않은 흠종의 아홉 번째 동생 고종은 남쪽으로 도망가 임안(臨安)을 수도로 정하고 남송을 건설했다.

남송을 세운 고종

## 1126년 ❮
### 고려, 이자겸의 난 발생

이자겸은 둘째 딸이 예종의 비가 되자 벼슬길에 올랐다. 사위인 예종이 죽자 이자겸은 외손자인 태자를 인종으로 즉위시키고 셋째와 넷째 딸을 인종의 비로 만든 다음, 왕에 버금가는 세도를 부리기 시작했다. 국사(國事)를 한 손에 쥐고 흔들던 이자겸은 1126년 척준경과 함께 군사력을 동원해 왕위까지 찬탈하려는 반란을 일으켰다. 이자겸의 난은 왕의 회유를 받아들인 척준경과 병부상서 김향의 활약으로 마무리되었고, 이자겸은 영광에 유배됐다가 죽었다. 이자겸의 난으로 정치는 더욱 문란해졌고 귀족의 갈등과 대립이 표면화되는 등 고려 사회 자체가 흔들리게 되었다.

## 1135년 ❮
### 고려, 서경 천도 운동 발생

서경 출신의 묘청이 음양도참설(陰陽圖讖說)을 이용하여 나이 어린 인종에게 지세가 다한 개경을 버리고 지금의 평양인 서경으로 천도할 것을 권유하였다. 서경으로 천도하면 오래도록 부귀영화를 누릴 수 있다는 묘청의 감언이설도 있었지만, 개경에 근거를 둔 문벌귀족의 세력을 약화할 기회로 생각한 인종은 이를 추진하려 했다. 그러나 천도를 성급하게 진행하는 바람에 난관에 부딪히자, 묘청은 자비령 이북의 서경 길을 막고 반란을 일으켰다(묘청의 난). 서경파 관료와 지역 농민, 승려까지 가담해 국호를 대위국(大爲國), 연호를 천개(天開)로 하는 나라를 세우고 저항했지만, 김부식을 평서원수(平西元帥)로 한 정부의 토벌군에 의해 약 1년 만에 진압됐다.

노트르담 대성당

## 1170년 ○
### 고려, 무신 정권 성립
과거 제도와 유학 중심의 사회가 되면서 고려에는 문신(文臣)을 우대하고 무신(武臣)을 천대하는 풍조가 만연했고, 이 같은 차별은 의종 때 극에 달하였다. 의종은 문신, 환관들과 향락에 빠져 사치를 일삼았기

## ○ 1147년
### 제2차 십자군 원정 개시 유럽
1144년 시리아와 팔레스타인 지역의 그리스도교 국가들이 이슬람 세력에 의해 함락되자, 프랑스의 왕 루이 7세와 신성 로마 제국의 황제 콘라트 3세의 지휘 아래 제2차 십자군이 파견됐다. 시리아의 다마스쿠스를 포위하긴 했지만, 내부적으로 분열되어 있던 십자군은 승리할 수 없었고 별 소득 없이 돌아와야 했다. 이후 그 지역의 이슬람 영토는 술탄 살라딘에 의해 통합됐다.

## ○ 1163년
### 프랑스, 노트르담 대성당 건설 유럽
프랑스 파리의 시테섬에 있는 노트르담 대성당은 1163년에 공사를 시작해 1345년에 완성된 고딕 양식의 대표적 걸작이다. 1804년 나폴레옹의 대관식이 열렸던 이 대성당은 빅토르 위고가 쓴 《노트르담의 꼽추》의 배경으로도 유명하다. 1991년 유네스코 세계문화유산으로 지정되어 문화적 가치를 인정받은 노트르담 대성당은 2019년 4월 15일 화재에 휩싸이고 말았다. 성당 보수를 위해 설치했던 공사 시설에서 발생한 화재는 목재로 구성된 부분들이 거의 폐허로 변한 뒤에야 진압됐다.

에 무신의 불만은 이루 말할 수 없을 정도
였다. 그러던 중 김부식의 아들인 문신 김
돈중이 대장군인 정중부의 수염을 촛불
로 태우고, 대장군 이소응이 젊은 문신 한
뢰에게 뺨을 맞는 사건이 일어났다. 이에
분노한 정중부는 이의방, 이고 등과 함께
요직의 문신들을 살해한 후 의종을 폐하
여 거제도로 귀양 보내고, 왕제인 익양공
(翼陽公) 호(澤)를 명종으로 옹립하여 무신
정권 시대를 열었다.

문신 석상이 무신 석상보다 위에 있는 것을 통해서도
고려 전기에는 문신의 지위가 더 높았음을 알 수 있다.

## 1176년 ◀

### 고려, 망이·망소이의 난 발생

무신이 집권하면서 그동안 천대받거나
소외되었던 세력들이 기대를 품고 난을
일으켰다. 공주 명학소(鳴鶴所)에서 일어난
망이·망소이의 난도 그중 하나였다. 고려
에는 '소(所)'라는 특수 행정 구역이 있었
다. 금, 은, 동, 철, 자기, 종이, 먹 등을 생
산하여 정부에 공급하던 특수 지역인 소
는 다른 행정 구역보다 천하게 여겨졌고,
소의 주민들은 세금 부담도 훨씬 컸다. 망
이와 망소이가 난을 일으킨 목적은 소민
(所民)의 신분에서 벗어나 과도한 수취를
모면하려는 데 있었다. 망이·망소이의 난
은 비록 실패했지만 이후 향, 소, 부곡 등
특수 행정 구역이 사라지는 데 영향을 끼
쳤다.

## 1179년 ◀

### 고려, 경대승의 도방 설치

무신정변으로 권력을 장악한 무신들의
횡포에 분개한 장군 경대승은 정중부 부
자 등을 제거하고 자신이 직접 실권을 장
악했다. 그는 신변 보호를 위해 사병 집단

인 도방(都房)을 설치했고, 문관과 무관을 고루 등용하였으나 1183년 30세의 나이로 병사했다. 그가 죽은 뒤 도방은 해체됐고, 이의민이 개경으로 올라와 집권했다.

1187년 예루살렘을 탈환한 살라딘

### ❯ 1189년
#### 제3차 십자군 원정 개시 유럽

1187년 이집트 이슬람 왕조인 아이유브 왕조의 술탄 살라딘은 다시 성전(聖戰)을 일으켜 예루살렘을 정복했다. 유럽에서는 이에 대항하기 위해 제3차 십자군을 파견했다. 이때 독일의 프리드리히 1세와 영국의 리처드 1세, 프랑스의 필리프 2세가 참전했다. 그런데 프리드리히 1세가 전사하자, 리처드 1세와 사이가 좋지 않았던 필리프 2세는 프랑스로 돌아가 버렸다. 리처드 1세는 예루살렘 부근에서 살라딘에 승리하기도 하였으나 혼자서는 역부족이어서 휴전했다.

### ❯ 1192년
#### 일본, 가마쿠라 바쿠후 수립 아시아

겐지 가문의 적자인 미나모토노 요리토모는 사가미 지방의 가마쿠라를 본거지로 삼고 간토 지방 호족들의 도움을 받아 세력을 확장했다. 1180년 요리토모는 모치히토 왕자의 칙령에 따라 도고쿠 지방을 평정하고 헤이시 가문을 쓰러뜨린 후 전국을 손에 넣고 1192년 세이이타이쇼군(征夷大將軍, 정이대장군)에 올라 일본 최초의 무사 정권인 가마쿠라 바쿠후(幕府, 막부)를 세웠다. 이 세이이타이쇼군을 줄여 쇼군(將軍)이라 부른다. 일본은 이때부터 1868년 메이지 유신 때까지 바쿠후에 의한 무사 정치가 이루어졌다.

가마쿠라 바쿠후의 초대 쇼군 미나모토노 요리토모

## 1196년 ◀

### 고려, 최씨 정권 시작

최충헌은 동생 충수와 함께 13년 동안 권력을 독점한 권신 이의민을 죽이고 정권을 장악했다. 최충헌은 폐정 개혁을 위한 〈봉사십조(封事十條)〉를 명종에게 올렸으나 왕이 이를 이행하지 않자 명종을 창락궁에 유폐한 뒤 평량공(平凉公) 민(旼)을 신종으로 옹립하고 자신의 정권을 확립했다(1197년). 최충헌은 신변 보호를 위해 도방(都房)을 부활시키고 이를 더욱 강화했다. 또한 정권의 중앙 기관으로 교정도감(敎定都監)을 설치하여 반대파를 제거했다. 이후 고려의 권력은 최충헌의 후손들에게 대물림되어 최우, 최항, 최의로 이어지는 4대 60여 년간 최씨 정권이 이어졌다.

## 1198년 ◀

### 고려, 만적의 난 발생

당시 집권자 최충헌의 사노(私奴)였던 만적은 무신의 난이 진행되는 동안 팽배해진 하극상의 풍조에 힘입어 "왕후장상(王侯將相)의 씨가 어디 따로 있겠는가. 각기 자기 상전을 죽이고 노비 문서를 불살라 우리도 높은 벼슬자리를 차지하자."라고 선동하며 노비 해방 운동을 벌였다. 그렇지만 겁을 먹은 순정이라는 노비가 자신의 주인인 율학박사 한충유에게 밀고하여 거사는 실패로 돌아갔고, 만적을 비롯한 수백 명의 노비가 죽임을 당하였다.

### 도방 vs 교정도감

**도방**은 고려 무신 집권 시대의 사병 집단으로, 경대승이 정중부를 죽인 후 신변에 위협을 느껴 설치한 것이다. 경대승 사후 해체됐다가, 최충헌이 이전과 비교되지 않을 정도의 규모로 재건하였으며, 최씨 정권을 지탱하는 중요한 무력 기반이 되었다.

**교정도감**은 최충헌의 집권 이래 무신 정권의 최고 정치 기관으로, 관리의 임면(任免) 및 감찰 업무를 맡아보았다.

노비 문서

## ☀ 한국사 ☀

콘스탄티노폴리스를 공격하는 제4차 십자군

몽골족을 통일하고 몽골 제국을 세운 칭기즈 칸

## ☀ 세계사 ☀

### ❯ 1202년

#### 제4차 십자군 원정 개시 유럽

교황권의 최전성기에 교황직에 오른 인노켄티우스 3세는 이집트 정복을 위해 제4차 십자군을 소집했다. 그런데 당시 십자군의 수송을 담당했던 베네치아는 동로마 제국의 정쟁을 빌미 삼아 십자군에게 콘스탄티노폴리스를 공격하도록 했다. 500년 넘게 이슬람 세력을 막아 내며 그리스도교 세계의 방패 노릇을 했던 콘스탄티노폴리스는 1204년 같은 그리스도교도의 손에 무너져 버렸다. 그곳에 들어선 라틴 제국으로 인해 동로마 제국은 일시적으로 멸망했다가, 1261년 니케아의 미하일 8세 팔레올로고스에 의해 부활했다. 공격을 주도한 베네치아 공화국은 동로마 제국 영토의 40%가량을 차지하며 지중해 북부의 패권을 거머쥐고 지중해 무역을 독점했다.

### ❯ 1206년

#### 몽골 제국, 성립 아시아

몽골의 작은 부족에서 태어난 테무친은 1206년 각 부족의 연합 모임인 쿠릴타이를 소집했다. 그는 씨족 공동체를 해체하고 통일 국가로서의 기구를 제정하여, 몽골 제국의 칭기즈 칸이 되었다. 칸에 오른 다음 그는 중국 본토를 지배하고 서역까지 평정하며 유라시아에 걸친 대제국을 건설했다. 칭기즈 칸은 1227년 서하 정벌을 준비하다 병사했는데, 아들들에게 정복한 땅을 분할해 주어 후에 한국(汗國)

을 이룩하게 하였고, 몽골 본토는 막내아들에게 상속했다. 인류 역사상 두 번째로 넓은 제국을 만들었던 몽골 제국은 칭기즈 칸의 손자인 쿠빌라이 칸 때 국호를 원(元)으로 변경했다.

### ❯ 1215년
#### 영국, 〈마그나카르타〉 제정 <sup>유럽</sup>

왕의 실정에 견디다 못한 귀족들의 압력으로 영국의 존(John) 왕은 〈마그나카르타(Magna Carta)〉를 승인했다. 대헌장(大憲章)이라는 뜻의 〈마그나카르타〉에 따르면 왕은 일반 평의회의 승인 없이는 군역대납금·공과금을 부과하지 못하고, 또 재판이나 국법에 의하지 않으면 자유인을 체포·감금할 수 없었다. 귀족의 권리를 확인하고자 만들어졌던 〈마그나카르타〉는 후대에 내려오면서 영국의 헌정뿐만 아니라 국민의 자유에 관한 근대 헌법의 토대가 되었다고 평가받고 있다. 법이 왕 위에 있다는 것을 확립한 최초의 문서이기 때문이다.

〈마그나카르타〉(영국국립도서관 소장)

### 1231년 ❮
#### 고려, 몽골의 침입을 받음

공물을 요구하러 고려를 방문했던 몽골 사신 저고여가 1225년 자국으로 돌아가던 중 압록강 부근에서 피살당했다. 몽골은 이 일을 빌미로 1231년 고려를 침략했다. 당시 정권을 잡고 있던 최우는 3군을 편성하여 몽골에 맞서는 한편, 분대어사(分臺御史) 민희를 보내 몽골군을 회유했다. 몽골은 철병하는 대신 서경 및 서북면 지방에 72명의 다루가치(達魯花赤)를 파견해 내정을 간섭했으며 엄청난 공물을 요구했다.

## 1232년
### 고려, 강화도 천도

최우는 몽골에 장기적으로 대항하기 위해 개경에서 가까우면서도, 수전에 약한 몽골군을 막을 수 있는 요새인 강화도로 도읍을 옮겼다. 이후 1258년까지 여섯 차례에 걸친 몽골의 침입으로 고려는 큰 피해를 입었다. 특히 2차 침입 때는 부인사에 있던 초조대장경이 소실됐고(1232년), 3차 침입 때는 경주의 황룡사 9층 목탑이 불에 타 버렸다(1235년). 그러나 고려 백성들은 끝까지 저항하며 몽골군과 맞서 싸웠고, 부처의 힘으로 적을 물리치기 위해 팔만대장경을 만들기도 했다.

강화에 남아 있는 고려궁지(출처: 한국관광공사)

한자 동맹

## ❷ 1241년
### 독일, 한자 동맹 결성 유럽

북해와 발트해 연안의 독일 여러 도시가 상업상의 목적으로 한자 동맹(Hanseatic League)을 결성했다. 플랑드르에 압박을 받은 독일 상인들이 이에 대항하고자 본국의 여러 도시에 연합적인 지원을 요구한 것이 직접적인 결성 계기였다. 시간이 지나면서 도시 동맹으로 확장된 한자 동맹의 맹주는 뤼베크였고 브레멘, 함부르크, 쾰른 등도 주요 도시였다. 한자 상인이 취급한 상품은 주로 모피, 생선, 곡물, 목재, 호박(琥珀), 모직물 등이었다.

## ❷ 1254년
### 신성 로마 제국, 대공위 시대 시작 유럽

제후 세력이 막강한 독일에서 호엔슈타우펜 왕조가 끊어지자, 세력마다 각기 왕을 추대하면서 신성 로마 제국의 황제 자리가 공백 상태인 대공위 시대(大空位時代)가 시작됐다. 19년간 뚜렷한 지도자가 없었던 이 시기에 신성 로마 제국의 봉건 제후들은 사실상 독립했다. 대공위 시대는 1273년 교황 그레고리우스 10세의 요청으로 열린 프랑크푸르트 선제회의(選帝會議)에서 합스부르크 왕가의 루돌프 1세를 황제로 선출함으로써 끝이 났다. 그러나 독일의 분열 상태는 19세기 후반까지 해소되지 못했다.

### 1258년 ◀
#### 고려, 왕정복고

최의가 김준과 유경 등에게 살해되면서 4대 60여 년간 계속되던 최씨 무신 정권이 막을 내리고 다시 왕정이 시작됐다.

### 1270년 ◀
#### 고려, 삼별초의 대몽 항쟁 시작

무신 정권이 무너지고 고려 정부가 몽골에 복속하여 개경으로 환도하자, 무신 정권 때의 특수군대였던 삼별초(三別抄)는 끝까지 몽골에 저항했다. 장군 배중손이 이끈 삼별초는 진도와 제주도로 근거지를 옮겨 가며 항쟁했으나 3년 후 진압되고 말았다. 대몽 항쟁의 선두에서 유격 전술로 몽골군을 괴롭혔던 삼별초는 최우가 치안 유지를 위해 만든 야별초(夜別抄)에서 비롯됐으며 좌별초, 우별초 그리고 몽골과의 전투에서 포로로 잡혔다가 탈출한 신의군을 포함한다. 1273년 삼별초 항쟁을 진압한 몽골(원)은 제주에 탐라총관부를 세우고 일본 원정을 위한 목마장을 설치했다.

삼별초가 진도에서 몽골과 항쟁을 벌일 때 쌓은 진도 남도진성(출처: 문화재청)

### ❷ 1271년
#### 몽골 제국, 원 건국 아시아

칭기즈 칸의 손자인 쿠빌라이 칸이 중국 본토에 몽골 제국 원(元)을 건국했다. 대도(大都, 지금의 베이징)를 수도로 정하고 중국식 연호인 중통(中統)을 사용한 원나라는 1279년 남송을 멸망시키고 중국의 유일한 지배 왕조가 되었다. 원나라는 13세기 중반부터 14세기 중반에 이르는 약 1세기 동안 중국과의 동화 정책과 차별 정책을 적절히 사용하여 중국 본토는 물론 거의 모든 동아시아 지역을 지배했다.

원나라의 시조 쿠빌라이 칸

### 1280년 ◀

#### 고려, 원의 정동행성 설치

원은 고려에 정동행성(征東行省)을 설치해 일본 정벌을 위한 군선, 군량미, 군사 등을 관리했다. 정동행성의 정식 명칭은 정동행중서성(征東行中書省)으로, '정동'은 일본 정벌을, '행중서성'은 중앙 정부인 중서성의 지방 파견 기관을 뜻했다. 두 차례의 일본 원정이 실패로 끝나자, 원은 정동행성을 고려에 대한 내정 간섭의 전초기지로 이용하기 시작했다. 정동행성의 우두머리인 승상(丞相)은 고려의 왕이 맡아야 했으며, 이는 공민왕 때에 이르러서야 폐지됐다(1356년).

### 1281년 ◀

#### 고려, 일연의 《삼국유사》 저술

충렬왕 7년에 승려 일연이 역사책 《삼국유사(三國遺事)》를 편찬했다. 고조선부터 후삼국까지를 다루고 있는데, 고조선을 서술한 점이 높이 평가받고 있다. 또한 《삼국유사》에는 민간의 설화나 신앙, 향가 등이 실려 있어 고대 문학 연구에도 중요하다.

《삼국사기》와 더불어 우리나라에서 현존하는 가장 오래된 역사책 《삼국유사》(출처: 국립중앙박물관)

오스만 1세

### ❯ 1299년

#### 오스만 제국, 건국 아시아

오스만 1세가 셀주크 제국을 무너뜨리고 소아시아를 중심으로 이슬람 국가인 오스만 제국을 세워 셀주크 튀르크를 대신하기 시작했다. 오스만 제국은 터키를 중심으로 메소포타미아와 팔레스타인, 발칸반도 지역까지 차지한 뒤 400여 년에 걸쳐 통치했다. 오스만 제국은 1912~1913년에 발생한 발칸 전쟁으로 유럽 영토를 상실했고, 제1차 세계대전

때 패전국이 되어 영토 대부분을 잃었다. 이후 무스타파 케말이 등장하여 혼란스러운 나라를 정리하고, 1922년 터키 공화국을 건국함으로써 오스만 제국은 막을 내렸다.

삼부회

## ◆ 1302년

### 프랑스, 삼부회 최초 소집 <sup>유럽</sup>

필리프 4세가 1302년 4월 최초로 삼부회(三部會)를 소집했다. 삼부회는 제1부인 사제, 제2부인 귀족, 제3부인 평민의 대표들로 구성된 국민의회였다. 그러나 국왕의 뜻을 견제하는 대의회(代議會)가 아니라 왕의 주도로 국민 대표에게 협력을 요청하는 자문 기관의 성격이 강했다. 또한 신분제 의회라는 점에서도 영국 의회와는 성격이 달랐다.

## ◆ 1309년

### 프랑스, 아비뇽으로 교황청 이전 <sup>유럽</sup>

필리프 4세와 교황 보니파키우스 8세 사이의 힘겨루기가 삼부회를 등에 업은 필리프 4세의 승리로 끝났다(1303년의 아나니 사건). 사건 직후 교황 보니파키우스 8세가 사망하자, 그 뒤를 이어 프랑스인들이 교황 자리에 올랐고 1309년 교황청을 프랑스 아비뇽으로 옮겼다. 교황들은 로마가 아닌 아비뇽에 체류하면서 프랑스 왕의 세력에 종속되어 있었다. 1377년 교황 그레고리우스 11세가 로마로 복귀할 때까지 7대의 교황들이 아비뇽에 머물렀는데, 이 기간에 교황권이 프랑스 왕권에 굴복한 것을 포로로 갇혀 있던 것에 비유하여 '아비뇽 유수(Avignonese Captivity)'라 한

보니파키우스 8세와 맞서 교황청을 아비뇽으로 옮긴 필리프 4세

## 1314년 ◀
### 고려, 만권당 설치

충선왕은 정치, 경제, 사회 전반에 팽배한
폐해를 과감히 개혁하려 했으나, 반대파
와 원의 이해관계가 얽혀 실패했다. 그는
왕위를 아들에게 넘기고, 원나라 연경으
로 가 독서당인 만권당(萬卷堂)을 세웠다.
동서고금의 책을 수집하고 고려와 원의
유명한 학자를 모아 중국의 고전 및 성리
학을 연구하게 했다.

솜강을 건너는 영국 왕 에드워드 3세

영국군이 포위한 오를레앙을 해방시키고 프랑스의
승리를 이끈 잔 다르크

다. 이는 교황권의 쇠퇴를 보여 주는 상징
적인 사건이다.

### ▶ 1337년
#### 프랑스, 영국과 백년 전쟁 시작 유럽

프랑스 카페 왕조의 샤를 4세가 후계자
없이 사망하자, 그의 사촌 형제인 발루아
왕가의 필리프 6세가 왕위에 올랐다. 이
에 영국 왕 에드워드 3세가 자신의 어머
니가 샤를 4세의 누이임을 내세워 프랑
스 왕위계승권을 주장하면서 양국 간의
대립이 격해졌다. 영국은 프랑스 경제를
혼란에 빠뜨리고자 플랑드르 지방으로
수출하던 양모 공급을 중단했고, 프랑스
는 프랑스 내의 영국 영토인 기옌(지금의 가
스코뉴) 지방을 몰수했다. 전쟁은 1337년
영국의 에드워드 3세가 프랑스에 공식적
인 도전장을 내민 것을 시작으로 여러 차
례 휴전과 전쟁을 되풀이하면서 1453년
까지 116년 동안 계속됐다. 대체로 열세
였던 프랑스는 잔 다르크의 등장으로 전
세가 역전되어 백년 전쟁을 승리로 이끌
었다.

## 1347년
### 고려, 정치도감 설치

충목왕 3년, 고려 사회의 모순과 폐단을 시정하기 위해 우정승 왕후가 원의 순제(順帝)로부터 폐정 개혁에 대한 명령을 받고 고려로 돌아와 정치도감(整治都監)을 설치했다. 토지의 탈점과 겸병을 조사하는 등 갖가지 폐단을 개혁하려던 정치도감은 반대 세력에 의해 3개월 만에 유명무실해졌으며, 충정왕 1년인 1349년에 폐지됐다.

## ❯ 1347년
### 흑사병 창궐 유럽

1347년부터 1353년 사이에 전 유럽에 걸쳐 창궐한 흑사병(黑死病, 페스트)은 그 후 약 100년 동안 지속되었다. 이 재앙으로 당시 유럽 인구의 30~50%가 사망했고 피해가 극심한 지역은 사망률이 80%에 달할 정도였다. 흑사병 창궐은 유럽의 경제, 사회, 종교 전반에 큰 영향을 미쳤다.

14세기에 전 유럽을 휩쓸어 수많은 인명을 앗아 간 흑사병

## ❯ 1351년
### 중국, 홍건적의 난 발생 아시아

원나라 말기에 한족들은 차별과 핍박, 과도한 조세와 부역에 시달리고 있었으며 사회 혼란이 극심해졌다. 이에 불만을 품은 한족들이 '이민족 왕조 타도'를 외치며 붉은색 수건을 머리에 두르고 난을 일으켰다. 머리에 붉은 두건을 쓰고 홍건적(紅巾賊)임을 나타낸 것은 송을 계승한다는 정체성을 분명히 한 것이며, 몽골에 대한 저항의 표시였다. 반란군 진압에 나선 원나라군에게 쫓기던 홍건적은 1359년과 1361년 두 차례에 걸쳐 고려에 침입하기도 하였으나 고려군에게 격퇴되었다.

명나라를 건국한 홍무제 주원장

티무르 제국을 세운 티무르

 **1368년**

중국, 명 건국 <sup>아시아</sup>

홍건적으로 활동하다 독자적으로 세력을 키운 주원장은 명(明)을 건국하고 몽골족의 원을 몰아낸 뒤 중국을 통일했다. 명 태조 주원장(홍무제)은 농업을 근간으로 한족의 전통문화와 유교 문화를 부흥시켰고, 강력한 중앙 집권 체제를 실시했다.

 **1369년**

사라센 제국, 티무르 왕조 성립 <sup>아시아</sup>

중앙아시아를 지배했던 몽골 제국의 후예 티무르는 킵차크한국을 정복하고 사마르칸트에 도읍하여 티무르 왕조를 세웠다. 그의 자손들에 의하여 1508년까지 유지된 티무르 왕조는 오늘날의 중앙아시아에서 서아시아에 이르는 대제국을 건설했고, 예술과 학문을 찬란하게 부활시켰다.

**1374년**

고려, 공민왕 시해 사건 발생

1351년 왕위에 오른 공민왕은 원명교체(元明交替)라는 중국 정세의 변동을 이용하여 강력한 개혁을 통해 원의 간섭에서 벗어나고자 했다. 몽골풍, 몽골 연호, 관제, 쌍성총관부와 정동행성 폐지 등의 개혁을 단행했으나, 왜구와 홍건적의 침입으로 국력이 소모되고 개혁을 위해 등용했던 승려 신돈이 제거되면서 공민왕의 개혁은 결국 흐지부지되었다. 공민왕은 1374년 측근의 손에 시해됐다.

## 1376년 ◀

### 고려, 최영의 왜구 토벌

청렴함과 충직함의 대명사로 꼽히는 최영은 수차례 왜구를 토벌한 공으로 우달치(于達赤)에 임명됐고, 1352년 조일신의 난을 평정하여 호군(護軍)이 됐다. 최영은 안으로는 흥왕사의 변(1363년), 제주 목호(牧胡)의 난(1374년) 등을 제압하고, 밖으로는 홍건적과 왜구를 막아 내며 활약했다. 1376년 원수(元帥) 박인계가 삼남 지방을 휩쓴 왜구에게 패배하자 노구를 이끌고 출정하여 홍산에서 왜구를 대파했고, 그 공으로 철원부원군에 봉해졌다.

고려 말기의 명장 최영 장군의 초상(출처: 문화재청)

## 1377년 ◀

### 고려, 화통도감 설치

화약 제조에 성공한 최무선의 건의로 화약 무기 제작을 담당하는 화통도감(火熥都監)이 설치됐다. 최무선은 극심했던 왜구의 침입을 막고자 원의 화약 제조 기술자들에게 제조술을 배우는 등 화약 연구에 몰두했다. 로켓형 무기인 주화(走火), 신호용 대포인 신포(信砲)를 비롯하여 대장군(大將軍), 육화석포(六火石砲), 화포(火砲), 화전(火箭) 등 18종의 화기를 만들어 왜구 격퇴에 사용했으나 1389년(창왕 1)에 폐지되어 군기시(軍器寺)에 흡수됐다.

아비뇽 교황청

## ❯ 1378년

### 교회 대분열 시작 유럽

'교회 대분열'은 로마와 프랑스 아비뇽에 두 명의 교황이 존재했던 시기(1378~1417년)를 말한다. 1377년 로마로 귀환한 교황 그레고리우스 11세가 죽자, 이탈리아인 우르바누스 6세가 교황에 선출됐다. 이에 프랑스인 추기경들은 선거 무효를 선언하고 프랑스인 클레멘스 7세를 교황으로 내세웠다. 그러자 우르바누스 6세는 이탈리아인으로만 구성된 추기경단을 새로이 임명하여 로마에서 방어태세를 취했고, 클레멘스 7세는 자신의 파당을 거느리고 아비뇽에 교황청을 두면서 교회의 대분열이 시작됐다. 약 30년간 두 교황이 대립하면서 사태가 악화되자 1417년 콘스탄츠 공의회에서 두 교황을 모두 폐위하고 마르티누스 5세를 단일 교황으로 세웠다. 이로써 유럽 교회의 통일성이 회복됐다.

배에 탄 리처드 2세에게 요구사항을 전하는 농민 반란군

 1381년

### 영국, 와트 타일러의 난 발생 유럽

흑사병으로 인해 노동 인구가 줄었음에도 임금이 오르지 않은 것에 불만을 느끼던 농민들에게 영국 정부는 인두세(人頭稅)까지 부과했다. 백년 전쟁의 군비를 충당하고자 15세 이상의 모든 백성에게 세금을 부과한 것이다. 이것이 계기가 되어 영주제에 대한 불만이 반란으로 표출됐다. 농민군이 한때 수도 런던을 점령하여 국왕 리처드 2세가 이들의 요구에 굴복하기도 했다. 그러나 지도자인 와트 타일러가 살해되면서 봉기는 실패로 끝났으나 이 농민 반란은 농노제 폐지에 결정적 역할을 했다.

### 1388년 ◐
#### 고려, 위화도 회군 발생

명나라는 철령 이북 땅이 한때 원의 영토였다는 이유로 조선에 이 땅의 반환을 요구하며 철령위(鐵嶺衛)를 설치하겠다고 통보해 왔다. 이에 최영 등은 요동 정벌을 주장했고, 우왕은 최영을 팔도도통사, 조민수를 좌군도통사, 처음부터 이를 반대하던 이성계를 우군도통사로 삼아 출정하게 했다. 그런데 병사들의 탈영과 세찬 비로 전투가 어려워지자 이성계는 병력을 끌고 위화도(威化島)에서 회군하여 개경으로 돌아와 왕을 내쫓고 최영을 유배한 뒤 정권을 장악했다. 정치·군사적 권력을 한 손에 잡은 그는 조선 창업의 기반을 마련하기 시작했다.

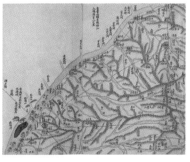

압록강 하류의 위화도

## 고려, 과전법 시행

공양왕 3년에 이성계와 정도전, 조준 등의 신진 사대부는 권문세족의 경제적 기반이 되는 개인 소유의 토지 제도를 없애고자 토지대장을 불사르고 새로운 토지 제도인 과전법(科田法)을 시행했다. 과전법 시행으로 국가의 수조지(收租地)가 확대되어 국가 재정 기반이 늘어났고, 개인이 지배하고 있던 농민을 국가가 파악할 수 있게 되어 국가 통치 기능을 회복했다. 과전법은 1466년 직전법(職田法)으로 바뀌었다.

### 과전법 vs 직전법

**과전법**은 나라 안의 모든 토지를 국가 소유로 하고, 관리의 등급에 따라 급료로 토지를 지급한 제도다. 관리는 과전에서 나오는 세금을 거두는 권리인 수조권을 부여받았는데, 퇴직 관료의 수와 세습 토지의 면적이 늘어나면서 새로 관료가 되는 사람에게 지급할 토지가 부족해졌다. 이를 해결하고자 직전법을 시행했다.

**직전법**은 오직 벼슬을 할 때만 수조권을 가질 수 있게 한 토지 제도로, 국가는 토지 소유자인 농민을 좀 더 직접적으로 관리할 수 있었다.

## ☀ 한국사 ☀

### 1392년 ◐
#### 조선, 건국

위화도에서 회군하여 최영 일파를 숙청한 이성계는 1392년 7월 16일 개성의 수창궁에서 선양(禪讓)의 형식으로 왕위에 올랐다. 민심의 동요를 잠재우기 위해 고려라는 국호를 사용하다가, 1393년 3월부터 고조선을 계승한다는 뜻에서 '조선'으로 나라 이름을 바꿨다. 역성혁명으로 시작한 조선은 1910년 8월 일본에 국권을 강탈당할 때까지 27대 519년 동안 이어졌다.

### 1393년 ◐
#### 조선, 의흥삼군부 설치

고려 말인 1391년(공양왕 3)에 기존의 오군(五軍) 체제를 삼군(三軍) 체제로 바꾸어 삼군도총제부(三軍都摠制府)를 두었다. 이를 조선 태조 2년에 개칭한 것이 의흥삼군부(義興三軍府)이다. 군제를 확대, 개편하는 과정에서 의흥삼군부가 친위 부대의 성격을 강하게 띠게 되면서 도평의사사(都評議使司)의 기능 중 군무에 관한 것은 자연스럽게 소멸되어 병권의 중앙 집권화가 이뤄졌다.

### 1394년 ◐
#### 조선, 한양 천도

태조 이성계는 새 왕조의 명분을 새롭게 할 목적으로 개경을 버리고 한양으로 수도를 옮겼다. 이는 고려 말의 사회적 혼란을 수습하고 민심을 안정시키려 한 포석이기도 했다. 한양은 정도전의 기획과 설계 아

## ☀ 세계사 ☀

태조 이성계

래 궁궐과 도성의 위치가 정해지고 이름 지어졌다. 성문의 이름 하나하나에도 성리학(性理學)과 오행(五行) 사상을 담을 정도로 유교적 통치 이념을 구현하려는 의지가 강했다.

## 성리학 vs 오행

**성리학**은 송나라 때 주희가 집대성한 유학의 한 학파로, 공자와 맹자의 유교 사상을 '성리(性理), 의리(義理), 이기(理氣)' 등의 형이상학 체계로 해석했다.

**오행**은 우주 만물의 변화 양상을 다섯 가지로 압축해 바라보는 동양 철학으로, 인간 사회를 다섯 개 원소인 화(火), 수(水), 목(木), 금(金), 토(土)가 변화하고 발전하는 것이라고 보았다.

## 1398년 ⊙
### 조선, 제1차 왕자의 난 발생

태조 이성계에게는 8명의 아들이 있었는데, 여섯 왕자는 정비(正妃) 한씨 소생이고, 두 왕자는 계비(繼妃) 강씨 소생이었다. 태조가 여덟째 아들인 방석을 세자로 책봉하고 정도전, 남은 등의 공신들이 이를 지지하자, 조선 개국에 가장 큰 공을 세웠던 다섯째 아들 방원이 불만을 품고 이복형제인 방석, 방번과 정도전 등을 살해했다. 이 제1차 왕자의 난 이후 1398년 9월 이방원의 둘째 형 방과가 정종으로 즉위했다.

## 1400년 ⊙
### 조선, 제2차 왕자의 난 발생

정종은 허수아비 왕이었고, 실질적인 권력은 이방원이 장악하고 있었다. 이런 와중에 왕위에 욕심을 낸 태조의 넷째 아들 방간이 지중추부사 박포와 공모하여 군사를 일으켰다. 이에 방원과 방간의 군대가 싸움을 벌인 제2차 왕자의 난이 발생했고, 결국 방간이 패하여 방간은 유배되고 박포는 처형됐다. 정종은 1400년 2월 이방원을 왕세제로 삼았고, 같은 해 11월 방원에게 왕위를 넘겨주었다. 방원은 수창궁에서 태종으로 즉위했다.

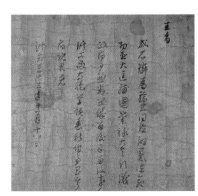

태종의 어필

## 1401년
### 조선, 신문고 설치

송의 등문고(登聞鼓) 제도를 본떠 신문고(申聞鼓) 제도를 시행했다. 대궐 밖 문루에 달린 북을 친 다음 임금에게 직접 억울함을 호소할 수 있게 한 것이었다. 그러나 신문고 이용 조건은 까다로웠다. 우선 의정부(議政府)나 사헌부(司憲府)에서 거절한 사건이라야 북을 칠 수 있었다. 북을 치는 절차도 복잡했고, 자칫하면 처벌받을 수도 있어서 일반 백성이 이용하기는 힘들었다. 그렇기에 백성의 억울함을 풀어 주기보다는 소수 지배층의 이익을 도모하는 데 쓰이는 등 효율성이 없었다.

## 1403년
### 조선, 주자소 설치

태종은 학문을 무예보다 위에 두는 우문정책(右文政策)을 펴기 위해 책을 널리 보급하고자 했다. 이에 활자를 만드는 주자소(鑄字所)를 승정원 소속으로 설치했다. 예문관 대제학 이직, 총제 민무질, 지신사 박석명, 우대언 이응 등이 소속된 주자소에서는 1403년 수개월에 걸쳐 수십만 개의 활자를 완성했다. 이것이 조선 최초의 금속활자인 계미자(癸未字)이다.

정화의 지도

 **의정부 vs 사헌부**

**의정부**는 정종 2년(1400)에 설치한 행정부의 최고 기관으로, 도평의사사가 개편된 것이다. 백관(百官)의 통솔과 서정(庶政)을 총괄했던 정치 기구로 조선 말까지 계승됐다.

**사헌부**는 정치를 논의하고 풍속을 바로잡으며 관리의 잘못을 조사하고 책임을 묻는 일을 맡아 보던 기관이다. 기능이 원만히 수행되면 균형 있는 나라 운영이 이뤄졌지만, 비대해지거나 당파에 이용되면 큰 폐단을 낳았다.

##  1405년
### 중국, 정화의 남해 원정 시작 아시아

명나라의 환관이자 장군인 정화는 정난(靖難)의 변으로 영락제가 즉위하는 데 큰 공을 세웠다. 영락제는 국내의 관심을 외부로 돌리기 위해 대규모 원정을 단행했다. 이때 든든한 국내 경제 상황을 등에

업고 몽골 원정과 남해 원정이 시행됐다. 정화의 남해 원정은 1405년부터 1433년까지 모두 7차례 이뤄졌는데, 유럽의 대항해 시대보다 70여 년 앞섰기에 역사적으로 높은 평가를 받고 있다. 동남아시아, 인도, 페르시아만, 아라비아반도, 아프리카 동부 해안에 이르는 지역을 순방한 결과 동남아시아에 화교(華僑)가 탄생했고, 19세기까지 이어진 조공 무역이 시작됐다.

### 1413년 ◀
#### 조선, 호패법 시행

세금 부과와 군역, 공사 동원에 필요한 16세 이상의 남성 수를 파악하고자 호패법(號牌法)을 시행했다. 백성들은 오늘날의 주민등록증과 같은 신분증인 호패를 받으면 호적(戶籍)과 군적(軍籍)에 올려져, 군정(軍丁)으로 뽑히거나 그 밖에 국역(國役)을 부담해야만 했다. 이에 따른 부담이 너무 큰 나머지 도망가거나 아예 부잣집의 노비가 되는 백성이 생길 정도였다. 이에 따른 혼란으로 호패법은 숙종 때까지 5차례나 중단되기도 했다.

조선 시대에 16세 이상의 남성들이 차고 다니던 호패 (출처: 국립중앙박물관)

### 1418년 ◀
#### 조선, 세종 즉위

태종의 셋째 아들 이도가 조선 제4대 왕 세종으로 즉위했다. 세종은 인재를 고르게 등용하고 훈민정음을 창제하고 과학 기구를 제작하게 했으며, 밖으로는 왜구를 토벌하고 국토를 확장했다. 세종은 정치, 경제, 예술, 문화, 국방 등 여러 분야에서 뛰어난 업적을 남겨 조선 왕조의 기틀을 튼튼히 했다.

광화문 광장에 있는 세종대왕 동상

1420년 ⓒ

## 조선, 집현전 설치

세종이 학문 진흥에 대한 열망으로 궁궐 안에 설치한 집현전(集賢殿)은 유교적 제도 확립을 위한 연구 기관이었다. 집현전에서는 《팔도지리지》, 《삼강행실》, 《용비어천가》, 《석보상절》, 《월인천강지곡》 같은 많은 서적을 편찬·간행했고, 훈민정음 창제를 주도했다. 집현전은 비록 37년이라는 짧은 기간 동안 존속했지만, 유교 인재 양성과 조선의 학문적 기초를 세우는 데 크게 공헌했다.

1429년 ⓒ

## 조선, 《농사직설》 편찬

세종 11년 농사에 관한 기술을 해설한 가장 오래된 농법서인 《농사직설(農事直說)》이 편찬됐다. 풍토가 다르면 농법도 달라야 한다고 생각한 세종은 정초, 변효문 등에게 명하여 우리와 중국 풍토의 차이점을 고려한 영농법을 찾도록 했다. 《농사직설》은 팔도의 경험이 많은 농부들에게서 전해 들은 농업 기술과 지식을 모아 저술·간행한 것으로, 종자와 토양 다루기, 각종 작물 재배법 등을 국내 실정에 맞게 다루고 있다.

잉카 문명의 고대 도시 마추픽추

❯ 1438년

## 페루, 잉카 문명의 전성기 아메리카

잉카 문명은 지금의 페루인 남아메리카 대륙 서부에 있는 안데스산맥 부근에서 시작됐다. 16세기 중엽까지 번성했던 잉카 제국의 문명으로, 잉카라는 이름은 수도 쿠스코 부근에 있던 종족의 이름이자, 이 종족 군주의 칭호인 '사파 잉카(Sapa

Inka)'에서 유래했다. 잉카 문명의 전성기는 9대 사파 잉카였던 파차쿠티 잉카 유팡키의 치세인 15세기였다. 유네스코 세계문화유산인 마추픽추도 이때 건설된 것으로 추정된다. 잉카 문명은 1532년 에스파냐의 침입으로 파괴되었다. 피사로가 이끈 에스파냐 원정대는 수많은 잉카인을 죽이고, 잉카의 유물과 보물을 약탈하고, 유럽의 전염병을 옮겼다. 이렇게 화려한 문명을 자랑하던 잉카는 막을 내렸다.

## 1441년 ◀
### 조선, 측우기 발명

세종 23년 8월, 강우량을 과학적으로 측정해야 한다는 호조(戶曹)의 건의로 측우기(測雨器)를 만들었다. 한양과 각 도, 군현에 설치한 측우기는 높이 32cm, 지름 15cm 정도의 철제 원통 모양이었다. 1442년 5월부터는 측우기가 전국적으로 설치되어 강우량을 측정해 기록했다. 우리나라의 측우기 사용은 유럽에서 가장 먼저 측우기를 사용한 이탈리아보다 200년이나 앞선 것으로, 세계사적으로 매우 획기적인 업적이다.

측우기

## 1446년 ◀
### 조선, 훈민정음 반포

1443년에 창제된 훈민정음(訓民正音)은 1446년에 반포됐다. 훈민정음은 말과 글이 맞지 않아 불편해하는 백성을 위해 제정한 것으로, 창제 당시에는 28자였으며 오늘날에는 24자만 쓰인다. 자음은 발음기관의 모양을 본떠서 만들었고, 모음은 천지인(天地人)을 바탕으로 만들어졌다. 훈민정음 보급을 위해 《용비어천가》

훈민정음 언해본

를 짓고, 한자를 운에 따라 분류하고 배열한 자전인 운서(韻書)를 번역하기도 했다. 전 세계의 수많은 문자 중에 한 시기에 만들어지고 반포, 사용됐으며, 600년 넘게 지속해서 사용되는 문자는 오직 한글밖에 없다.

### 1449년 ◀
#### 조선, 4군 6진 개척 완료

세종은 북쪽 국경을 넘나들며 백성을 괴롭히는 여진족을 물리치고 국경을 튼튼히 하여 전통적으로 우리 민족의 생활 터전이었던 북방 지역을 회복하고자 했다. 이에 최윤덕을 보내 여진족을 정벌하게 했다. 최윤덕은 여진족을 압록강 북쪽으로 밀어내고, 7년간 공들여 압록강 유역의 변경 지대에 4군(여연, 자성, 무창, 우예)을 설치했다. 한편 두만강 유역은 김종서를 보내 6진을 설치하게 하였다. 1449년 부령까지 확장하면서 6진(종성, 온성, 회령, 경원, 경흥, 부령) 설치가 완료됐다. 4군 6진이 완성됨에 따라 북쪽 변경 지대는 여진족의 노략질에서 벗어났고, 고려 때보다 북쪽 국경이 늘어났다.

6진을 개척한 김종서 (출처: 전쟁기념관)

《구텐베르크 성서》 제1권 첫 페이지

### ❯ 1450년
#### 독일, 금속 활판 인쇄술 발명 유럽

독일의 요하네스 구텐베르크는 납과 주석 합금의 주형(鑄型)으로 만든 활자를 주조하고, 황동의 활자 거푸집과 자모를 연구하여 다량의 활자를 쉽고 정확하게 인쇄하는 방법을 고안했다. 이는 주조된 활자를 써서 인쇄를 마친 다음, 이를 해체하여 다른 인쇄물에 다시 사용할 수 있게 하는 혁신적 기술이었다. 다시 말해 구텐베르크는 금속 활자를 이용해 책을 대량 생산하는 활판 인쇄술을 최초로 발명하고 보급했다. 그는 이 신기술을 이용해 1454년 《구텐베르크 성서》 인쇄를 완성했고, 이후 활판 인쇄술은 유럽 전역에 퍼졌다.

## 1453년 ◐
### 조선, 계유정난 발생

1452년 병약했던 문종이 재위 2년 만에 죽고, 어린 단종이 즉위했다. 단종의 숙부인 수양대군은 자신이 왕이 되려는 야심을 품고 1453년 10월 10일 황보인, 김종서 등 단종을 보필하던 신하들을 제거하고, 아우인 안평대군을 축출한 뒤 정권을 잡았다. 이 사건을 계유정난(癸酉靖難)이라 한다. 수양대군이 정권과 병권을 독차지하자 이름뿐인 왕이 된 단종은 1455년 왕위를 수양대군에게 넘겨줄 수밖에 없었고, 이에 수양대군은 세조로 등극했다. 단종은 강원도 영월로 유배됐다가 1457년에 죽임을 당했다.

영모전에 있는 단종의 초상화

## ◑ 1453년
### 동로마 제국, 멸망 <sup>유럽</sup>

15세기에 접어들어 동로마 제국은 십자군의 약탈과 오스만 제국의 공격, 내란 등으로 점차 약화됐다. 1453년 오스만 제국의 술탄 메메트 2세는 초대형 대포를 사용해 콘스탄티노폴리스를 공격하여 함락했고, 동로마 제국의 마지막 황제인 콘스탄티누스 11세는 살해됐다. 이로써 콘스탄티노폴리스는 오스만 제국의 새 수도가 되어 이스탄불로 불리었고, 동로마 제국은 운명을 다하였다.

콘스탄티노폴리스로 입성하는 메메트 2세

# 제 3 장
# 근세

1454년
~
1640년

EARLY MODERN
AGES

# Early Modern Ages

## 1454~1640년

중세는 14세기경 교회 중심의 세계관이 무너지면서 해체되기 시작했다. 중세 문화와 봉건 사회는 근대 문화와 근대 사회로 바뀌었으며, 이는 르네상스, 종교 개혁, 유럽의 세계 진출, 과학 혁명 등으로 드러났다.

르네상스는 이탈리아에서 시작해 점차 유럽 북부로 전파됐고, 인간 중심의 세계관이 등장했다. 종교 개혁은 가톨릭교회의 권위를 부정하고 성경과 신앙의 우위를 확립하려는 데서 출발했으나 정치와 결부돼 권력 투쟁의 요인이 되었다. 유럽의 세계 진출은 새로운 과학과 기술에 해외 진출 의지가 합쳐져 이루어졌다. 그리하여 신대륙과 아시아에까지 유럽인이 진출했다. 과학 혁명은 근대의 주역으로 떠오른 시민 계급의 세계관을 대변했다. 합리성, 논증, 법칙의 우위를 주장한 시민 계급의 도전은 봉건 계급의 힘을 빼 버렸다. 혈통으로 입신을 독점했던 귀족 역시 개인의 노력과 능력에 따라 출세가 좌우된다는 시민 계급의 사고를 받아들이게 됐다.

16세기에 시작된 절대왕정 혹은 절대주의 시대에는 봉건 사회의 잔재가 남아 있긴 했지만 유럽 근대 사회의 토대가 마련됐다. 유럽의 주도권은 지리상의 발견을 선도한 포르투갈과 에스파냐로부터 네덜란드, 프랑스, 영국으로 옮겨 갔고, 프로이센과 러시아가 강대국으로 등장했다. 이 나라들은 견제와 균형의 원칙을 지켜 어느 한 나라가 지나치게 강대해지지 않도록 했다. 이 나라들이 해결해야 할 과제는 내적으로 프로테스탄트와 가톨릭의 분쟁, 왕위를 둘러싼 정권 분쟁, 성장하는 시민 계급의 도전 무마 등이 있었다. 외적으로는 시장과 원료 확보, 해외 식민지 쟁탈전에서의 승리 등이 복잡하게 얽혀 있었다.

근대 문화 또한 16~17세기 유럽에서 확고한 토대를 구축했다. 문화 담당이 특권 귀족 중심에서 부유한 시민 계급으로까지 확대됐다. 시민 계급의 이데올로기인 자유는 사상 분야뿐만 아니라 사회 모든 영역으로 번져 나갔다. 자연과학의 우주관이 진리로 받아들여지면서 영향력이 약해지기 시작한 종교는 이성에 대한 신뢰가 커질수록 기반을 잃고 자연과학에 밀려났다.

병약한 문종과 어린 단종의 뒤를 이어 세종의 둘째 아들인 수양대군이 왕위에 올랐다. 한명회, 권람 등과 함께 무력으로 왕이 된 세조는 즉위하면서부터 단종의 복위를 꾀하는 사육신(死六臣) 등을 제거하고 동북 지방에서 일어난 두 차례의 반란을 진압하여 왕권을 강화했다. 체계적이며 집권적인 법전 마련을 위해《경국대전》편찬에도 착수했다.

성종은 유학을 장려하여 유학 연구 시설을 설치했고, 《동국통감》을 비롯한 여러 서적을 편찬했으며, 《경국대전》을 완성하여 국가 제도를 정비했다. 그리고 농업을 장려하여 민생 안정을 도모했으며 영남 지방의 사림을 기용하여 왕권 안정을 꾀했다.

왕조 창건과 제도 정비에 힘쓴 훈구파는 15세기 말부터 중앙 정계에 등장한 지방의 사림과 권력·이념 등에서 갈등을 빚었다. 연산군이 즉위한 뒤 사림파가 강해지자, 양자의 대립이 표면화됐다. 성종과는 달리 양쪽 모두를 배척하는 정책을 편 연산군으로 인해 두 차례 사화가 일어났고, 사치와 방탕을 일삼던 연산군은 중종반정으로 쫓겨났다.

반정에 성공한 중종은 사림파를 중용했는데, 그중 조광조는 무너진 유교 정치를 일으키는 데 주력했다. 조광조는 현량과를 실시하여 사림파의 정계 진출을 용이하게 했고, 전국적으로 향약을 실시하여 성리학적 윤리와 향촌 자치제를 강화했다. 그러나 조광조 일파는 너무 급진적이고 과격한 개혁을 펼쳐 반대파의 공격으로 정계에서 밀려날 수밖에 없었는데, 이를 기묘사화라고 한다. 사림파는 몇 차례에 걸친 사화로 타격을 입고 향촌으로 물러났으나 명종 때는 다시 조정의 실권을 장악했다. 정권을 잡은 후 사림파 사이에서 일어난 정권 다툼을 붕당 정치라고 한다.

붕당 정치는 선조 때 동인·서인의 분파에서부터 시작됐다. 지배층이 대립할 때마다 정권이 바뀌어 왕권은 약화됐으며, 정치 질서가 크게 동요하고 사회도 혼란에 빠졌다. 양반의 토지 겸병과 농장 확대는 국가 재정을 약화했고 탐관오리의 횡포는 농민을 괴롭혔다. 특히 공납, 군역, 환곡에 대한 폐단이 점점 커졌고 양반 계층이 늘어나 신분 구조가 변했다.

1592년부터 7년 동안 겪은 임진왜란으로 인구가 크게 감소하고 농촌은 황폐해졌으며 토지대장과 호적대장이 없어져 국가 운영이 거의 마비되었다. 일본군의 방화로 불국사, 경복궁 등의 건물과 사고(史庫)의 서적 등이 소실됐다. 이에 선조의 뒤를 이어 즉위한 광해군은 내정과 외교에서 혁신적인 정치를 추진했다.

광해군은 전쟁으로 피폐해진 산업과 재정 기반을 재건하고 국방을 강화하고《동의보감》을 편찬하게 했으며, 불타 버린 사고를 다시 갖추었다. 변화하는 국제 정세를 간파하여 여진족 후금과도 친선을 도모하는 등 실리적이고 탄력성 있는 중립 외교를 추구했다. 그러나 광해군은 영창대군을 살해하고 인목대비를 폐위하는 일을 저지르는 바람에 서인에 의해 쫓겨났다.

인조를 옹립한 서인은 친명배금(親明排金) 정책을 내세웠는데, 이는 후금을 자극해 정묘호란이 일어났다. 후금은 국호를 청으로 고친 뒤 무례한 사대관계를 요구했고, 1936년에는 병자호란까지 일으켰다. 인조는 청과 맞서 남한산성에서 45일간 버텼으나, 결국 청과 화의를 맺고 명과의 관계를 끊었다.

## ☀ 한국사 ☀

랭커스터가와 요크가 사이에 벌어졌던 장미 전쟁

### 1456년 ◁
### 조선, 단종 복위 운동 전개

수양대군의 왕위 찬탈에 불만을 품었던 성삼문, 박팽년 등이 단종 복위 거사를 꾀하였으나 김질의 배반으로 발각됐다. 연루된 70여 명이 처벌되었고, 주모자인 성삼문, 박팽년, 하위지, 이개, 유성원, 유응부는 참수됐는데, 이들을 사육신(死六臣)이라 한다. 한편 세조의 녹봉을 받는 것이 부끄럽다며 관직을 버리고 단종을 위해 절의를 지킨 생육신(生六臣)도 있었다. 김시습, 원호, 이맹전, 조려, 성담수, 남효온이 그들이다.

## ☀ 세계사 ☀

### ▷ 1455년
### 영국, 장미 전쟁 발발 유럽

왕위계승권을 둘러싸고 벌어진 영국의 내란인 장미 전쟁이 일어났다. 전쟁을 일으킨 랭커스터 가문의 문장(紋章)은 붉은 장미, 그에 대립했던 요크 가문의 문장은 흰 장미인 데에서 전쟁의 이름이 유래했다. 요크 가문의 리처드 3세가 사망하면서 1485년 30년간 이어진 전쟁이 막을 내렸고, 랭커스터 가문의 헨리 튜더가 헨리 7세로 등극했다.

단종이 유배됐던 영월의 청령포(출처: 강원도청)

### ▷ 1467년
### 일본, 센고쿠 시대 시작 아시아

일본 각지의 세력이 통일을 두고 무력을 행사하던 중 오닌(應仁)의 난이 발생했다. 오닌은 사건이 일어난 해의 연호로, 8대 쇼군인 아시카가 요시마사의 후계자 문제가 난의 원인이 됐다. 이때부터가 센고쿠(戰國, 전국) 시대의 시작이며, 16세기 말 오다 노부나가와 도요토미 히데요시가 전국의 패권을 장악할 때까지 지속됐다.

## ❯ 1479년

### 에스파냐, 왕국 성립 <sup>유럽</sup>

이베리아반도의 그리스도교 세력은 8세기 초 무슬림에게 반도의 대부분을 점령당한 후 반도 탈환을 위해 세력을 모았다. 그중 1037년부터 1479년까지 톨레도와 마드리드를 중심으로 발전한 카스티야 왕국과 1035년 라미로 1세가 반도의 동북부에 세운 아라곤 왕국이 재정복을 시도했다. 그리하여 13세기 말에는 이슬람교도들이 통치했던 지역을 대부분 탈환했다. 이후 아라곤 왕국의 상속자 페르난도와 카스티야 왕국의 상속녀 이사벨이 결혼함으로써 두 나라가 합쳐져, 에스파냐 왕국 성립의 기초가 마련됐다.

아라곤의 페르난도와 카스티야의 이사벨

## 1485년 ❮

### 조선, 《경국대전》 간행

세조 때 편찬하기 시작한 《경국대전(經國大典)》이 성종 때 들어와 계속 수정, 보완되어 성종 16년에 간행됐다. 건국과 더불어 법전 편찬에 착수한 조선 왕조는 먼저 고려 말 이래 약 100년간 반포된 모든 법령, 교지(敎旨), 조례 및 관례 등을 총망라

《경국대전》

## ❯ 1485년

### 영국, 튜더 왕조 시작 <sup>유럽</sup>

랭커스터가의 리치먼드 백작 헨리 튜더가 보스워스 전투에서 요크가의 리처드 3세를 물리치고, 헨리 7세로 즉위하여 튜

헨리 7세

하여 《경제육전(經濟六典)》을 만들었다. 이 책을 수정하여 태종 때 《속육전(續六典)》으로 만들었다. 세조 때 편찬을 시작하여 성종 때 완성된 《경국대전》은 조선 시대의 최고 법전으로, 국왕 중심의 중앙 집권적 관료제를 뒷받침하는 규범으로 자리 잡았다.

희망봉을 발견한 바르톨로메우 디아스

더 왕조를 열었다. 헨리 7세는 요크가의 엘리자베스와 결혼하여 요크가와 화해했다. 그는 중산 계급과 결탁하여 귀족 세력을 억누르고 봉건 제후를 몰락시켜 왕권을 강화했으며, 웨일스와의 결합도 이루어 냈다. 튜더 왕조는 그의 자손이 5대에 걸쳐 왕위에 오른 약 120년간 지속됐다.

## ❯ 1488년
### 포르투갈, 희망봉 발견 <sup>유럽</sup>
포르투갈 국왕 주앙 2세의 명을 받고 탐험에 나선 바르톨로메우 디아스는 1488년 아프리카 남서쪽 해안에서 엄청난 폭풍을 만나 표류하다가 포르투갈로 귀환하던 중 아프리카 대륙 케이프반도 최남단 끝의 곶을 발견했다. 발견 당시에는 '폭풍의 곶'이라 불렀는데 후에 주앙 2세가 '희망봉(Cape of Good Hope)'이라고 개칭했다. 이 곳의 발견이 유럽과 인도를 잇는 항로 개척의 가능성을 확인하는 계기가 되었기에 희망봉이라 부른 것이다. 반면 디아스가 희망봉이라 명명했다는 사료도 있다.

## ❯ 1492년
### 에스파냐, 아메리카 발견 <sup>유럽</sup>
이탈리아 제노바 출신인 크리스토퍼 콜럼버스는 지구는 둥글기 때문에 서쪽으로 가면 동양에 이를 수 있다고 믿었다. 에스파냐 이사벨 여왕의 원조를 받아 대서양을 횡단하던 그는 1492년 10월 12일 지금의 바하마 제도 산살바도르섬에 도착했다. 콜럼버스는 이곳이 아시아의 외곽 지역, 즉 인도라고 확신하여 '서인도 제

신대륙을 발견한 콜럼버스

도'라고 명명했고 이곳의 원주민을 인디언이라 칭했다. 이후 콜럼버스가 발견한 신대륙은 인도가 아니었다는 사실이 이탈리아의 지리학자 아메리고 베스푸치의 《신세계》를 통해 알려졌고, 이 신대륙은 그의 이름을 따서 '아메리카'라고 불렸다. 콜럼버스는 죽을 때까지 아메리카 대륙을 인도라고 생각했는데, 지구 반 바퀴도 넘는 거리를 착각했던 셈이다.

## 1498년 ◀
### 조선, 무오사화 발생

《성종실록》 편찬을 위해 김일손이 제출한 사초에 스승 김종직의 〈조의제문(弔義帝文)〉이 실려 있었다. 훈구파(勳舊派)인 유자광과 이극돈 등은 이를 세조의 왕위 찬탈을 비난하는 글이라고 몰아붙였다. 이에 연산군은 김종직과 그의 문인들을 대역 죄인으로 규정하고, 이미 죽은 김종직을 부관참시(무덤을 파고 관을 꺼내 시체를 베는 형벌)에 처하고 김일손 등 수많은 사림파(士林派)를 처형했다. 한편 주모자인 이극돈도 파면됐고, 유자광만이 살아남아 위세를 떨쳤다. 훈구파와 사림파의 갈등이 표출된 이 사건을 무오사화(戊午士禍)라고 한다.

## ▶ 1498년
### 포르투갈, 인도 항로 개척 유럽

1497년 7월 바스쿠 다가마는 포르투갈 국왕 마누엘 1세의 명을 받아 4척의 배를 이끌고 리스본을 떠났다. 그는 희망봉을 돌아 아프리카 대륙 동해안을 북상하여 1498년 5월 22일 마침내 지금의 코지코드인 인도 캘리컷에 상륙했다. 이로써 포르투갈의 숙원이던 인도 항로를 개척했고, 오스만 제국이 아라비아를 통일한 이후 막혀 버린 육로로의 후추 수입이 해결됐으며, 포르투갈은 강대국으로 발돋움했다.

캘리컷에 도착한 바스쿠 다가마

| ※ 한국사 ※ | ※ 세계사 ※ |
|---|---|

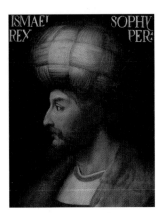

사파비 왕조의 창시자 이스마일 1세

### 1504년 ◀
#### 조선, 갑자사화 발생

연산군의 생모인 폐비 윤씨의 복위 문제가 발단이 되어 수많은 사람이 죽임을 당한 갑자사화(甲子士禍)가 발생했다. 폐비 윤씨는 왕비 자리에서 쫓겨나 사약을 받고 죽었는데, 생모의 죽음에 대해 알게 된 연산군은 이 일에 관여한 성종의 두 후궁을 죽였다. 또한 윤씨의 폐출과 사사(賜死)를 주장하거나 반대하지 않은 이들을 대거 처형하고 이미 죽은 자들은 부관참시에 처했으며 그들의 가족까지 처벌했다. 갑자사화로 사림파와 일부 훈구파가 참혹한 화를 당했고, 외척과 궁중 세력이 조정을 장악했다.

### 1506년 ◀
#### 조선, 중종반정 발생

연산군은 무오사화와 갑자사화를 일으켜

### ▶ 1502년
#### 페르시아, 사파비 왕조 시작 아시아

티무르 제국의 힘이 약해지자 사파비 가문의 이스마일 1세가 페르시아에서 사파비 왕조를 세웠다. 시아파를 믿었던 사파비 왕조가 건설되면서 페르시아는 사산 왕조가 사라센 제국에 정복당한 지 851년 만에 정체성을 되찾았다. 사파비 왕조의 전성기는 1587년에 즉위한 아바스 1세 때였다. 그는 상공업을 장려하고 문화를 부흥했으며, 유럽 군대를 모방하여 군대를 개혁했다. 사파비 왕조는 1722년 아프간족에게 수도를 점령당한 이후 쇠퇴 일로를 걷다가 1736년에 막을 내렸다. 이후 페르시아 지방은 18세기 말 카자르 왕조에 의해 재통일됐다.

수많은 선비를 희생시켰고, 사치와 향락에 빠져 악행과 폭정을 일삼았다. 이에 성희안, 박원종 등 훈구파가 중심이 되어 연산군을 폐위시키고 성종의 계비인 대비 윤씨의 윤허를 받아 진성대군을 왕으로 추대했다. 그가 조선 제11대 왕 중종이며, 이 사건을 중종반정(中宗反正)이라 한다.

### 1510년 ◀
#### 조선, 삼포왜란 발생

조선은 왜인을 통제하는 온건책으로 부산포, 내이포(제포), 염포 등 삼포를 개항해 왜관을 설치하고, 삼포에 한해서만 교역을 허가했다. 무역과 어로를 할 때만 일시적으로 삼포에 거주할 수 있게 했으나, 왜인들은 이를 어기고 계속 거류하며 사회문제를 일으켰다. 반정으로 즉위한 중종은 정치 개혁을 추진하면서 왜인들에 대한 통제를 강화했다. 이에 삼포에 거주하던 왜인 4천~5천 명이 쓰시마 도주의 원조를 얻어 폭동을 일으켰다. 이를 삼포왜란(三浦倭亂), 혹은 경오년에 일어났기에 경오왜변(庚午倭變)이라고도 한다. 그러나 왜란은 곧 제압됐으며, 삼포의 왜관은 폐쇄되고 왜인들은 쓰시마로 쫓겨났다. 그 후 물자 수급에 곤란을 겪은 쓰시마 도주의 간청으로 1512년 임신조약(壬申條約)을 체결하여 내이포만 개항했다.

왜인의 불법 거주가 늘자 읍면을 보호하고자 세종 21년(1439)에 쌓은 웅천읍성. 1510년 삼포왜란으로 일시 함락되기도 하였다.(출처: 문화재청)

### ▶ 1517년
#### 독일, 루터의 종교 개혁 유럽

마르틴 루터는 아우구스티누스회 수사이자 신학자로 비텐베르크 대학에서 성서학을 강의했다. 그는 교황 레오 10세가 재정난을 극복하려고 면벌부(면죄부)를 판

마르틴 루터

매하자, 1517년 10월 31일 비텐베르크 대학 부속 교회당 정문에 이를 반박하는 〈95개조 의견서〉를 내걸었다. 이것이 종교 개혁의 시발점이 되었다. 루터는 신앙의 바탕은 교황이나 교회가 아니라 성서에 있다고 주장했다. 그는 결국 교황에게 파문당하여 사형 위기에 처했으나 제후들의 도움으로 모면했다. 이후 루터는 라틴어로 된 《신약성서》를 독일어로 번역하여 사람들이 쉽게 접할 수 있게 했고, 독일어의 통일에도 기여했다. 여기에는 구텐베르크의 활판 인쇄술이 큰 몫을 했다.

## 1519년 ◀

### 조선, 기묘사화 발생

기묘사화(己卯士禍)는 중종이 반정 후 조광조 등의 사림파를 등용하여 개혁을 추진하자 이에 반발한 훈구파가 일으킨 사건이다. 조광조 일파는 성리학에 입각한 이상 정치 실현을 위해 여러 정책을 추진하는 과정에서 중종반정의 공신 중 공이 없음에도 공신이 된 자들을 솎아 내야 한다는 '위훈(僞勳) 삭제'를 강력히 주장했다. 이는 훈구파의 부당한 재원을 막고 사대부의 기강을 바로잡기 위한 것이었으나, 훈구파에게는 직접적인 위협이 됐다. 조광조 일파의 독주에 점차 싫증을 느끼고 있던 중종의 의중을 간파한 훈구파는 이를 이용해 사림파를 제거하려는 계책을 세웠다. 남곤, 심정, 홍경주 등의 주도로 사림파는 숙청됐고 훈구파가 다시 정계의 중심이 됐다.

## ▶ 1519년

### 에스파냐, 마젤란의 세계 일주 유럽

에스파냐의 카를로스 1세로부터 항해 허가와 지원을 받은 페르디난드 마젤란은 1519년 9월 5척의 배와 270여 명의 선원을 이끌고 항해를 시작했다. 그는 향료를 얻으려는 상인들의 도움을 받아 카나리아 제도, 아메리카, 태평양을 거쳐 인류 최초로 지구 일주에 성공했다. 이때 그가 거쳐 간 남아메리카 대륙의 본토 남단

마젤란

과 티에라델푸에고섬 사이의 해협을 '마젤란 해협'이라 부른다. 안타깝게도 그는 1521년 부하 12명과 함께 필리핀 원주민들에게 살해되었고, 나머지 선원들은 항해를 계속하여 출발한 지 3년 만인 1522년 세비야로 무사히 돌아왔다.

## ❯ 1521년

### 에스파냐, 아스테카 문명 말살 아메리카

에스파냐의 에르난 코르테스가 아즈텍족이 멕시코고원에 세운 아스테카 왕국을 공격했다. 그는 아스테카에 반감을 품은 주변 민족을 포섭하여 수도 테노치티틀란을 공격하고 황제인 몬테수마 2세를 포로로 잡았다. 이로써 마야 문명"과 톨텍 문명의 유산을 계승한 아스테카 문명이 말살됐다. 1500년 당시 아메리카 대륙에는 약 8천만 명이 살았던 것으로 추정되는데, 유럽인이 아메리카에 진출한 지 50년 만에 아메리카 원주민의 수는 1천만 명으로 격감했다고 한다.

코르테스의 에스파냐군에 의해 멸망한 아스테카 왕국

아스테카의 역(歷)과 우주관을 기록한 태양의 돌

### ▌마야 문명 vs 톨텍 문명

**마야 문명**은 기원 전후부터 9세기까지 번성했던 마야족의 고대 문명이다. 중앙아메리카의 과테말라 고지부터 유카탄반도에 걸친 지역에서 옥수수 경작을 주로 하였으며, 신권정치(神權政治)가 이뤄졌고, 거석문화와 천문·역법·상형문자가 발달했다. 마야 문명은 13세기 톨텍족의 침입과 1532년 에스파냐의 침입으로 완전히 파괴됐다.

**톨텍 문명**은 톨텍족이 이룬 고대 멕시코 문명으로, 상형문자와 달력을 사용했고, 석조 건축과 미술이 뛰어났다. 톨텍 문명은 13세기경 아스테카 왕국에 정복당했다.

바부르(좌)와 아크바르(우)

 **1526년**

### 인도, 무굴 제국 성립 아시아

칭기즈칸과 티무르의 후예인 바부르는 티무르 제국의 수도였던 사마르칸트를 회복하려 하였으나 실패한 뒤 아프가니스탄의 카불에서 힘을 키웠다. 인도로 눈길을 돌린 그는 1526년 파니파트 전투에서 승리하여 로디 왕조를 무너뜨리고 델리를 차지했다. 이후 바부르는 주변 지역을 병합, 지배하면서 이슬람 왕조인 무굴 제국(1526~1858년)의 시조가 됐다. 나라의 발판을 마련한 사람이 바부르였다면, 나라를 명실상부한 제국의 위치로 끌어올린 사람은 3대 황제 아크바르였다. 그는 13세에 즉위하여 북인도 전체를 장악하고 데칸과 벵골만 및 아라비아해에 이르는 대제국을 건설했다.

잉카의 황제 아타우알파를 사로잡은 피사로

**1532년**

### 에스파냐, 잉카 문명 말살 아메리카

신대륙에 '황금의 나라'가 있다는 소문을 듣고 남아메리카 해안을 탐험하던 프란시스코 피사로는 에스파냐 국왕의 허락을 받아 1531년 지금의 페루 지역에 있던 잉카 제국 원정에 나섰다. 1532년 피사로는 잉카 황제 아타우알파를 포로로 붙잡고 황금을 요구했다. 어마어마한 양의 금과 은, 보석을 획득한 피사로는 이듬해 약속을 어기고 아타우알파를 처형해 버렸다. 피사로는 잉카 제국의 수도 쿠스코를 점령하고 1535년에는 리마라는 도시를 세워 식민지의 수도로 삼았다. 직물, 금세공, 거석문화가 발달했으며 태양을 중심으로 한 다신교를 믿었던 잉카 문명은 이렇게 에스파냐의 침략과 전염병 앞에 무릎을 꿇고 말았다.

수장령을 선포하고 영국 교회를 독립시킨 헨리 8세

칼뱅

## ● 1534년

### 영국, 수장령 선포 <sub>유럽</sub>

영국 국왕 헨리 8세는 왕비 캐서린과 이혼하기 위해 로마 가톨릭교회로부터 이탈할 것을 결심했다. 캐서린 왕비는 당시 최강국이던 에스파냐의 공주이자 신성 로마 제국의 황제였던 카를 5세(에스파냐의 카롤루스 1세와 동일 인물)의 이모였기에 교황은 이혼을 허락하지 않았다. 헨리 8세는 의회를 동원해 영국 교회와 로마 교회의 분리를 선언하고, 영국 국왕을 영국 교회의 최고 수장으로 인정하는 수장령(首長令)을 선포했다. 헨리 8세 사후 왕위에 오른 캐서린 왕비의 딸 메리 1세가 수장령을 폐지하고 가톨릭을 다시 국교로 삼았으나, 엘리자베스 1세가 즉위하면서 1559년에 다시 반포, 시행하여 국교회(國敎會) 체제를 강화했다. 수장령은 영국에서 왕권이 교회보다 우위에 있음을 보여 준다.

## ● 1536년

### 스위스, 칼뱅의 종교 개혁 <sub>유럽</sub>

프랑스의 신학자이자 종교 개혁자인 장 칼뱅은 종교 박해를 피해 스위스로 피신하여 프로테스탄트 신학의 근간이 되는 《그리스도교 강요(綱要)》를 저술했다. 칼뱅은 하나님은 어떤 사람에게는 영원한 구원을, 어떤 사람에게는 지옥의 고통을 예정했으며, 인간은 이러한 운명을 바꿀 수 없다는 예정설(豫定說)을 주장했다. 이는 구원이 전적으로 하나님의 섭리에 근거한다는 것을 의미했다. 칼뱅은 이론에만 만족하지 않고 자신의 가르침을 실천에 옮기고자 제네바에서 교회를 조직했다. 그는 제네바의 일반 시민에게 엄격한 신양생활을 요구하는 신정 체제를 수립했다. 기존 교회를 반박하기만 한 루터와 달리 본격적인 종교 개혁을 시작한 것은 칼뱅이라 할 수 있다.

명종 2년에 제작된 문정왕후의 어보(출처: 국립고궁박물관)

### 1545년 ◀
### 조선, 을사사화 발생

명종 즉위년에 일어난 을사사화(乙巳士禍)는 왕위 계승을 둘러싼 두 외척 간의 갈등이 원인이 되어 발생했다. 중종에게는 두 계비가 있었는데, 제1계비인 장경왕후는 세자 인종을 낳고 산후병으로 세상을 떠났고, 제2계비인 문정왕후는 경원대군을 출산했다. 경원대군의 외숙인 윤원로, 윤원형 형제는 조카 경원대군으로 세자를 교체하려 했는데, 이에 당시 세자의 외숙인 윤임과 충돌할 수밖에 없었다. 윤임 일파를 대윤(大尹), 윤원로와 윤원형 일파를 소윤(小尹)이라 칭하였으며, 두 외척이 갈등을 빚던 중 중종이 사망하고 세자였던 인종이 왕위를 계승했다. 그러나 인종은 재위 8개월 만에 세상을 떠났고 뒤를 이어 이복동생 경원대군이 12세의 나이에 명종으로 즉위했다. 이렇게 문정왕후가 수렴청정하고 조정의 실권이 대윤에서 소윤으로 넘어가자 윤원형은 명종의 보위를 굳힌다는 미명으로 을사사화를 일으켰다. 이 일로 윤임 일파 약 100여 명이 제거되고 대윤파에 가담했던 사림들도 큰 화를 입었다.

### 1554년 ◀
### 조선, 비변사 설치

1554년에 독립 기구가 된 비변사(備邊司)는 조선 중·후기에 의정부를 대신하여 국정 전반을 총괄한 실질적인 최고의 관청이자 문무 합의 기구였다. 비변사는 1510년 삼포왜란을 계기로 설치된 이래 필요할 때만 활동하는 임시 기구의 성격이 강했다. 상설 기구가 된 후 1555년에는 청사가 설치되고 관원이 임명되었으며, 결정된 중요 사항은 1년에 1권씩 《비변사등록(備邊司謄錄)》으로 엮어졌다.

## 🔗 1555년

### 독일, 아우크스부르크 화의 체결 유럽

1546년 루터교를 받아들인 제후를 응징하고 독일을 가톨릭으로 재통일시키려고 전쟁을 일으켰던 신성 로마 제국의 카를 5세가 1555년 아우크스부르크에서 종교회의를 개최했다. 그동안 계속됐던 독일 신·구교도 간의 종교 갈등은 이 회의에서 절충적 해결을 보았다. 이때 체결된 아우크스부르크 화의를 통해 프로테스탄트가 종교로 인정받았다. 단, 통치자의 종교에 따른다는 원칙을 세워 루터교도인 제후가 통치하는 공국에서는 루터교가, 가톨릭교도인 제후가 통치하는 곳에서는 가톨릭교가 유일한 교파가 되어야 했다. 백성들에게는 자신의 종교와 맞지 않으면 이주할 권리가 주어졌다. 이 화의는 가톨릭 통치자들이 처음으로 프로테스탄티즘의 합법성을 인정했다는 점에서 의의가 있지만, 인정한 종교가 루터교뿐이라는 한계를 지니고 있다.

## 1559년 🔗

### 조선, 임꺽정의 난 발생

조선 중기에는 공물과 군역의 부담이 너무 컸기 때문에 산속에 들어가 도적이 되는 백성이 늘어났다. 이 중 청석골패로 불리는 도적의 세력이 가장 강했는데, 양주의 백정이었던 임꺽정이 우두머리였다. 이들은 황해도와 경기도 일대에서 창고를 털어 빈민에게 나누어 주거나 체포된 동료를 구출하는 등 국가 권력에 정면으로 맞섰다. 조정에서는 여러 차례 토포사(討捕使)를 보내서 진압을 시도했고, 임꺽정은 1562년 구월산에서 토포사 남치근에게 체포됐다. 잡힌 지 보름 만에 처형된 그는

## 🔗 1559년

### 영국, 통일령 공포 유럽

가톨릭으로 회귀했던 메리 1세의 뒤를 이어 왕위에 오른 엘리자베스 1세는 영국 국왕을 교회의 최고 수장으로 삼는 수장령과 교회에서의 예배, 기도, 기타 의식을 정한 통일령(統一令)을 공포했다. 이로써 영국 국교회*의 기초가 확립되어 온건한 칼뱅주의인 성공회(聖公會)가 성립됐다.

### ▌영국 국교회 vs 성공회

**영국 국교회**는 2세기 영국의 그리스도교에 역사적 근거가 있으며, 종교 개혁 뒤에 생긴 성공회의 모체가 되는 교회이다. 16세기 이

당시 양반 사회의 모순에 맞선 진정한 의적(義賊)이었다.

후 로마 가톨릭교회에서 분리 독립했고, 영국의 왕이 교회의 우두머리이며, 의식은 가톨릭과 비슷하다.

**성공회**는 영국 국교회에서 발전하여 세계 전역으로 퍼진 신교의 일파로, 국가별 독립 교회들이 있다. 우리나라에는 대한성공회가 있다. 각국의 성공회는 독립적이고 자치적으로 운영되며, 영국의 캔터베리 대주교는 세계 성공회의 상징적인 수장이다.

## ❯ 1560년

### 중국, 일조편법 시행 아시아

명나라 초기에는 보리나 쌀 등을 현물로 바치는 하세(夏稅)·추세(秋稅)의 양세법(兩稅法)을 시행했다. 그러나 상품 유통과 화폐 경제가 발전하고, 다양한 농업 생산물이 재배되자 조세의 은납화(銀納化)가 진행됐다. 게다가 징세 항목과 종류는 증가하고 관리의 부정부패와 농민 부담의 불균형이 심해져 세와 요역을 단일화하고 징수를 간소화하는 제도가 시행됐다. 일조편법(一條鞭法) 시행으로 모든 세와 요역은 은으로 추산해 총액을 징수하는 은본위제(銀本位制)가 확립됐으며, 경제·사회적 분업이 발달했다.

## ❯ 1562년

### 멕시코, 란다의 분서 발생 아메리카

에스파냐 프란체스코 수도회 소속 사제 디에고 데 란다는 1549년 멕시코의 유카탄반도에 부임했다. 그는 질병과 굶주림에 시달리던 원주민들을 도왔고 고대 마야 문명에 관심을 가졌다. 란다가 1566년에 저술한 《유카탄 견문기》는 마야족의 생활과 종교 등 마야 문명에 관한 가장 권위 있는 교재로 손꼽힌다. 그러나 그는 마야족의 종교와 인신 공양 풍습을 미신으

마야 토착 종교의 우상을 파괴하고 문서를 불태운 란다

로 규정하고, 이와 관련된 의학서, 예언서, 종교서, 역사서 등을 불태웠다. 란다의 분서(焚書)에서 살아남은 책이 거의 없어, 그는 마야의 언어와 문명을 쇠퇴하게 했다는 평가를 받고 있다.

## ❯ 1565년

### 에스파냐, 필리핀 점령 아시아

1521년 마젤란이 필리핀 비사야 제도를 발견한 이후 에스파냐는 본격적으로 필리핀을 식민화하는 작업에 착수했다. 에스파냐 국왕 펠리페 2세의 명을 받고 필리핀 원정에 나선 미겔 로페스 데 레가스피는 1565년 필리핀에 도착하여 최초의 근거지를 마련했다. 이후 정복에 나서 1571년에는 마닐라를 점령하고 식민지의 수도로 삼았다. 에스파냐는 필리핀의 지방 행정 제도와 종교를 강제로 바꾸고 노동력을 수탈했다. 16세기 후반 필리핀 지역은 대부분 에스파냐의 식민지가 되었으나 민다나오섬 지역을 중심으로 독립을 유지하며 이슬람교를 받아들였다. 필리핀이라는 국호는 펠리페 2세의 이름을 따서 만든 것이다.

에스파냐의 초대 필리핀 총독인 레가스피

## ❯ 1581년

### 네덜란드, 독립 선언 유럽

네덜란드는 오랫동안 에스파냐의 지배를 받아 왔다. 카를 5세의 뒤를 이어 1556년 에스파냐의 왕이 된 펠리페 2세는 로마 가톨릭교회의 수호자임을 자처했다. 그는 식민지인 네덜란드의 신교도들을 탄압했다. 식민지 도시에는 과중한 세금을 부과하고 상업을 제한했으며, 본국 재정 수입

1607년 네덜란드 함대가 에스파냐 함대를 기습 공격한 지브롤터 해전

증대만을 꾀했다. 이러한 학정에 대항하여 1566년부터 네덜란드 북부는 물론 가톨릭을 믿는 남부의 시민 계급까지 참여한 항거 운동이 전개됐다. 1581년 7월에는 독립을 선언하고 빌럼 1세를 초대 총독으로 하는 네덜란드 연방공화국을 설립했다. 1648년 베스트팔렌 조약이 체결되면서 마침내 독립을 법적으로 승인받았다. 거의 80년간 전쟁이 이어졌기에 네덜란드의 독립 전쟁을 '80년 전쟁'이라고도 한다.

## 1583년 ◀
### 조선, 이이의 십만양병설 건의

임진왜란이 발발하기 10년 전, 율곡 이이는 선조에게 나라에 가장 시급한 여섯 가지를 뽑아 작성한 〈시무육조〉를 바쳤다. 이 가운데 하나가 앞으로의 전란을 대비하여 십만의 병력을 양성할 것을 주장하는 십만양병설(十萬養兵說)이었으나, 실현되지는 못하였다.

우리나라 18대 명현(名賢) 가운데 한 명인 율곡 이이

무적함대의 대패

## ❯ 1588년
### 영국, 무적함대 격파 유럽

영국이 공개적으로 네덜란드의 독립운동을 지원하자, 에스파냐는 영국과 네덜란드의 무역을 봉쇄하고 영국을 정벌하고자 무적함대를 출정시켰다. 1588년 5월 리스본에서 출발한 무적함대는 도버 해협에 이르렀고, 한 달여 동안 대치 상태였던 에스파냐와 영국의 두 함대는 8월 7일 칼레 연해에서 정면으로 맞붙었다. 결과는 수적 우세에도 불구하고 무적함대의 참패였다. 세계 최강 함대라는 명성은 물

도요토미 히데요시

### 1592년 ◀
#### 조선, 임진왜란 발발

1592년 4월 13일 왜군 병선 700여 척이 부산포에 이르렀다. 센고쿠 시대를 통일한 도요토미 히데요시는 자국 내의 통일과 안전을 도모하고 신흥 세력을 억제하기 위해 대륙 침략을 꾀하였다. 조선과 동맹을 맺고 명을 치려고 계획했으나 조선이 응하지 않자, 먼저 조선에 쳐들어온 것이다. 4월 14일 고니시 유키나가의 1만 8천 군이 혈전 끝에 부산성을 빼앗았다. 이로써 임진왜란이 시작됐고, 1598년까지 7년간 이어졌다.

#### 조선, 한산대첩 승리

1592년 7월 8일 전라 좌수사 이순신은 한산도 앞바다에서 학익진(鶴翼陣)을 펴고 왜군을 섬멸했다. 학익진은 학이 날개를 편 것 같은 모양으로 치는 진형으로, 적을 둘러싸기에 편리하다. 이 한산대첩을 진주대첩, 행주대첩과 함께 임진왜란 3대첩이라 한다.

거품이 되었고, 영국은 대서양에서의 해상권을 장악하게 됐다.

### 1590년 ▶
#### 일본, 도요토미 히데요시의 전국 통일 아시아

1582년 오다 노부나가가 아케치 미쓰히데에게 살해된 뒤, 도요토미 히데요시가 실권을 장악하고 일본을 통일했다. 모모야마 시대를 연 그는 무기를 몰수하고 토지를 조사하는 등 농민의 지위를 무사 아래에 두는 정책을 시행했다. 또한 국내의 힘을 하나로 모으기 위해 조선을 침략했다.

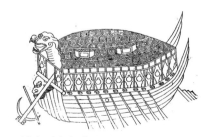
전라 좌수영의 거북선

### 조선, 진주대첩 승리

조선의 주력 부대가 진주성에 있다고 여긴 일본군은 10월 5일 진주성을 공격했다. 왜군 2만여 명은 수천 개의 대나무 사다리를 만들어 진주성을 공격했고, 진주목사(牧使) 김시민이 지휘한 3,800명의 조선군은 화약과 큰 돌을 던지는 등 왜군과 치열한 공방전을 벌였다. 의병대장 곽재우의 도움을 받아 부녀자와 노약자 할 것 없이 남장하고 전투에 나섰고, 허수아비를 세워 병력이 많은 것처럼 꾸몄다. 결국 10월 10일 6일간의 대접전으로 막대한 피해를 본 왜군이 도주했다. 이 전투에서의 승리로 조선은 경상도를 보존했고, 왜군은 호남 지방도 넘보지 못하였다.

진주대첩(출처: 전쟁기념관)

## 1593년 ◀

### 조선, 행주대첩 승리

한양을 수복하려고 관군을 이끌고 북상하던 전라도 순찰사 권율은 수원 독산성에서 왜군을 격파했다. 이후 한양 서쪽의 거점을 확보하기 위해 조방장(助防將) 조경에게 진지를 물색하게 했고, 그의 건의에 따라 1593년 2월 한강을 건너 행주산성에 주둔했다. 이때 의병장 김천일과 승병장 처영의 병사들도 합세해 총 1만여 명의 병력이 행주산성에 집결했다. 행주산성은 높이가 낮은 언덕에 있었고 성벽도 매우 낮은 토성에 불과했기에 목책을 만들어 성을 둘러싼 채 싸움에 임했다. 2월 12일 왜군 3만여 명은 행주산성을 몇 겹으로 포위하고 파상공세를 펼쳤다. 성안에서 조선군과 백성들은 결사 항전을 벌였다. 12시간 이상 공방을 주고받은 전투는 주변의 부녀자들이 앞치마로 돌을 날라 투석전을 벌이는 등 관민이 일치단결한 조선의 승리로 막을 내렸다.

권율 장군
(출처: 전쟁기념관)

### 조선, 정유재란 발발

임진왜란의 막바지에 전황이 불리해지자 명나라와의 협상에 나선 도요토미 히데요시는 명의 황녀를 일본에 후비(后妃)로 보낼 것, 명과 일본의 무역을 재개할 것, 조선의 8도 중 4도를 할양할 것, 조선의 왕자 및 대신 12명을 인질로 보낼 것 등을 요구했다. 그러나 일본의 요구가 받아들여지지 않을 것을 간파한 명나라 사신 심유경은 명나라에 거짓으로 다른 내용을 보고했고, 명은 히데요시를 일본 국왕에 봉한다는 칙서와 금인(金印)만을 보냈다. 이에 히데요시는 자신의 야욕이 실현되지 못함을 분하게 여겨 교섭을 결렬하고 1597년 14만여 병력을 보내 조선을 재침했다. 2년에 걸친 조선과 일본의 전쟁은 1598년 8월 도요토미 히데요시 사후 왜군이 철수하며 마무리되기 시작했고, 이순신이 전사한 노량해전으로 끝이 났다. 이로써 일본과의 7년 전쟁이 막을 내렸다.

순천왜성 전투와 노량해전 등의 장면을 그린 〈정왜기공도병〉(출처: 국립중앙박물관)

### ▶ 1598년

### 프랑스, 낭트 칙령 발포 유럽

신·구교 간의 대립이 한창일 때 왕위에 오른 앙리 4세는 종교 분쟁을 끝내고자 가톨릭으로 개종했다. 그런데도 대립이 멈출 기미를 보이지 않자, 낭트 칙령을 발포하여 신교도인 위그노에게 제한된 종교의 자유를 허용했다. 이 칙령으로 신교도는 파리를 제외한 자유 도시에서 예배를 볼 수 있었으며 완전한 시민권을 부여받았고, 신교 목사에게는 나라에서 급료를 지급했다. 이로써 약 30년간 이어진 프랑스의 종교 전쟁(위그노 전쟁)이 종식됐다. 그러나 종교적 대립은 계속되었고, 이후 루이 14세는 절대왕정에 대한 교황청의 지원을 받고자 가톨릭만을 국교로 인정하면서 1685년 낭트 칙령을 폐지했다.

낭트 칙령으로 신앙의 자유를 보장한 앙리 4세

| ☀ 한국사 ☀ | ☀ 세계사 ☀ |

런던에 있던 영국 동인도회사 본사

### ❯ 1600년

**영국, 동인도회사 설립** 유럽

1600년에 설립된 영국의 동인도회사는 세계 최초의 주식회사로, 동남아시아 무역과 인도 지배를 주도했다. 영국의 특허장을 가지고 향신료, 면직물, 차 등을 유럽으로 가져왔는데, 믈라카 제도 쟁탈전에서 네덜란드에 패한 뒤로는 인도 경영에 주력했다. 상업 활동 독점권 외에도 외교 교섭권과 군대 동원권을 가지고 국가 대행 기관으로 활동했던 동인도회사는 1857년 세포이 항쟁으로 활동이 정지됐으며, 1874년에 해산됐다.

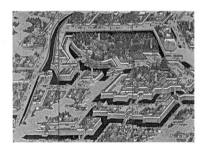
17세기 에도의 전경

### ❯ 1603년

**일본, 에도 바쿠후 성립** 아시아

도요토미 히데요시가 사망한 후 도쿠가와 이에야스가 쇼군이 되어 1603년 지금의 교토인 에도에 바쿠후(막부)를 열었다. 에도 바쿠후는 신분을 엄격하게 구분하여 사농공상(士農工商)의 지위가 확실했다. 특히 황제 아래의 절대적 지배인 쇼군이 바쿠후를 장악하고 그 아래 여러 다이묘(大名)가 번(藩)에서 자치권을 행사하는 막번(幕藩) 체제가 이뤄졌다. 막번은 쇼군의 통치 기구인 바쿠후와 다이묘의 영지인 번을 합쳐 부른 것이다.

**영국, 스튜어트 왕조 시작** 유럽

엘리자베스 1세가 후사 없이 죽자, 그 뒤를 이어 사촌인 스코틀랜드의 왕 제임스 6세가 스코틀랜드의 왕위를 유지한 채

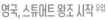

영국과 스코틀랜드의 첫 통합 군주로 즉위한 제임스 1세

제임스 1세로 영국 왕에 즉위했다. 그는 최초의 스튜어트 가문 출신 영국 왕으로 절대왕정을 강력하게 옹호했다. 이로써 14세기부터 스코틀랜드의 왕실이었던 스튜어트 왕조는 17세기부터는 영국의 왕실이 됐다.

### 1608년 ◀
### 조선, 대동법 시행

토지 결수에 따라 공물을 쌀로 통일하여 바치게 한 납세 제도인 대동법(大同法)이 광해군 즉위년에 경기 지역부터 시행됐다. 지역의 특산물을 바치게 하는 공물 제도는 지역별로 편차가 커서 농민에게는 불공평할뿐더러 수송이 불편했고, 농민의 부담은 가중됐으나 국가의 수입은 늘기가 어려웠다. 이 모순을 바로잡고자 만들어진 대동법은 100년 후 숙종 때 함경도와 평안도를 제외한 전국에서 시행됐다.

### 1609년 ◀
### 조선, 기유조약 체결

일본은 임진왜란 이후 단절된 국교 재개를 끈질기게 요청해 왔다. 이에 조선은 일본과 쓰시마섬의 세견선 파견, 사신 왕래와 접대 문제 등을 정한 전문 13조의 기유조약(己酉條約)을 맺었다. 이를 계기로 일본과의 무역이 활기를 띠었다.

〈동래부사접왜사도〉의 왜사숙배식(倭使肅拜式). 초량왜관 객사에서 일본 사절단이 조선 임금의 전패에 예를 올리는 장면(출처: 국립중앙박물관)

## 1613년 ◀

### 조선, 계축옥사 발생

대북파(大北派)가 영창대군과 반대파 세력을 제거하려고 옥사를 일으켰다. 선조 말엽부터 왕위 계승 문제를 둘러싸고 광해군을 지지하는 대북파와 영창대군을 지지하는 소북파(小北派) 사이에 치열한 암투가 벌어졌다. 1608년 선조가 죽고 광해군이 즉위함에 따라 정권을 잡은 대북파는 소북파를 제거하려는 움직임을 계속 보였는데, 때마침 1613년 3월 문경의 새재(조령)에서 박순의 서자 박응서, 심전의 서자 심우영 등 7명이 상인을 살해하고 은을 약탈한 사건이 일어났다. 이에 대북파의 이이첨 등은 그들을 체포한 뒤 음모를 꾸며 이들이 인목대비(영창대군의 생모)의 부친인 김제남과 반역을 도모했다는 거짓 자백을 하게 했다. 누명을 씌워 김제남을 죽이고 영창대군을 서인(庶人)으로 만들어 강화도에 유배한 이 사건을 계축옥사(癸丑獄事)라 한다.

후금의 초대 황제 누르하치

## ▶ 1613년

### 러시아, 로마노프 왕조 성립 유럽

전제정치와 팽창 정책을 펼치며 전제군주로 군림했던 이반 4세가 죽자, 후계자 자리를 두고 치열한 다툼이 벌어졌다. 1598년부터 1613년까지 계속된 이 동란 시대(動亂時代)에 러시아는 인구의 3분의 1가량인 2백만 명이 죽는 대기근을 겪었다. 결국 1613년 러시아 전국 회의에서 이반 4세의 아내 아나스타시아의 로마노프 가문 출신인 미하일이 새 황제로 선출되면서 혼란의 시대는 마무리됐다. 이렇게 시작된 로마노프 왕조는 1917년 러시아 혁명으로 니콜라이 2세가 퇴위할 때까지 304년간 러시아 왕조로 존속했다.

## ▶ 1616년

### 중국, 여진의 후금 건국 아시아

여진족을 통일한 누르하치는 1616년 스스로 황제가 되어 국호를 후금(後金), 연호를 천명(天命)으로 정하였다. 1115년에 세워진 금나라를 계승한다는 의미에서 나라 이름을 후금이라 한 것이다. 그는 여진 문자를 발명하고, 팔기제(八旗制)를 제정했으며, 여진 부흥의 발판을 닦아 청조(淸朝)의 기초를 확립했다.

#### 팔기제 vs 맹안모극제

**팔기제**는 만주족이 주도한 군사·행정 제도로 만주족의 부족제에 기반하였다. 1642년에 최종적으로 여덟 개의 깃발군이 확립됐는데, 정황기·양황기·정백기는 황제의 직속 부대이고, 나머지는 제후가 관할했다. 팔기에 속한 사람들을 일컬어 기인(旗人)이라고 불렀으며, 팔기군은 청의 정예군으로 강력한 영향력을 행사했다.

**맹안모극제**(猛安謀克制)는 금나라가 실시한 군사와 부족 조직 제도로, 모극부와 맹안부의 우두머리인 모극과 맹안의 직위는 세습됐다. 삼백 호를 1모극부(謀克部)로 하고, 1모극부에서 백 명의 장정을 뽑아 1모극군을 만들고, 10모극군을 1맹안군으로 삼았다. 그러나 금은 여진족을 비롯한 유목민은 맹안모극제로 다스리고, 한족 등의 농경민은 주현제로 통치하는 이원적 정책을 폈다.

### ❯ 1618년

### 독일, 30년 전쟁 시작 유럽

독일을 무대로 프로테스탄트(신교)와 가톨릭(구교) 사이에 종교 전쟁이 벌어졌다. 최후의 종교 전쟁이자 최초의 국제 전쟁이었던 이 전쟁으로 종교뿐만 아니라 내재해 있던 정치·경제적 갈등까지 드러났다. 30년 동안 계속된 전쟁으로 800만여 명에 달하는 수많은 사상자가 발생했으며, 독일 전체가 황폐해졌고, 농촌이 파괴되고 산업이 크게 정체됐다. 1648년 베스트팔렌 조약 체결로 독일 내의 가톨릭, 루터파, 칼뱅파가 동등한 권리를 확보했지만, 신성 로마 제국의 붕괴가 시작됐다.

베스트팔렌 조약 체결로 끝이 난 30년 전쟁

### ❯ 1620년

### 영국, 청교도의 이주 유럽

영국의 청교도들이 성공회가 아닌 다른 종교는 가혹하게 탄압한 제임스 1세의 폭정을 피해 종교의 자유가 보장되는 신대륙으로 향했다. 102명의 청교도는 메이플라워(Mayflower)호에 올랐고, 버지니아보다 북쪽에 있는 지금의 매사추세츠 연안에 닻을 내렸다. 이들은 새로운 정착지에

메이플라워 서약

고향과 똑같이 '플리머스'라는 이름을 붙였다. 메이플라워호에서 내리기 전 청교도들은 자주적인 식민 정부를 수립할 것과 다수결의 원칙에 따라 운영할 것을 약속한 '메이플라워 서약'을 했다. 이 서약은 미국 헌법의 모태가 되었다. 미국에서는 이때 영국에서 건너온 청교도들을 '필그림 파더스(Pilgrim Fathers)' 혹은 '파더 오브 아메리카(Father of America)'라고 부르며 시조로 삼고 있다.

## 1623년 ◀

### 조선, 인조반정 발생

계축옥사로 서인(西人)과 남인(南人) 대부분이 조정에서 쫓겨나고 대북파가 정권을 장악하자 이귀, 김자점, 김유, 이괄, 최명길 등 서인 일파는 정변을 꾀했다. 이들은 왕대비인 인목대비의 윤허를 받아 반정을 일으켜, 선조의 손자이자 광해군의 조카인 능양군을 인조로 옹립했다. 인조반정(仁祖反正)으로 정권을 잡은 서인 세력은 의관(醫官) 안국신의 집으로 피신한 광해군을 붙잡아 유배시켰으며, 대북파인 이이첨, 정인홍, 이위경 등 수십 명을 참수했다.

## 1624년 ◀

### 조선, 이괄의 난 발생

평안병사 이괄이 인조반정의 논공행상에 불만을 품고 반란을 일으켰다. 인조 즉위에 큰 공을 세웠으나 반정 계획에 늦게 참가했다는 이유로 2등 공신 대접을 받은 것에 불만을 품은 이괄은 한명련 등과 함께 개천을 점령하고 개성으로 진격했다. 반란군이 한양을 점령하여 인조가 공주로 피란하기도 했으나 결국 도원수 장만이 이끄는 토벌군에게 패하였다. 이괄과 한명련이 살해되며 반란은 마무리됐으나, 반란군 일부가 후금에 투항하여 조선의 불안한 정세를 알렸고, 이것이 정묘호란의 명분이 되기도 하였다.

이괄의 난 당시 인조가 공주로 피란을 가 머물렀던 공산성 쌍수정(출처: 문화재청)

### 조선, 정묘호란 발발

만주에 본거지를 둔 후금이 인조반정의 부당성을 내세우며 침입해 온 정묘호란(丁卯胡亂)이 일어났다. 인조의 친명배금(親明排金) 정책에 불만이 있었던 후금은 명나라를 침공하기 전에 조선을 정복하여 후환을 없애려 했다. 3만의 후금군은 파죽지세로 남하하여 1월 황주에 이르렀다. 인조와 소현세자는 피난했지만, 전국 각지에서 의병이 일어나 후금군을 공격했다. 전쟁이 길어지자 후금은 후방에서 공격당할 위험과 명을 정벌할 군사의 보전 때문에 강화를 제의했고, 조선이 이를 받아들여 3월 3일 화의가 성립됐다. 조선은 후금에 형제국의 예를 갖추기로 하는 등 5개 조항에 합의했지만, 명과의 외교 관계는 그대로 유지했다.

### ❷ 1628년

영국, 〈권리청원〉 승인 <sup>유럽</sup> 유럽

찰스 1세는 대외 전쟁으로 인한 적자를 해결하고자 의회를 소집했다. 왕권신수설(王權神授說)에 심취하여 절대주의를 고집한 찰스 1세에게 영국 의회는 〈권리청원(Petition of Right)〉을 제출했다. 의회는 청원이라는 형식을 빌려 국민의 신체와 재산에 대한 불가침성을 주장했고, 왕의 독재정치를 강하게 비판했다. 의회의 동의 없이는 세금을 거둘 수 없고, 군인은 민가에서 숙박할 수 없으며, 불법적인 체포를 금지한다는 내용의 〈권리청원〉으로 주권이 왕으로부터 의회로 옮겨지는 계기가 마련됐다. 그러나 찰스 1세는 〈권리청원〉을 무시하며 치세 내내 의회와 치열하게 대립했으나, 결국 잉글랜드 역사상 처음이자 마지막으로 국민에 의해 처형됐다.

찰스 1세

타지마할

갈릴레오 갈릴레이

### 1632년
#### 인도, 타지마할 건립 시작 <sup>아시아</sup>

무굴 제국의 황제 샤 자한은 아이를 낳다 세상을 떠난 그의 사랑하는 아내 뭄타즈 마할을 추모하며 '마할의 왕관'이란 의미의 묘당 '타지마할'을 건립했다. 2만여 명의 기술자를 동원해 1653년에 완공된 타지마할은 인도의 대표적인 이슬람 건축물로, 궁전 형식의 무덤이다. 순백의 대리석과 수많은 보석으로 지어져 눈이 부시도록 화려한 타지마할의 지하에는 샤 자한과 뭄타즈 마할이 나란히 잠들어 있다.

#### 이탈리아, 갈릴레이의 지동설 주장 <sup>유럽</sup>

자신이 만든 망원경으로 천문을 관측하며 지동설을 확신한 갈릴레오 갈릴레이는 《프톨레마이오스와 코페르니쿠스의 두 가지 주된 우주체계에 관한 대화》에서 교회의 재판에 저촉되지 않는 교묘한 방식으로 지동설을 주장했다. 이 책은 1632년 교황청의 모든 검열을 거친 후 문학과 철학 분야의 걸작으로 전 유럽에 널리 퍼졌다. 그러나 당시 교황 우르바누스 8세가 이 책이 지동설을 지지하고 있음을 깨닫고는 갈릴레이를 기소했고 그의 저서는 금서 목록에 올랐다. 그는 다음 해 재판에 회부됐고, 자신의 죄를 인정하고 겨우 풀려나 가택 연금에 처해졌다.

### 1636년 ◐
#### 조선, 병자호란 발발

인조 14년 후금은 국호를 청으로 바꾸고 조선에 군신의 예를 요구하는 국서를 보내왔다. 그동안 계속 눈에 거슬리던 조선

### 1636년
#### 중국, 후금 국호를 청으로 변경 <sup>아시아</sup>

국력을 키워 나가던 후금은 중국 동북부의 만주 전체와 내몽골을 차지한 뒤, 국호를 중국식 명칭인 청(淸)으로 고쳤다.

이 국서마저 거부하자, 청 태종은 10만의 군사를 이끌고 조선을 재침했다. 미처 강화로도 피난하지 못한 인조는 남한산성에서 청군에게 포위됐고, 왕족의 피난지인 강화도도 함락됐다. 결국 인조는 삼전도(三田渡)의 수항단(受降壇)에서 청 태종에게 무릎을 꿇고 항복해야만 했다. 병자호란 후 소현세자와 빈궁, 봉림대군과 부인, 척화론을 주장했던 오달제·윤집·홍익한 등의 대신들이 인질로 청에 잡혀갔다. 조선은 청에 대해서 사대(事大)의 예를 지키는 조공 관계를 유지해야만 했다.

병자호란 당시 임시 궁궐로 사용됐던 남한산성 행궁(출처: 한국문화관광연구원)

1644년 명의 수도였던 베이징으로 천도한 청은 중국의 마지막 통일 왕조이며, 한(漢) 이후 왕통의 중단 없이 가장 오랫동안 존속한 왕조였다. 청은 1912년 신해혁명으로 멸망했다.

청 태종 홍타이지

제 4 장
# 근대

1641년
~
1913년

MODERN AGES

# IV Modern Ages

### 1641~1913년

18세기 후반부터 19세기에 유럽과 신대륙은 거대한 격변의 시기를 보냈다. 신대륙에서의 독립 혁명으로 아메리카합중국이라는 공화국이 탄생했고, 유럽에서의 프랑스 혁명으로 전제 절대왕정이 타도되고 봉건제의 잔재가 사라졌다. 두 혁명은 자유와 평등을 이상의 단계에서 현실로 끌어내는 역사적 과업을 수행했다.

혁명을 주도하고 혁명 이념을 뒷받침한 시민 계층은 평등보다는 자유를 중시했다. 이들은 개인의 능력으로 사회에서 성공할 수 있다는 것을 경험했기에 전문 직업인으로 명성과 지위를 얻는 것을 당연하게 여겼고 경제적 부를 중시했다. 시민 계층은 자유와 부를 획득할 기회를 제공한 자본주의를 옹호했는데, 특히 자유방임주의를 지지했다. 부를 기반으로 한 시민 계층의 정치 참여에 대한 요구는 점차 높아졌고, 각국 정부는 점진적으로 이를 수용하면서 근대화하였다. 그러나 근대화의 모습은 역사적 경험과 정치적 상황에 따라 다양하게 나타났다. 동부 유럽이나 남부 유럽의 근대화는 서부 유럽보다 늦었고, 러시아는 더욱 지체됐다.

19세기에 접어들면서 프랑스 혁명이 미친 영향보다 더 큰 영향력이 유럽 사회에 작용하기 시작했다. 과학 기술 발달로 농업 생산량이 증대했고, 제조업 분야에서는 노동과 자본이라는 새로운 조직이 등장해 생산성이 높아졌다. 이 획기적인 변화를 1820년대 프랑스의 한 평론가가 '산업주의' 또는 '산업혁명'이라고 명명했다. 산업혁명이라는 말은 산업의 생산 방식이 수공업 형태에서 공장의 기계에 의한 형태로 변함을 의미한다. 기술적 변화는 진보에 대한 희망을 부여했고, 가난과 육체적 고역에서 벗어날 가능성을 높였다. 그러나 급격한 산업화와 도시화는 예상하지 못한 엄청난 문제를 불러왔다.

영국의 산업화는 18세기 후반 생산, 분배, 노동 조직의 변화로 나타났고, 프랑스의 산업화는 19세기 초 집권한 나폴레옹의 군사적 요구에 대응하는 형식으로 나타났다. 중부 유럽에서의 산업 성장은 1840년대에 본격화됐고, 수공업자들은 산업화의 진행을 악으로 규정하고 방해하는 운동을 펼치기도 했다. 이탈리아, 독일에서는 민족국가가 수립되지 못했으므로 산업화 과정에서 불리했으며, 동유럽의 산업화는 19세기 말에 본격화됐다.

19세기에도 서구 열강은 아시아, 아프리카 등 세계로 영향력을 넓혀갔다. 특히 미국, 오스트레일리아, 뉴질랜드 등지로 이민이 계속되면서 신대륙과 유럽 본국과의 교역량이 증대했으며 산업혁명은 이를 가속화했다.

그러나 유럽의 팽창은 단순히 경제적인 부분에서만 일어난 것은 아니었다. 유럽은 자신들의 경제 진출을 거부하는 아시아, 아프리카의 저항을 제압하고자 군사력을 동원했고, 강압과 저항의 대립은 유혈 사태를 초래했다. 이러한 대립은 서구 열강 상호 간에도 일어났다. 산업화가 확산함에 따라 선진 산업국가와 후발 산업국가 사이에 아시아, 아프리카 등지의 식민지 쟁탈전이 벌어진 것이다.

원료 공급지와 제품 시장 확보를 위해 유럽이 벌였던 다툼이 제국주의다. 게다가 제국주의는 민족 경쟁이라는 성격을 지니고 있어서, 한 민족이 다른 민족을 제압하거나 제압당하는 결과를 초래했다. 그렇기에 서구 열강의 여러 나라는 승리를 위해 수단과 방법을 가리지 않았고 자유와 진보, 인간의 존엄이라는 구호 이면에 잔학과 착취, 살육과 강탈이 자리 잡았다. 그러나 그들은 아무런 죄책감을 느끼지 않았다.

7년에 걸친 임진왜란과 정묘, 병자년의 두 호란은 조선에 큰 피해를 주었다. 그러나 효종만이 북벌을 계획하고 양병을 주장하였을 뿐 정치적인 면에서는 왜란과 호란 발생 이전과 별다른 변화가 없었다. 자의대비의 복상 기간을 두고 벌어진 두 차례의 예송 논쟁이 이를 뒷받침한다.

영조와 정조 시대에 이르러 사회가 안정되면서 유교 문화가 다시 피어났다. 실학이 발달했고 천주교가 전해졌다. 그러나 두 임금의 탕평책 실시에도 불구하고 사도세자를 죽음으로 몰고 간 임오화변이 일어나는 등 당파 싸움은 여전했다.

19세기에 이르자 세도 정치가 시작되면서 삼정(三政, 전정·군정·환정)이 문란해졌고, 서양 세력이 손을 뻗쳐 왔다. 순조·헌종·철종 대에 걸쳐 이루어진 세도 정치는 안동 김씨와 풍양 조씨가 번갈아 가며 정권을 장악한 60여 년간 계속됐다.

이 시기에 천주교는 당파 싸움에 이용되어 정적을 제거할 구실로 4차례나 박해를 받았다. 또한 서구 열강의 끊임없는 교섭 요구와 이를 거부하는 과정에서 병인양요와 신미양요가 발생하는 등 조선은 내우외환의 위기에 직면했다.

이때 흥선대원군이 등장하여 과감한 개혁과 통상 수교 거부 정책을 시행했으나 10년 만에 무너졌다. 이후 민씨 세력이 권력을 잡으면서 조선 사회는 개화와 척사로 혼란스러워졌고, 임오군란과 갑신정변, 동학 농민 운동과 명성황후 시해 사건에 이어 아관파천까지 발생하면서 조선 조정의 무능이 만천하에 드러났다.

이 틈을 이용해 노골적으로 조선에 대한 간섭을 시작한 일본의 방해로 대한제국으로의 변신마저도 결실을 보지 못했다. 일본은 러일 전쟁에서 승리한 후 조선의 국권을 빼앗았다. 1910년 8월 29일 조선이자 대한제국은 그렇게 역사의 뒤안길로 사라졌다.

| ☀ 한국사 ☀ | ☀ 세계사 ☀ |

올리버 크롬웰

## ❯ 1642년

### 영국, 청교도 혁명 발생 <sup>유럽</sup>

1642년부터 1649년까지 청교도가 중심이 되어 일으킨 청교도 혁명은 최초의 시민혁명이었다. 의회파와 왕당파 간의 싸움이어서 '잉글랜드 내전'으로 불리기도 한다. 1628년 의회가 요청한 〈권리청원〉에 반발한 찰스 1세는 1629년 의회를 해산시키고, 11년간 의회 없이 권력을 휘두르며 청교도를 탄압하고 전쟁 비용을 조달하려고 왕의 직권을 남용했다. 왕과 청교도 간의 대립은 격해졌고, 결국 왕권은 축소하고 의회의 권한은 확대하려는 혁명이 일어났다. 청교도인 올리버 크롬웰이 이끈 혁명군이 승리하여 1649년 찰스 1세는 공개 처형되었고 영국에는 공화정이 선포됐다. 크롬웰은 호국경이 되어 청교도 정신에 따라 엄격한 정치를 펼쳤다. 그러나 이 점이 국민의 불만을 사 공화정의 영국은 크롬웰 사후 다시 왕정으로 돌아갔고, 1660년 프랑스로 망명해 있던 찰스 1세의 아들 찰스 2세가 왕위에 올랐다.

## ❯ 1643년

### 프랑스, 루이 14세 즉위 <sup>유럽</sup>

다섯 살에 왕위에 오른 루이 14세는 16~18세기 유럽 절대왕정의 정점에 오른 군주였다. 당시 대부분의 유럽 국가는 군주가 국가 통치의 모든 권력과 절대적인 권한을 갖는 절대군주제를 받아들였다. 루이 14세는 국정의 작은 부분까지 주관했으며, 모든 국가기구를 왕에게 집

태양왕 루이 14세

중시켜 중앙 집권 체제를 완성했다. 루이 14세는 콜베르를 수상으로 중용하며 경제적 안정을 꾀했고, 이를 발판으로 프랑스를 유럽 예술의 중심지로 만들었다.

### ❷ 1644년
#### 중국, 이자성의 난으로 명 멸망 아시아

명나라 말기에는 과도한 세금 징수와 대규모 기근이 겹쳐 백성들이 큰 고통을 받고 있었다. 분노한 백성들은 전국 각지에서 민란을 일으켰고, 이 중 이자성의 반란 세력이 가장 강력했다. 이자성은 1644년 2월 국호를 대순(大順), 연호를 영창(永昌)이라 하고 스스로 황제가 됐다. 그는 낙양과 서안을 점령하고 20여 일 만에 베이징을 포위한 뒤 환관들의 도움을 받아 자금성마저 점령했다. 이자성의 자금성 입성 소식에 명의 마지막 황제인 숭정제는 자살했고 명나라도 운명을 다했다. 이자성은 명을 멸망시키고 새 왕조를 여는 데는 성공했지만 새 왕조를 유지하지는 못하여 이민족 왕조인 청에 중원의 자리를 내주었다.

베이징 교외의 이자성 동상

### 1645년 ❸
#### 조선, 소현세자 급사

소현세자는 인조의 장자이자 효종의 형이다. 1625년 세자로 책봉됐고 1636년 병자호란 때 봉림대군과 함께 청나라 선양에 인질로 끌려갔다. 그는 9년 동안 청과 조선 사이에서의 조정자로서 상당한 재량권을 행사했고, 서구 과학 문명에 관한 다양하고 많은 지식을 습득했다. 소현세자는 1645년 2월 조선으로 돌아왔는데, 인조와 조정에서는 그를 냉대했다. 반청친명(反淸親明) 정책을 고수하고 있던 인조와 서인이 세자가 선양에서 한 행동을 못마땅하게 여겼기 때문이다. 급기야 소현세자는 귀국한 지 2개월 만에 원인 모를 병으로 급사했다.

청에 볼모로 가 있던 소현세자에게 천문, 과학 지식과 천주교 교리를 전해 준 신부 아담 샬

## ❯ 1651년

### 영국, 〈항해조례〉 발표 <sup>유럽</sup>

크롬웰 정부는 영국의 상공업 발전을 위해 〈항해조례〉를 제정했다. 자국의 해운 무역 보호를 위해 영국이 수입하는 물품은 반드시 영국의 선박으로 수송해야 한다는 것이 주요 내용이었다. 단, 유럽 대륙에서 물건을 수입할 때는 수출국의 선박을 이용할 수 있다고 규정했다. 이는 당시 유럽의 해운업계에서 큰 힘을 행사하던 네덜란드를 배제하려는 의도를 담고 있어서, 이후 영국-네덜란드 전쟁의 한 원인이 됐다. 〈항해조례〉가 영국의 해상 진출에는 큰 역할을 했지만, 네덜란드의 중계 무역에는 타격을 입혔기 때문이다.

## 1653년 ❮

### 조선, 하멜의 표류

효종 4년에 일본으로 향하던 네덜란드 동인도회사 소속의 무역선 스페르베르호가 심한 풍랑으로 난파되어 선원 36명이 중상을 입은 채 제주에 표착했다. 이들은 체포되어 13년 동안 억류 생활을 하다 8명만이 탈출해 네덜란드로 돌아갔다. 이들 중 하나인 헨드릭 하멜이 1668년 조선에서의 억류 생활을 기록한 《하멜표류기》를 발간했다. 이는 서양인이 우리나라에 관해 저술한 최초의 책으로, 당시 조선의 지리, 풍속, 정치, 군사, 교육, 교역 등을 유럽에 처음 소개한 책이다.

## 1659년 ❮

### 조선, 제1차 예송 발생

기해예송(己亥禮訟)이라고도 하는 제1차 예송 논쟁은 1659년 효종이 죽자 당시 대왕대비였던 자의대비의 복상(服喪) 기간을 만 1년(기년)으로 할 것인지 만 2년(삼 년)으로 할 것인지에 대한 논란에서 시작됐다. 서인인 송시열 등은 효종이 인조의 둘째 아들임을 들어 기년복을 주장했고, 남인인 윤휴와 허목 등은 효종이 왕위를 계승했으므로 인조의 장자와도 같다며 삼년복을 주장했다. 결과적으로는 서인의 주장이 받아들여졌으나, 이때 장자와 차자를 구분하지 않은 것은 15년 후 제2차 예송이 일어나는 빌미가 됐다.

우암 송시열(출처: 국립중앙박물관)

강희제

## ❯ 1661년

### 중국, 강희제 즉위 아시아

중국 역대 황제 중 재위 기간(1661~1722년)이 가장 길었던 청의 제4대 황제 강희제가 즉위했다. 강희제는 정치를 안정시켜 강희에서 건륭으로 이어지는 청의 최대 전성기를 이루는 기초를 다졌다. 만주족과 한족의 동화를 위해 노력했고, 문무를 장려하고 조세를 감면하는 등 백성을 위한 정치를 펼쳐 성군으로 불렸다. 삼번(三藩)의 난(1673~1681년)을 평정하고 대만, 몽골, 티베트를 복속했으며 러시아와 네르친스크 조약을 맺어 북방 경계를 안정화했다. 《강희자전》을 비롯한 다수의 서적을 편찬했고, 예수회 선교사들로부터 유럽의 학문과 기술을 받아들였다.

## 1674년 ❮

### 조선, 제2차 예송 발생

효종의 비인 인선왕후가 죽자 다시 자의대비의 복상 기간을 놓고 논쟁이 벌어졌다. 이때 제1차 예송에서 애매하게 처리된 효종의 장자, 차자 문제가 다시 표면으로 떠올랐다. 효종을 장자로 본다면 인선왕후는 첫째 며느리이기 때문에 시어머니인 자의대비는 기년복을 입는 것이 맞지만, 효종을 차자로 본다면 자의대비는 9개월짜리 대공복을 입어야 하기 때문이다. 이 논쟁에서 주도권을 쥐었던 현종은 왕은 일반인과 달라서 보위에 오르면 장자가 된다고 하는 남인의 주장을 받아들였고, 그에 따라 기년복이 결정됐다. 그런데 복제를 개정한 지 한 달여 만인 1674년 8월에 현종이 갑자기 승하하였고, 숙종이 14세의 나이로 즉위했다. 숙종은 현종의 장례를 마친 후, 과감히 서인을

## ❯ 1674년

### 인도, 마라타 왕국 건설 아시아

1674년 시바지 보슬레가 데칸고원에 마라타 왕국을 세우고 차트라파티(황제)로 즉위했다. 이후 마라타 왕국은 주변의 여러 지방 왕국과 정치적으로 연합하여 이슬람과 영국 세력에 대항했고, 무굴 제국의 통치가 끝나는 데 영향을 끼치기도 했다. 마라타 왕국은 1818년 페슈와(세습 총

마라타 왕국의 창시자
시바지

축출하고 남인을 등용했다. 이 갑인예송
(甲寅禮訟)은 인조반정 이후 50여 년 만에
서인과 남인의 정권 교체를 가져왔다.

### 1678년 ◀
#### 조선, 상평통보 전국 유통

상평통보(常平通寶)는 조선 시대에 사용한
엽전이다. 인조 11년인 1633년에 상평
청(常平廳)을 설치하고 상평통보를 주조했
는데, 사용이 미미하여 유통이 중지됐다.
이후 상공업이 발달하면서 화폐 사용이
활발해지자, 1678년 숙종은 영의정 허적
등의 건의를 받아들여 다시 상평통보를
발행했다. 이때부터 전국적으로 유통된
상평통보는 상평청, 호조, 훈련도감, 진휼
청, 정초청, 사복시, 어영청 등 7개의 관청
및 군영에서 주조됐다.

### 1680년 ◀
#### 조선, 경신환국 발생

숙종은 모후의 사촌인 김석주를 기용하
여 제2차 예송으로 집권당이 된 남인 세
력을 견제했다. 남인의 영수인 영의정 허
적이 왕의 허락도 없이 왕실 천막을 빌려
가는 등 남인의 전횡이 갈수록 심해지자
김석주는 서인 세력과 결탁해 남인을 몰
락시키려는 음모를 추진했다. 허적의 서
자인 허견이 숙종의 5촌인 복창군, 복선
군, 복평군 3형제와 역모를 꾀한다고 고
발하여 옥사가 일어난 '삼복의 변(三福之變)'
으로 남인이 축출되고 서인이 재집권하
게 됐다.

리)인 바지라오 2세 때 영국 동인도회사의
군대에 패하여 멸망했다.

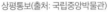

상평통보(출처: 국립중앙박물관)

영의정 허적

### ▶ 1682년
#### 러시아, 표트르 대제 즉위 <sup>유럽</sup>

1682년 표도르 3세가 후사 없이 죽자,

표트르 대제

왕위 계승 문제를 둘러싸고 벌어진 유혈 사태는 겨우 열 살이었던 표트르와 장애가 있던 이복형 이반 5세가 공동으로 왕위에 오르며 마무리되었다. 그러나 표트르의 이복누이인 소피아가 섭정하며 실권을 장악했다. 때를 기다리던 표트르는 1689년 소피아의 섭정을 타도하고 지배권을 장악했다. 그는 러시아를 서구화하고자 직접 서유럽의 나라들을 방문했고, 남성의 수염을 자르고 서양식 의복을 입게 하는 등 유럽 문물을 도입했다. 또한 상트페테르부르크를 건설하여 서유럽 진출 및 발트해 지배를 시도했고, 스웨덴과의 전쟁을 통해 잉그리아, 에스토니아 등을 획득했다. 1721년 원로원은 그에게 '임페라토르(Imperator, 황제)'라는 칭호를 부여하고 대제(大帝)라고 불렀다. 러시아 역사상 가장 뛰어난 통치자이자 개혁자인 표트르 대제로 인해 러시아의 절대왕정이 확립됐다.

## ❯ 1687년

### 영국, 뉴턴의 《프린키피아》 출간 유럽

1687년 7월 5일 아이작 뉴턴이 역학 및 우주론에 관한 다년간의 연구를 집대성한 저서 《프린키피아(Principia)》의 라틴어 초판본이 출간됐다. 이 책에는 만유인력과 세 가지 운동 법칙인 관성의 법칙과 가속도의 법칙, 작용 반작용의 법칙이 담겨 있었다. '자연은 일정한 법칙에 따라 운동하는 복잡하고 거대한 기계'라는 뉴턴의 역학적 자연관은 18세기 계몽사상의 발전에 지대한 영향을 주었다. 훗날 아인슈타인에 의해 한계가 밝혀진 이 책의 원제는 《자연철학의 수학적 원리(Philosophiae naturalis Principia Mathematica)》이다.

아이작 뉴턴

## 1689년 ◉
### 조선, 기사환국 발생

숙종의 계비 인현왕후 민씨가 후사를 낳지 못하던 중, 숙종이 총애하던 궁녀 장옥정이 1688년에 소의(昭儀)로 승진하고 왕자 윤(후일의 경종)을 낳았다. 이에 숙종이 소의 장씨를 희빈으로 삼고 윤을 원자로 책봉하려 하자, 서인은 정비 인현왕후의 후사를 기다려 적자로 왕위를 계승하는 것이 옳다며 반대했고 남인은 숙종의 뜻을 지지했다. 이 문제로 남인이 서인을 몰아내고 다시 정권을 차지했으며, 희빈 장씨가 왕비가 되고 중전 민씨는 폐출됐다.

## 1693년 ◉
### 조선, 안용복의 울릉도·독도 수호

안용복은 동래부 출신으로 동래 수군에서 복무했으며, 왜관에 드나들며 일본어를 익혔다. 그는 1693년 일본 어민이 울릉도에 침입했을 때 부하 박어둔과 함께 일본으로 끌려갔다. 이때 에도 바쿠후에 울릉도가 조선 땅임을 주장하고 이를 확인받았다. 1696년에는 울릉도에서 발견한 일본 어선을 마쓰시마까지 추격했고, 1697년에는 쓰시마 도주로부터 울릉도가 조선 영토임을 확인하는 서계(書契)를 받았다. 이로써 조선과 일본 간의 울릉도를 둘러싼 분쟁은 일단락되었다.

## ◉ 1689년
### 영국, 〈권리장전〉 제정 유럽

영국은 1688년에 일어난 명예혁명으로 피를 흘리지 않고 평화롭게 전제 왕정을 입헌군주제로 바꾸는 데 성공했다. 명예혁명으로 가톨릭 편중 정책을 폈던 제임스 2세를 대신하여 즉위한 윌리엄 3세와 메리 2세 부부는 1689년 의회가 제출한 〈권리장전〉을 수락했다. 〈권리장전〉은 배심원에 의한 재판, 인신 보호령, 청원권 및 배상권을 재확인했으며, 군주 정치가 영국의 법률에 종속됨을 분명히 했다. 의회의 동의 없는 상비군 징집 금지, 의원 선거의 자유 보장 등이 명시된 〈권리장전〉은 의회 정치가 확립되는 기초가 됐고, 영국의 절대주의를 종식시켰다.

### 중국, 네르친스크 조약 체결 아시아

17세기 중엽부터 헤이룽강(黑龍江, 아무르강) 방면으로 진출한 러시아는 네르친스크, 알바진 등을 차지하고 청나라와 충돌했다. 삼번의 난 등 국내 상황을 정리한 청은 본격적으로 러시아에 반격하기 시작했고, 1685년에는 알바진을 함락하기도 했다. 이를 계기로 1689년 청과 러시아 사이에 휴전이 성립되고 국경 확정 조약이 체결됐다. 청과 러시아의 경계를 스타노보이산맥과 아르군강으로 정한 네르친스크 조약은 청나라가 유럽 국가와 대등하게 체결한 최초의 조약이었다. 이후 외몽골과 시베리아 사이의 경계를 정하기 위해 1727년 캬흐타 조약을 추가로 체결했다.

### 조선, 갑술환국 발생

남인들은 서인들을 완전히 제거하려고 서인이 폐비 민씨의 복위 운동을 꾀하고 있다고 고변했으나, 오히려 숙종은 서인을 지지하고 남인을 정계에서 전면 축출하였다. 중전 지위에 올랐던 장희빈이 물러나고 그녀에 의해 폐위됐던 민씨(인현왕후)가 다시 복위되면서 서인이 정권을 재탈환했고 남인은 와해되어 이후 집권하지 못했다.

### 조선, 장길산의 봉기

숙종 때 황해도 구월산을 중심으로 전국적으로 활동한 도둑의 우두머리인 장길산이 모반을 일으켰다. 광대 출신이었던 그는 1696년 서얼 출신 이영창, 금강산의 승려 운부 등과 힘을 합쳐 세력을 키웠다. 그러나 어지러운 사회에서 하류층에 속했던 서얼, 승려, 농민들과 결합하여 새로운 왕조를 창건하려 했던 그의 계획은 실패하였다. 조정에서는 많은 상금을 내걸고 장길산을 잡으려 하였으나 끝내 잡지 못했다. 조선 후기의 실학자 이익(李瀷)은 조선의 3대 도둑으로 홍길동, 임꺽정 그리고 장길산을 꼽기도 했다.

## ※ 한국사 ※

에스파냐의 부르봉 왕조를 연 펠리페 5세

군인왕으로 불리는 프리드리히 빌헬름 1세

## ※ 세계사 ※

### ● 1701년

#### 에스파냐, 왕위 계승 전쟁 발발 <sup>유럽</sup>

에스파냐의 카를로스 2세에게는 직계 후계자가 없어서 그의 사후에 누가 왕위에 오를 것이냐가 문제였다. 후계자로 선정된 요제프 페르디난트 공작이 병으로 일찍 사망하자, 카를로스 2세는 자신의 누이와 혼인한 프랑스 왕 루이 14세의 손자인 앙주의 공작 필리프에게 에스파냐의 합스부르크 영토를 물려준다는 유언을 남기고 세상을 떠났다. 필리프가 펠리페 5세로 에스파냐 국왕이 되면서 프랑스와 에스파냐의 제휴가 이뤄졌다. 이에 신대륙 해상 무역 확보의 관점에서 이를 반대한 영국·네덜란드와 에스파냐 계승권을 주장한 오스트리아 3국이 동맹을 맺고 전쟁을 선포했다. 전쟁은 1714년까지 이어졌고, 펠리페 5세는 결국 에스파냐의 왕으로는 인정받았지만, 프랑스의 왕위 계승권은 포기해야 했다.

#### 독일, 프로이센 왕국 성립 <sup>유럽</sup>

에스파냐 왕위 계승 전쟁에서 오스트리아를 지지한 대가로 왕의 칭호를 얻은 브란덴부르크 프로이센의 선제후(選帝侯) 프리드리히 3세는 국호를 프로이센 왕국으로 고치고 분산된 영토와 체제를 일원화했다. 선제후란 신성 로마 제국 황제 선출에 참여할 권리를 지닌 신성 로마 제국의 제후를 말한다. 1701년 1월 18일 스스로 왕위에 오른 그는 자신을 '프로이센의 왕 프리드리히 1세'라 부르며 왕의 위엄을 확고히 했다. 그의 뒤를 이어 1713년에 즉위한 프리드리히 빌헬름 1세는 프로이센의 발전을 위해 노력했으며, 특히 나라를 군사 대국으로 만들기 위해 힘썼다. 그는 국가의 번영을 좌우하는 건 군사력이라 믿고 군대를 적극적으로 양성했다. 그 결과 프로이센은 8만여 명의 상비군을 보유하여 실제적인 군사력은 유럽 최강이었다.

### ❷ 1710년
프랑스, 베르사유 궁전 완공 유럽

태양왕 루이 14세의 명으로 파리 남서쪽 베르사유에 지어진 화려한 바로크 양식의 베르사유 궁전은 1662년경 공사에 착수하여 1710년에 완공됐다. 파리 외곽의 시골 마을이었던 베르사유는 궁전이 완공된 이후 자치권을 가진 도시가 되었다. 1783년 미국 독립 혁명 후의 조약 체결, 1871년 독일 제국 선언, 1919년 제1차 세계대전 후의 조약 체결 등이 베르사유 궁전의 '거울의 방'에서 행해졌다. 국제 행사의 무대가 된 베르사유 궁전은 1979년 유네스코 세계문화유산으로 지정됐다.

### ❷ 1713년
에스파냐, 위트레흐트 조약 체결 유럽

에스파냐 왕위 계승 전쟁을 매듭짓는 조약이 네덜란드의 위트레흐트에서 체결됐다. 국가 간의 세력 균형과 안정이 협상의 주요 목표였고, 영토를 공평하게 재분배하는 선에서 협상이 마무리되었다. 이 조약의 체결로 유럽은 1740년 오스트리아 왕위 계승 전쟁이 발생할 때까지 평화를 맞이했다. 위트레흐트 조약은 프랑스와 에스파냐가 영국, 네덜란드, 프로이센, 포르투갈, 사부아와 각각 체결한 조약으로 구성됐다. 전쟁 내내 열세였던 프랑스

베르사유 궁전

### 1712년 ❷
조선, 백두산정계비 건립

숙종 38년, 조선과 청나라의 국경 문제를 해결하기 위해 청의 목극등과 조선의 이의복, 조태상 등이 백두산에 올라 국경을 표시하는 백두산정계비를 세웠다. 이후 1880년대 고종 집권기에 정계비의 내용을 두고 두 나라의 해석이 엇갈려 조선과 청 사이에 다시 국경 문제가 야기되었는데 합의를 보지 못했다. 백두산정계비는 1931년 만주사변 직후 소실되고 말았다.

에스파냐 계승 전쟁을 종결시킨 위트레흐트 조약

스튜어트 왕조의 마지막 왕 앤(좌)과 영국 하노버 왕조의 시조 조지 1세(우)

는 아메리카 식민지의 상당 부분을 상실했고 유럽 내에서의 패권도 잃었다. 영국은 식민지와 통상 부문에서 가장 많은 몫을 차지하여 세계 무역을 주도할 힘을 얻었다.

### ◎ 1714년

#### 영국, 하노버 왕조 성립 유럽

1707년 영국의 앤 여왕은 잉글랜드와 스코틀랜드를 합쳐 대영 제국을 성립했다. 1714년 그녀가 후계자 없이 사망하자, 1701년에 제정된 왕위계승법에 따라 독일 하노버 가문의 조지 1세가 뒤를 이었다. 그리하여 스튜어트 왕조가 끊어지고 하노버 왕조가 시작됐다. 그런데 조지 1세는 독일에서 태어나 자랐기 때문에 영국에 대해 아는 게 없었다. 영어조차 할 줄 몰랐던 그는 전적으로 대신과 의회에 정치를 맡겼다. 이로써 의회의 다수당이 정부의 각료를 임명하는 내각책임제가 싹트게 됐다. 하노버는 독일계 명칭이었으므로 제1차 세계대전에서 독일이 적국이 되자 1917년에 영국식 명칭인 윈저 왕조로 이름을 고쳤다.

### 1721년 ◎

#### 조선, 신축옥사 발생

숙종의 뒤를 이어 경종이 즉위하자, 노론(老論)은 왕의 동생 연잉군(후일의 영조)을 왕세제로 책봉하고 대리청정하게 하였다. 이에 김일경을 비롯한 소론(少論)들은 이것이 부당하다며 노론을 공격했다. 이 일로 노론의 4대신(김창집, 이이명, 이건명, 조태채)이 귀양길에 올랐는데, 이를 신축옥사(辛丑獄事)라 한다. 1722년 소론은 기세를 몰아 목호룡 등을 시켜 노론이 자객을 이

노론의 영수 김창집(출처: 문화재청)

용하는 방법, 독약을 이용하는 방법, 숙종의 전교를 위조하는 방법 등의 세 가지 수단으로 경종을 시해하려 했다는 '목호룡의 고변'을 제출하게 했다. 이 일로 노론의 4대신을 비롯한 60여 명이 죽임을 당하고 170여 명이 처벌받았는데, 사건 조서에는 왕세제도 혐의가 있는 것으로 기록되어 있다. 이를 임인옥사(壬寅獄事)라 하며, 앞서 발생한 신축옥사와 합하여 신임옥사(辛壬獄事)라 한다. 이를 계기로 노론은 축출되고 소론이 정국을 주도했다.

《걸리버 여행기》 초판본

### 1728년 ◐
### 조선, 이인좌의 난 발생

경종이 재위 4년 만에 세상을 떠나고 영조가 왕위에 오르면서 노론의 지위가 회복됐다. 이에 위협을 느낀 소론 과격파는 이인좌를 중심으로 갑술환국 이후 정치에서 소외됐던 일부 남인들과 연합하여 영조를 축출하고 밀풍군을 왕으로 추대하려는 반란을 일으켰다. 반란 세력은 청주성을 장악하는 등 한때 기세를 부리다가 안성 일대에서 진압됐다. 이 사건을 계기로 영조는 탕평책을 본격화했다.

### 노론 vs 소론

**노론**은 서인 중 송시열을 중심으로 하는 노장파를 말한다. 서인이 노론과 소론으로 나뉘게 된 것은 정권을 잡은 후 남인의 처리에 대한 견해 차이 때문이었다. 노소 분열 이후 정권을 잡은 노론은 약 10년간 정권을 유지했으나, 1689년 이후 세력이 약해졌다.

**소론**은 서인 중 원로(元老)들에 반대하여 갈라져 나온 소장파를 말한다. 신진 사류로 이루어진 소론은 남인 처벌에 온건한 경향을 보여 강경한 처벌을 원한 노론과 부딪혔다. 영조의 탕평책에도 불구하고 노론과 소론의 당쟁은 계속됐고, 결국 명분이 약화한 소론이 정계에서 물러났다.

### ◐ 1726년
영국, 《걸리버 여행기》 출간 유럽

작가이자 성직자이며 정치평론가인 조너선 스위프트가 풍자소설인 《걸리버 여행기》를 출판했다. 이 책은 항해 도중 조난을 당한 걸리버가 표류하면서 겪는 경험이 주요 내용이다. 여러 나라에서 동화로 각색됐는데, 동화에서는 주로 3부까지의 여행을 수록하였으며, 4부는 신성 모독 등의 이유로 삭제됐다. 이 책의 지도에 동해가 'Sea of Corea'로 표기되어 있어, 독도가 대한민국 영토라는 증거로 쓰이고 있다.

볼테르

## ❯ 1734년

### 프랑스, 《철학 서간》 출간 <sup>유럽</sup>

영국 존 로크의 사상을 받아들인 프랑스 계몽사상가 볼테르가 영국에서의 경험을 바탕으로 쓴 《철학 서간》을 펴냈다. 그는 이 책에서 영국을 정치, 사회, 종교의 이상 국으로 그려내면서 프랑스를 강하게 비판하는 바람에 프랑스 정부의 반감을 샀다. 그러나 이를 계기로 몽테스키외(《법의 정신》), 루소(《민약론》) 등이 종교나 관습에 묶여 있는 인간의 무지를 없애고 미래의 국가관을 정립해 나가는 데 앞장섰다. 또 디드로, 달랑베르, 뷔퐁, 콩디야크, 돌바크 등이 18세기 중엽부터 프랑스 《백과전서》의 집대성에 참여하면서 모든 학문에 자유로운 견해를 보이는 계몽사상을 전파했다.

오스트리아의 여제 마리아 테레지아

## ❯ 1740년

### 오스트리아, 왕위 계승 전쟁 발발 <sup>유럽</sup>

왕위를 이을 아들이 없었던 오스트리아 합스부르크 가문의 카를 6세는 자신의 딸인 마리아 테레지아를 계승자로 만드는 〈국사 조칙(Pragmatic Sanction)〉을 제정하고 유럽 각국의 승인을 받았다. 그러나 카를 6세 사후 〈국사 조칙〉을 승인하지 않았던 바이에른의 선제후 카를 알브레히트가 왕위 계승을 요구하면서 전쟁이 일어났다. 당시 합스부르크 가문은 유럽의 거의 모든 왕실과 인척 관계를 맺고 있었기에 프로이센, 프랑스, 에스파냐, 영국 등이 오스트리아의 왕위를 둘러싼 이 계승 전쟁에 개입했다. 1748년까지 이어진 전쟁에서 오스트리아는 영국, 네덜란드와 손잡고 승리하였다. 마리아 테레지아는 상속권을 확인받았고, 그녀의 남편은 신성 로마 제국의 프란츠 1세로 즉위했다.

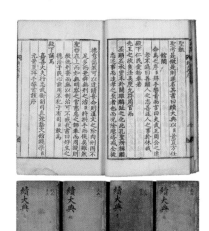

《속대전》(출처: 국립중앙박물관)

## 1746년 ◉

### 조선, 《속대전》 간행

6권 4책으로 구성된 목판본 《속대전(續大典)》은 《경국대전》 이후 처음으로 개정된 정식 법전으로, 이후의 《대전통편(大典通編)》, 《대전회통(大典會通)》과 함께 조선의 4대 법전을 이루었다. 《경국대전》의 조례가 해석·시행하기에 어려워서, 시행 가능한 법령만을 가려 이 책을 편찬했다. 그렇기에 《경국대전》에는 있어도 빠진 항목이 있고 새로이 추가된 항목도 있다. 추가된 것은 형법 관계가 많았는데, 당쟁탕평(黨爭蕩平)에 힘쓴 영조의 뜻이 반영됐기 때문이다. 이로써 현행법·보통법으로 적용되고 있던 명의 법제서이자 형률서인 《대명률(大明律)》의 모순이 조선에 맞게 시정됐다. 우리 실정을 반영한 새로운 형률이 증설됐고, 형량도 가벼워졌다.

## 1755년 ◉

### 조선, 나주괘서 사건 발생

나주에서 귀양살이하던 윤지는 노론을 제거하기 위해 아들 윤광철과 함께 나주 목사 이하징, 이효식, 박찬신 등과 모의하여 소론 규합에 나섰다. 이들은 1755년 1월 나주 객사에 나라를 비방하는 괘서(掛書)를 써 붙이고 노론의 행위로 꾸몄으나, 윤지의 소행임이 밝혀지면서 오히려 소론이 화를 입었다. 을해옥사(乙亥獄事) 또는 윤지의 난이라고도 불리는 이 나주괘서 사건은 정권에서 밀려난 소론의 원망이 표출된 것으로, 영조의 탕평책이 여의치 못했음을 보여 준다.

## ◉ 1756년

### 오스트리아, 7년 전쟁 시작 유럽

오스트리아 왕위 계승 전쟁 때 프로이센에 슐레지엔을 빼앗긴 오스트리아는 이를 탈환하기 위해 군비 증강에 주력했고, 프랑스와 연합하여 프로이센을 포위할 준비를 하고 있었다. 이때 영국과 동맹을 맺은 프로이센이 작센에 선제공격함으로써 전쟁이 시작됐다. 프랑스, 오스트리아, 작센, 스웨덴, 러시아가 동맹을 맺고 프로이센, 하노버, 영국에 맞섰다. 7년 동안 이어진 전쟁은 1763년 후베르투스부르크

7년 전쟁 중 1759년의 쿠네르스도르프 전투

조약으로 마무리되었다. 이 조약으로 프로이센은 슐레지엔의 영유를 확인받아 독일에서의 패권과 유럽 강대국으로서의 위치를 확고히 하였다. 한편 해외 식민지를 둘러싼 영국과 프랑스의 대립은 프랑스가 해외 식민지 일부를 영국에 양도하는 것으로 종지부를 찍었다.

### ❯ 1757년

### 영국, 플라시 전투 승리 <sup>유럽</sup>

영국의 동인도회사가 인도 벵골 지역에서 밀무역하는 바람에 이 지역의 경제 질서가 어지러워졌다. 이에 벵골의 태수(太守) 웃다울라는 영국의 부당 행위에 대한 항의로 콜카타에서 영국인들을 추방했다. 이 일이 계기가 되어 1757년 6월 벵골의 플라시 지방에서 영국과 벵골-프랑스 연합군이 전투를 벌였다. 영국은 연합군의 부대장들을 매수하는 작전을 펼쳐 전투에서 승리했고, 벵골 태수도 배신한 부하에게 잡혀 처형당했다. 이후 영국은 인도를 간접 지배했으며 대인도 무역을 독점했다. 그러면서 인도 사람들 사이의 민족적, 지역적, 종교적 대립과 분열을 조장했다.

플라시 전투 승리로 인도 지배의 발판을 마련한 영국

### 1762년 ❮

### 조선, 임오화변 발생

임오화변(壬午禍變)은 사도세자 선(愃)의 장인인 영의정 홍봉한이 크게 세력을 떨치자, 홍봉한 일파를 몰아내고 대리청정하던 세자를 폐위시키려고 김한구와 윤급 등이 주도한 사건이다. 이들은 윤급의 종인 나경언을 시켜 세자가 비행을 일삼고 학문을 태만히 한다고 고하게 했다. 이에 평소 세자를 불신하던 영조는 세자에게 자결을 명하였다. 세자가 이를 듣지 않자 영조는 직접 뒤주 속에 세자를 가두어 죽게 했다. 영조는 세자가 죽은 뒤 그를 애도하는 뜻에서 시호를 사도세자(思悼世子)로 지었고, 그의 아들 정조는 즉위한 뒤 아버지에게 장헌세자(莊獻世子)라는 존호를 올렸다.

조선 제21대 왕 영조(출처: 국립고궁박물관)

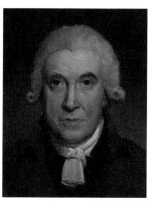

제임스 와트

### ❯ 1769년

#### 영국, 증기기관 발명 유럽

글래스고 대학의 수리 공장에서 근무하던 제임스 와트는 토머스 뉴커먼이 발명한 대기압 기관(뉴커먼 기관)의 수리를 의뢰받았다. 와트는 이를 바탕으로 성능 개선을 거듭하여 열효율을 크게 높인 증기기관을 발명하고 특허를 받았다. 증기기관은 제지, 제분, 면직, 제철 공장뿐만 아니라 증류소, 운하, 급수장 등에서도 활용되면서 산업혁명의 실질적인 원동력으로 작용했다. 지금도 증기기관이 지구 전력 생산의 80%가량을 담당하고 있다.

### ❯ 1773년

#### 미국, 보스턴 차 사건 발생 아메리카

영국은 동인도회사의 재정난을 해결하기 위해 아메리카로의 차(茶) 수출에 대한 독점권을 동인도회사에 부여하고 수출 관

영국 배에 실린 차 상자를 내던지는 보스턴 시민들

세를 면제해 주었다. 동인도회사가 다량 보유하고 있던 차를 싸게 팔아 재고 처리도 하고 세금까지 확보하려 한 영국 정부의 술책은 북아메리카 식민지인들을 분노케 했다. 1773년 12월 16일 몇몇 급진파 식민지인들이 아메리카 원주민으로 위장하고 보스턴항에 정박해 있던 동인도회사의 선박을 급습하여 배에 실려 있던 300여 개의 차 상자를 몽땅 바다에 던져 버렸다. 이를 빌미로 영국 정부의 탄압이 가해지자 식민지인들은 정면 대응하였다. 이 보스턴 차 사건 이후 1774년 필라델피아에서 대륙회의가 개최되는 등 영국에 항거하는 움직임이 활발하게 일어났고, 1775년 미국의 독립 전쟁으로 이어졌다.

## 1776년 ◐
### 조선, 규장각 설치

규장각(奎章閣)은 세조 때 임시로 생겼다가 없어졌고, 숙종 때 다시 설치하려 했으나 왕의 권위를 절대화한다는 이유로 대신들의 반대에 부딪혀 시행하지 못했다. 그러다 1776년 정조가 즉위하면서 역대 임금의 글, 글씨, 유교(遺敎), 고명(顧命), 선보(璿譜), 보감(寶鑑) 등을 보관하고 관리하는 왕실 도서관으로서의 규장각 설립을 명하였다. 이후 정조는 규장각을 왕권을 위협하는 척신들의 음모와 횡포를 누르고, 정치·경제·사회 등 현실 문제를 학문적으로 해결하는 개혁 정책 결정 기관으로 만들었다. 또한 훌륭한 인재들을 규장각 관료로 선발하여 백성의 고통을 살피게 하고 다방면의 서적을 발간케 하여 조선 후기의 문화 발전을 이루었다.

## ◑ 1776년
### 미국, 독립 선언 아메리카

북아메리카의 영국령 식민지 13개 주가 협력하여 1775년 4월 19일부터 치른 독립 전쟁은 미국의 열세로 출발했다. 정식 훈련을 받지 못한 식민지 민병대가 영국군을 상대하기란 쉽지 않았기 때문이다. 그러나 프랑스의 참전 이후 전세가 역전되어 3만의 병력을 동원한 영국군을 상대로 승리하였다. 1776년 7월 4일, 미국은 영국의 식민지 상태에서 벗어나 완전 독립을 선언했다. 토머스 제퍼슨이 기초한 미국 〈독립선언서〉에는 근대 민주 정치의 기본 이념과 계약에 의한 통치 원칙, 인간의 자연권이 보장되어 있다. 이후 영국은 1783년에 미국과 맺은 파리 조약으로 미국의 독립을 승인했다.

### 영국, 《국부론》 출간 유럽

영국 고전파 경제학의 시조인 애덤 스미

창덕궁 후원의 규장각 전경을 그린 김홍도의 〈규장각도〉
(출처: 국립중앙박물관)

스가 《국부론》을 출간하였다. 이 책은 1759년에 저술한 《도덕 감정론》의 제4부 〈경제학〉을 발전시켜 완성한 것으로, 자본주의'를 분석한 최초의 책이다. 당시 팽배했던 중상주의를 비판하고 '보이지 않는 손'에 맡겨진 경제가 개인의 이익과 국가의 부 증진에 어떤 영향을 미치는지 분석한 경제학의 고전이다.

### 자본주의 vs 중상주의

**자본주의**는 이윤 획득을 최고 목적으로 하는 경제 체제이다. 생산 수단을 가진 자본가가 노동자에게 산 노동력으로 생산 활동이 이뤄지고 이익이 창출되는 경제 구조나 그 바탕 위에 이루어진 사회 제도를 말하는 자본주의는 화폐경제와 동의어로도 사용된다.

**중상주의**는 국가 부의 증대를 위해 상업을 중히 여기고 정부가 보호 무역주의의 입장에서 수출을 장려해야 한다는 경제 정책을 말한다. 16세기 말에서 18세기의 유럽에서 지배적 사상이었던 중상주의는 정치적인 절대주의의 경제적 표현으로, 애덤 스미스가 《국부론》에서 사용하면서 통용됐다.

## ❯ 1781년

### 독일, 《순수 이성 비판》 출간 <sup>유럽</sup>

유럽 근세철학의 전통을 집대성하여 철학 발전의 기틀을 마련한 독일의 관념론 철학자인 이마누엘 칸트는 1781년 종래의 신학적 형이상학에서 인간학적 형이상학을 새로 수립하는 《순수 이성 비판》을 발표했다. 이성 자체가 지닌 구조와 한계를 연구한 이 책을 출간한 지 7년 후인 1788년에는 자율적 인간의 도덕을 논하는 제2의 비판서인 《실천 이성 비판》을 발표했다. 1790년에는 새로운 인간학적 철학을 종결짓고자 제3의 비판서인 《판단력 비판》을 발표했다. 이후 르네 데카르

비판 철학을 확립한 칸트

## 합리론 vs 경험론

**합리론**은 진정한 의식은 경험이 아닌 이성이나 논리적 타당성에 의해 얻어진다는 이론으로, 이성을 지식의 중요한 근원 및 검증 수단으로 보는 철학적 견해이다. 근세 최초의 합리론자는 데카르트로, 모든 것을 의심하는 방법을 통해 그가 얻은 진리가 '나는 생각한다. 그러므로 나는 존재한다(cogito, ergo sum)'라는 명제이다. 데카르트의 방법론은 스피노자와 라이프니츠에게 계승됐다.

**경험론**은 인식의 바탕을 경험에서 찾는 철학적 경향으로, 초 경험적이며 이성적인 계기에 의한 인식을 인정하지 않는 특징이 있다. 근세 경험론에서 가장 중요한 인물은 귀납의 원리를 체계화한 프랜시스 베이컨이다. 그는 지식이 경험보다 앞설 수 있다는 것을 부정하지는 않았지만, 진정한 지식은 자연 세계에 대한 경험에서 얻는 것이라고 주장했다. 경험론의 계보는 존 로크와 데이비드 흄으로 이어졌다.

트에게서 시작된 합리론'과 프랜시스 베이컨에게서 시작된 경험론을 종합한 칸트의 글과 사상 체계를 연구하는 칸트주의가 등장했고, 그의 새롭고도 폭넓은 철학적 관점은 21세기인 지금까지도 영향을 미치고 있다.

### ❯ 1782년

일본, 덴메이 대기근 발생 아시아

덴메이 대기근은 에도 시대 덴메이(天明) 연간에 6년 동안 일어난 기근 사태로, 일본 근세사상 최대의 기근이었다. 도호쿠 지방을 중심으로 피해가 컸는데, 전국 각지에서 약 90만 명이 사망했다. 기아뿐만 아니라 역병까지 발생하자 치안이 극도로 불안해져 각종 폭동과 소요가 빈발했다. 이 시기에는 피안화(彼岸花)라는 꽃까지 데쳐 먹었다. 석산 또는 꽃무릇이라 불린 이 꽃은 9~10월에 개화하는데, 독이 있어서 먹으면 안 된다. 안타깝게도 이 꽃마저 먹고 나면 할 수 있는 게 피안, 곧 저승에 가는 것밖에 없다고 하여 피안화라 불렀다고 한다.

### 1785년 ❮

조선, 《대전통편》 편찬

김치인 등이 6권 5책의 목판본인 《대전통편》을 편찬했다. 《경국대전》과 《속대전》 및 그 이후 임금이 내린 교명(敎命)과 현행법을 정리하여 엮은 《대전통편》은 법전을 하나로 통합하고, 《속대전》의 미진했던 부분을 보완하라는 정조의 명에 따라 간행됐다. 1786년 1월부터 시행된 《대전통편》의 체제는 조선 시대 법전 편찬의 기본 원칙을 그대로 따랐다. 기존 법

《대전통편》 편찬을 총재한 영의정 김치인

전의 체제와 조문을 그대로 두고, 변동된 내용은 《경국대전》,《속대전》의 순으로 수록한 것이다. 그렇기에 《대전통편》은 조선 후기의 사회 변동과 국가 정책을 잘 보여 준다.

바스티유 감옥을 습격한 파리 시민들

### ❯ 1789년
**프랑스, 대혁명 시작** 유럽

혁명이 일어나기 전 프랑스는 위기에 직면해 있었다. 그러나 무능한 부르봉 왕조는 정치, 경제, 사회 등 전반에 걸쳐 불합리한 상태인 구체제(앙시앵 레짐)를 해결하려 하지 않았다. 구체제의 모순 중 특히 신분 제도가 문제였는데, 국가 재정을 담당했던 시민과 평민의 불만은 갈수록 심해지고 있었다. 그러던 중 나라의 재정 악화를 해결하기 위해 삼부회(三部會)가 소집됐다. 세금을 책정하는 회의에서 들러리가 된 제3신분은 삼부회를 박차고 나와 국민의회를 만들었다. 이에 왕이 군대를 소집해 국민의회를 해산시킬 것이라는 소문이 돌았다. 분노한 파리 시민들은 민병대를 조직하여 1789년 7월 14일 파리 중심가에 있는 바스티유 감옥을 습격했다. 치열한 전투 끝에 감옥은 함락됐고, '자유·평등·박애'의 프랑스 혁명이 막을 올렸다. 몽테스키외, 볼테르, 루소, 디드로 등에 의해 약 반세기에 걸쳐 자라난 계몽사상에 기초하여 자유롭고 평등한 사회를 만들기 위해 시작된 이 시민혁명은 1799년까지 이어졌다.

### ❯ 1793년
**프랑스, 공포 정치 시작** 유럽

프랑스 혁명기에 과격 공화주의 당파인

독재 체제를 수립해 공포 정치를 행한 자코뱅파의 지도자 로베스피에르

자코뱅파가 국민공회에서 온건파인 지롱드파를 추방하고 정권을 잡은 뒤, 반혁명 용의자에 관한 법령을 제정하면서 공포 정치가 시작됐다. 왕비 마리 앙투아네트를 비롯한 구(舊) 황족과 귀족들이 희생됐으며 용의자로 30만 명이 체포됐고 약 1만 5천 명이 단두대에서 처형되었다. '테르미도르의 쿠데타'로 독재자 로베스피에르가 처형되면서 1794년 공포 정치가 끝이 났다.

로제타석

### ❯ 1799년

프랑스, 로제타석 발견 <sup>유럽</sup>

나폴레옹은 오스트리아와 강화한 뒤 영국과 인도 사이의 통상로를 막기 위해 1798년 3만 5천의 군사를 이끌고 이집트 원정에 나섰다. 이때 그는 드농을 비롯한 많은 학자를 대동하여 이집트 학사원을 설치하고 고대 문화를 조사하게 하였다. 로제타석(Rosetta Stone)은 나폴레옹의 이집트 원정군이 1799년 나일강 하구의 로제타 마을에서 발견한 비석 조각이다. 이는 BC 196년 당시 파라오인 프톨레마이오스 5세를 칭송하기 위해 제작된 것으로, 이집트어와 그리스어의 두 가지 언어와 신성문자, 민중문자, 고대 그리스 문자의 세 가지 필기 방식으로 작성됐다. 이 비문은 이집트 상형문자를 해석하는 열쇠를 제공해 주었는데, 영국의 토머스 영은 프톨레마이오스의 이름과 상형문자의 부호 읽는 방법을 알아냈으며, 프랑스의 샹폴리옹은 각 이집트 상형문자에 해당하는 그리스어 목록을 만들었다. 로제타석은 1801년 프랑스가 영국과의 전투에서 패하면서 영국으로 넘어간 뒤 현재 대영박물관에 소장되어 있다.

## ※ 한국사 ※

### 1801년 ◉
### 조선, 신유박해 발생

정조의 뒤를 이어 11세의 순조가 왕위에 오르자 영조의 계비인 정순왕후가 수렴청정하였다. 사도세자의 죽음과 관련이 있다고 하여 정조 치세 내내 숨죽여 지냈던 정순왕후는 벽파(僻派)를 중심으로 정계를 개편하고 남인 중 친(親)정조 계열인 시파(時派)를 대거 숙청했다. 이후 남인이 상당수 관여하고 있던 천주교에까지 화살을 돌려, 서학(西學)을 엄격히 금지하고 천주교도를 대대적으로 붙잡아 처형했다. 이승훈, 최창현, 정약종(정약용의 형) 등과 중국인 사제 주문모 등 신자 1000여 명이 죽고 정약용 등 400여 명이 유배를 떠났다. 종교가 정치의 희생양이 된 것이다. 가부장의 권위와 유교 제례 의식, 신분제를 거부한 천주교의 확대는 조선 사회 전반에 대한 도전이자 지배 체제에 위협이 되었다. 게다가 청과 서양의 힘을 빌려 박해를 벗어나고자 했던 황사영의 백서(帛書)가 발각되면서 천주교 탄압은 정당화될 수밖에 없었다. 그렇기에 1801년의 천주교 탄압을 가톨릭 측에서는 신유박해(辛酉迫害)로, 정통 주자학을 고수하는 측에서는 신유사옥(辛酉邪獄)이라 한다.

## ※ 세계사 ※

실학자 정약용

### ◉ 1804년
### 프랑스, 나폴레옹 1세 즉위 유럽

대혁명 후 공포 정치를 펼쳤던 로베스피에르가 처형되고 총재정부(總裁政府)가 수립됐다. 그러나 총재정부는 나라를 안정시키지 못했고, 1799년 이집트에서 급히 귀국한 나폴레옹에 의해 해체됐다. 쿠데타를 일으켜 통령정부(統領政府)를 수립한 그는 1802년 종신 통령이 된 이후 1804년에는 황제 자리에 올라 나폴레옹 1세로 즉위했다. 당시에는 왕이 되려면

황제 대관식에서 직접 황제관을 쓴 나폴레옹

로마에 가서 교황에게 왕관을 받아야 했으나, 나폴레옹은 교황 비오 7세를 파리에 불러 놓고는 스스로 왕관을 썼다. 이는 자신의 힘으로 황제가 됐다는 것을 만천하에 알리고, 위대한 로마 제국의 대를 이었다는 것을 과시하기 위함이었다. 이때부터 나폴레옹 1세가 몰락한 1814년까지를 제1제정이라 한다.

## 1805년 ◀
### 조선, 세도 정치 시작

세도 정치란 본래 세상의 도리인 세도(世道)를 임금에게 권한을 위임받은 책임자가 주도해 실현하는 정치를 뜻한다. 그러나 조선 후기에 이루어진 세도 정치는 세도의 책임을 맡은 사람이 세도를 빙자해 세력을 휘두른 모습으로 변질되어 세도(勢道)로 일컫게 됐고, 왕실의 외척이 권력을 잡고 정사를 마음대로 처리한 형태로 변모했다. 1805년 정순왕후가 죽자, 어린 순조의 장인인 김조순이 정권을 장악했다. 이렇게 시작된 왕의 외척에 의한 세도 정치는 순조·헌종·철종 대에 걸쳐 안동 김씨와 풍양 조씨가 번갈아 가며 정권을 장악한 60여 년간 계속되었다. 세도 정치는 1863년 고종의 즉위로 흥선대원군이 등장하며 막을 내렸다.

안동 김씨 세도 정치의 기반을 마련한 김조순

## ❯ 1806년
### 신성 로마 제국, 멸망 유럽

19세기에 접어들기 전부터 신성 로마 제국의 각 영지에는 독립적인 자치권이 부여되어 있었고, 제국은 명목뿐이었다. 1806년 8월 6일 나폴레옹 1세는 오스트리아를 압박하기 위해 독일 남서부의 16개 영방 국가들을 후원하며 라인 동맹을 결성하게 했다. 라인 동맹이 각자의 주권을 주장하고 제국으로부터의 탈퇴를 선언하자, 신성 로마 제국 황제였던 프란츠 2세가 제국의 해체를 선언하면서 신성 로마 제국은 역사 속으로 사라졌다.

### 프랑스, 대륙봉쇄령 공포 유럽

1805년 영국과의 트라팔가르 해전에서 참패한 나폴레옹 1세는 영국과 무역을 하면 안 된다는 베를린 칙령(1806년)과 밀라노 칙령(1807년)을 공포했다. 영국을 경제적으로 고립시키기 위한 이 대륙봉쇄령은 영국에 경제적 타격을 주는 동시에 프랑스의 시장을 확대하려는 목적이 있었다. 그러나 영국보다는 영국과의 무역에 의존하고 있던 동맹국과 프랑스에 타격이 더 컸다. 결국 러시아는 대륙봉쇄령을 어기고 영국과 교역하였고, 나폴레옹 1세는 1812년 응징을 위해 러시아 원정길에 올랐다. 그러나 기아와 혹한으로 패퇴했고, 대륙봉쇄령은 유럽 각국의 불만만을 조성한 채 실패로 끝났다.

1812년 모스크바에서 퇴각하는 나폴레옹

### 1811년 ◀
### 조선, 홍경래의 난 발생

세도 정치로 나라의 기강이 문란했으며 지배 계층의 수탈도 극에 달한 데다 지방에 대한 차별까지 심해지자, 평안도에서 홍경래가 난을 일으켰다. 기존 체제에 불만을 품은 농민과 몰락 양반들이 평민인 홍경래를 중심으로 뭉쳤다. 봉기군은 순식간에 청천강에서 의주까지 10개 지역을 손에 넣었으나, 결국 4개월 만에 진압됐다. 홍경래의 난은 농민의 절실한 문제인 토지 문제와 신분 제도에 대한 구체적인 개혁안을 제시하지 못했던 한계점을 지녔지만, 조선 사회 지배 체제 해체에 박차를 가하는 계기가 되었다.

빈 회의

### ▶ 1814년
### 오스트리아, 빈 회의 주도 유럽

프랑스 혁명과 나폴레옹 전쟁 후의 사태 수습을 위해 영국, 프로이센, 러시아, 오스트리아 등이 참석한 국제회의가 빈에서 열렸다. 오스트리아의 재상 메테르니히가 주도하여 1814년 9월부터 이듬해 6월까지 열린 빈 회의는 강대국 간의 견제와 균형으로 유럽의 평화와 안정을 이루려는 데 목적이 있었다. 그러나 프랑스 혁명과 나폴레옹 전쟁 이전의 질서 회복과 강대국의 영토 확대를 꾀하려는 보수적인 성격이 강했다. 프랑스가 강대국이 되지 못하게 견제하는 것도 중요한 목표였던 빈 회의는 조약 체결로 마무리되었다. 이를 바탕으로 강대국의 이해에 따른 유럽의 세력 균형이 이루어진 '빈 체제'가 마련됐다.

### ❯ 1815년

#### 프랑스, 워털루 전투 패배 유럽

1813년 라이프치히 전투에서 프로이센·러시아·오스트리아·스웨덴의 연합군에게 패배하여 폐위된 뒤 엘바섬에 유배됐던 나폴레옹 1세가 1815년 2월 엘바섬을 탈출하여 제국의 부활을 선언하고는 파리로 진격했다. 나폴레옹이 한 달여 만에 파리 입성에 성공하자 두려움을 느낀 유럽의 나라들은 손을 잡을 수밖에 없었다. 그리하여 나폴레옹의 프랑스군과 웰링턴이 이끄는 영국 주축의 동맹군(영국·네덜란드·벨기에·독일) 및 블뤼허가 지휘하는 프로이센군 사이에 교전이 벌어졌다. 나폴레옹은 병력의 열세를 극복하고자 각개 격파 전략을 세웠고, 1815년 6월 벨기에의 워털루 인근에서 동맹군·프로이센군과 맞붙었다. 이 워털루 전투에서 프랑스군이 크게 패배하여 나폴레옹의 재집권은 백일천하로 끝이 났다. 나폴레옹은 세인트헬레나섬에 유배되어 1821년 52세의 나이로 숨을 거두었다. 이로써 프랑스와 유럽 국가들 간의 23년에 걸친 오랜 전쟁도 끝이 났다.

워털루 전투

### 1818년 ◀

#### 조선, 《목민심서》 완성

《목민심서(牧民心書)》는 신유박해 때 강진에 유배된 정약용이 우리나라와 중국의 역사서를 비롯해 자(子), 집(集) 등에서 백성을 다스리는 것과 관련된 자료를 뽑아 정리한 책이다. 18년의 귀양살이 동안 그는 백성들이 나라와 관리의 횡포를 견디는 것이 얼마나 어려운지 알게 되어 지방 관리의 폐해를 없애고 지방 행정을 쇄신하고자 《목민심서》를 저술했다. 이 책은 농민의 실태, 관리의 부정, 토호의 작폐, 도서민의 생활 상태를 샅샅이 파헤치고 있어서 조선 후기 사회·경제의 실상을 파악할 수 있는 중요한 자료다.

정약용이 유배 생활을 했던 다산초당(출처: 한국문화관광연구원)

그리스의 독립

### ❯ 1821년

#### 그리스, 독립 전쟁 발발 유럽

15세기 말부터 오스만 제국의 지배 아래 있던 그리스가 1821년 오스만 제국에 대항하여 독립 전쟁을 선포했다. 영국, 프랑스, 러시아가 그리스 독립군을 도왔고, 이집트가 오스만 제국을 지원했다. 전쟁이 계속되던 중 1827년 10월 그리스 독립군과 유럽 연합군은 펠로폰네소스반도 끝의 나바리노에서 오스만·이집트 연합군을 격파했다. 완전히 참패한 오스만 제국은 그리스에서 철수했으며 1829년 그리스의 독립을 인정했다. 1830년에 개최된 런던 회의에서 그리스가 독립 입헌군주국임을 선언하는 런던 의정서가 채택되면서 그리스의 독립은 국제적으로 인정받았다. 작고 가난한 나라 그리스의 독립은 오스만 제국의 몰락을 알리는 전조였다.

### ❯ 1823년

#### 미국, 먼로주의 선언 아메리카

러시아의 태평양 진출과 막 독립한 라틴 아메리카의 여러 나라에 대한 유럽의 간섭에 대처하기 위해 미국의 제임스 먼로

미국의 제5대 대통령 제임스 먼로

대통령은 1823년 12월 고립주의 외교 방침을 발포했다. 미국의 유럽에 대한 불간섭, 유럽의 아메리카 대륙에 대한 불간섭, 유럽의 아메리카 식민지 건설 배격 등을 분명히 한 먼로주의(Monroe Doctrine)는 미국 외교 정책의 일방적 표현으로, 국제법과 같은 강제력을 가지는 것은 아니었다. 그렇기에 실질적인 효과는 1870년 이후 미국이 서구 열강의 대열에 들어서자 나타나기 시작했고, 1930년대 루스벨트 대통령이 먼로주의를 외교 정책으로 삼으면서 확연히 드러났다.

## ◈ 1825년

### 영국, 증기기관차 실용화 <sup>유럽</sup>

세계 최초의 증기기관차 로커모선호

탄광의 증기기관 엔지니어였던 조지 스티븐슨은 1823년 뉴캐슬에 세계 최초의 증기기관차 공장을 설립했다. 1824년 스톡턴에서 달링턴까지의 여객용 철로를 부설하고는 1825년 그의 공장에서 제작한 개량형 증기기관차인 로커모선호(locomotion)를 달리게 하였다. 존 블렝킨솝의 증기기관차를 개량하여 만든 증기 분사 방식의 증기기관차로 실용화에 성공한 것이다. 이로써 증기기관차의 철도 수송 시대가 열렸고, 디젤기관차가 등장할 때까지 전 세계의 철도를 담당했다.

## ◈ 1830년

### 프랑스, 7월 혁명 발생 <sup>유럽</sup>

샤를 10세는 구체제로의 회귀를 위하여 출판 자유 정지, 하원 해산, 선거 자격 제한 등의 내용을 담은 7월 칙령을 발포하였다. 이에 라파예트를 중심으로 한 혁명파와 파리 시민들이 항의 시위를 하며

7월 혁명을 주제로 한 들라크루아의 〈민중을 이끄는 자유의 여신〉

7월 27일부터 29일까지 시가전을 벌였다. 당시 정부군은 해외 원정을 위해 알제리에 파견되어 있었기에 수적으로 열세여서 민병대를 통제할 수 없었다. 결국 8월 2일 샤를 10세가 물러나고 루이 필리프가 '프랑스인의 왕'으로 선포됐다. 이렇게 성립된 7월 왕정의 새 헌법은 국왕의 권한 약화, 의회의 권력 강화를 담고 있어 정치적, 사회적으로 부르주아'의 우위를 확보해 주었다.

### ▌부르주아 vs 프롤레타리아

**부르주아**(bourgeois)는 유럽 봉건 사회에서 농민과는 다른 중소 상공업자 시민을 가리키는 말이었다. 영주의 성 주위에 상인과 수공업자들의 마을이 들어섰고 이를 지키는 성이 갖춰졌는데, 이때 상공업자들은 '부르그(burg, 성) 안에 산다'는 뜻으로 부르주아라 불렸다. 오늘날에는 생산 수단을 소유하고 노동자를 고용하여 기업을 경영하는 사람으로 의미가 바뀌었는데, 이들은 대개 부자이므로 부자를 일컫는 속어로 쓰이기도 한다.

**프롤레타리아**(proletariat)는 자본을 소유하지 않아 자신의 노동으로 살아가는 사람을 의미하며, 넓은 의미에서는 농업노동자까지도 포함된다. 로마 시대 때 정치적으로 권한이 없고 병역 의무도 없으며 토지도 가지지 못한 가난한 자유민을 지칭했던 '프롤레타리우스(proletarius)'에서 유래했으며, 오늘날에는 생산 수단을 갖지 못하고 자기의 노동력을 팔아 생활하는 임금 노동자를 의미한다.

### ❷ 1838년

영국, 차티스트 운동 시작 <sup>유럽</sup>

영국 노동자들은 1832년의 선거법 개정에서도 선거권을 얻지 못하자, 이전부터 쌓여 온 불만을 터트려 선거권 획득을 위한 목소리를 높였다. 노동자들 사이에 처우를 개선하려면 정치에 참여해

1839년 ◀

조선, 기해박해 발생

1834년 순조가 죽자 여덟 살의 헌종이 즉위하였고, 김조순의 딸인 순원왕후가

수렴청정했다. 순원왕후를 비롯해 안동 김씨 일파는 천주교에 비교적 관대하여 신유박해 이후 지하에서 신앙과 전도 생활을 하던 천주교의 교세가 어느 정도 회복됐다. 그런데 청나라와 영국의 대립이 심상치 않자 서세(西勢)의 동침(東侵)을 막아야 한다는 목소리가 나오기 시작했고, 이는 천주교 박해로 이어졌다. 《헌종실록》에 따르면 이때 잡혔다가 석방된 자가 48명, 옥사한 자가 1명, 사형에 처한 자가 69명으로, 총 관련자는 118명으로 되어 있다. 기해사옥(己亥邪獄)이라고도 불리는 기해박해(己亥迫害)는 표면적으로는 천주교를 박해한 것이었으나, 실제로는 풍양 조씨가 안동 김씨로부터 권력을 탈취한 세도 가문 간의 세력 다툼이었다. 기해박해로 안동 김씨가 몰락하고 풍양 조씨가 득세하여, 1849년 헌종이 죽고 철종이 즉위할 때까지 유지됐다.

아편에 중독된 중국인들

아편을 폐기한 임칙서

야 한다는 생각이 퍼지고 있었기에 참정권을 요구한 것이다. 1838년 5월 런던의 급진주의자 윌리엄 러벳이 기초한 〈인민헌장〉을 작성하고, 이 헌장이 실현되도록 국민 청원 서명 운동을 벌였다. 1848년까지 10년 동안 수백만 명이 참여한 서명 운동이 전개됐지만, 지도부의 분열과 정부의 탄압 등으로 실패하였다. 참정권 확대 운동이었던 차티스트 운동(Chartist Movement)의 결정적인 한계는 여성 참정권을 전혀 고려하지 않았다는 점이다.

## ❯ 1840년

### 중국, 아편 전쟁 발발 아시아

영국은 청과의 무역에서 발생하는 막대한 적자를 해소하기 위해 인도산 아편을 대거 밀수출했다. 청나라의 아편 흡입은 급속도로 번졌고 중독자 수가 200만 명을 넘어서면서 사회와 경제가 심각해졌다. 이에 청은 임칙서를 흠차대신(欽差大臣)으로 임명하고 광저우에 파견하여 아편 몰수와 수입 금지라는 강경책을 시행했다. 그러자 영국은 청의 단속이 부당하다는 이유를 들어 전쟁을 일으켰다. 압도적인 해군력을 보유한 영국은 중국 연안 도시들을 공격했고, 2만여 군사로 25만의 청군을 상대로 승리하였다. 1842년 8월 청나라는 홍콩의 영국 할양, 상하이·광저우 등 5개 지역 개항, 배상금 지급 등을 내용으로 하는 불평등 조약인 난징 조약을 체결할 수밖에 없었다. 이후 중국은 서양 열강의 종속적인 시장으로 전락했고, 영국은 가장 부도덕한 전쟁을 일으킨 나라로 평가받았다.

1848년 2월 25일 파리 시청 앞에 모인 시위대

### ● 1848년

#### 프랑스, 2월 혁명 발생 <sup>유럽</sup>

7월 혁명으로 왕위에 오른 루이 필리프는 샤를 10세처럼 보수적인 정치를 펼쳐 부유한 시민 계급의 지지를 받고 있었다. 그렇기에 노동자의 처우에는 관심이 없었고, 1830년경부터 시작된 산업혁명으로 자본가의 착취가 심해져도 해결하려 하지 않았다. 결국 노동자들의 불만이 1848년 2월 혁명으로 폭발했다. 시위를 진압하는 과정에서 20여 명의 사상자가 발생하자 루이 필리프는 영국으로 망명했고, 공화파와 사회주의자에 의해 제2공화정이 시작됐다.

크림 전쟁에서 간호사로 활약한 나이팅게일

### ● 1853년

#### 러시아, 크림 전쟁 시작 <sup>유럽</sup>

1853년 러시아는 그리스 정교도를 보호한다는 명목으로 오스만 제국의 영토로 남하했다. 이에 오스만 제국이 전쟁을 선포했고, 영국과 프랑스, 사르디니아 공국은 러시아의 남하를 견제하기 위해 오스만 제국을 지원했다. 크림반도 주변은 전쟁의 불길에 휩싸였고, 결국 러시아가 패하였으며 1856년 3월 파리 조약 체결로 크림 전쟁이 종결됐다. 이후 러시아는 후진성을 탈피하고자 본격적으로 근대화를 추진했으며, 러시아의 지지를 잃어 힘이 약해진 오스트리아의 영향권 아래 있던 독일과 이탈리아는 통일을 이루게 되었다. 한편 크림 전쟁 당시 영국군 야전 병원에 종군 간호사로 파견된 나이팅게일의 활약으로 군대 위생에 대한 중요성이 부각됐다.

세포이의 모습

### ❯ 1857년

#### 인도, 세포이의 항쟁 발생 아시아

세포이(Sepoy)는 영국의 동인도회사에 고용된 인도인 용병을 말한다. 당시 영국군 중에서 세포이가 차지하는 비율이 높았는데, 많을 때는 80%가량을 차지하기도 했다. 카스트에 따른 차별과 부당한 처우로 세포이의 불만이 커져 가던 상황에서 그들의 종교가 무시당하는 사건이 발생했다. 정치적 예속은 견딜 수 있어도 종교적 간섭은 있을 수 없다는 사고방식을 지닌 세포이들은 1857년 영국에 대항하여 반란을 일으켰다. 세포이 항쟁은 순식간에 인도 각지로 확산됐으나 체계적인 목표나 조직이 없어 2년 만에 진압됐다. 이후 영국은 무굴 제국을 멸망시키고 직접 인도를 지배하게 됐다. 세포이 항쟁은 인도의 첫 민족 운동으로, 인도 독립운동과 반제국주의 운동의 출발점이 되었다.

북군을 지도하여 연방제를 지키고 노예 해방을 선언한 링컨

### ❯ 1861년

#### 미국, 남북 전쟁 발발 아메리카

19세기 미국에서는 공업이 발달한 북부와 농업 중심의 남부 사이에 노예 해방을 둘러싼 갈등이 계속되었다. 노예제 존속과 연방 분리를 통한 독립을 주장하던 남부 11개 주는 노예제를 반대한 공화당의 에이브러햄 링컨이 대통령으로 당선되자

연방에서 탈퇴하였다. 그러고는 1861년 4월 12일 남북 전쟁을 일으켰다. 여러 차례의 전투 끝에 1865년 4월 26일 북부가 남부의 수도인 리치먼드를 함락하며 남북 전쟁을 승리로 이끌었다. 북부의 승리로 연방은 보존됐고 노예제는 폐지되었으며 해방된 노예에게는 시민권이 주어졌다.

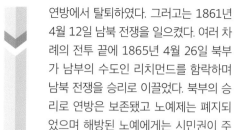

### 1862년 ◀
#### 조선, 임술민란 발생

철종 13년 삼정(三政, 전정·군정·환정)의 문란을 참다못한 백성들이 난을 일으켰다. 민란은 진주에서 시작하여 경상도, 전라도, 충청도를 중심으로 전국 70여 개 고을로 확대됐다. 백성들은 청원서를 제출해 문제를 해결하려 했는데, 청원서의 내용은 조세량 조절과 관리의 부정행위에 대한 시정 촉구였다. 이들은 조세 징수를 담당한 관리나 동헌을 습격하거나 사대부와 지주의 집을 공격하기도 했다. 이에 조정에서는 조세 개혁을 위한 임시 관아인 삼정이정청(三政釐整廳)을 설치했다. 1862년 말 소강상태에 접어든 임술민란(壬戌民亂)은 조선 사회의 모순이 전면에 드러난 것이었고, 엄격한 계급과 경제적 봉건성이 무너지고 있음을 보여 주었다.

### 1863년 ◀
#### 조선, 흥선대원군 집권

철종이 후계자 없이 죽자 당시 조정의 최고 어른이었던 신정왕후(조대비)는 흥선군(興宣君) 이하응의 차남 명복에게 왕위를 계승하도록 했다. 12세의 나이로 고종이 즉위하자 아버지 이하응은 흥선대원군(興宣大院君)에 봉해졌고, 섭정이 되어 정권을 장악했다. 흥선대원군은 서원을 철폐하고 당파를 초월하여 인재를 등용하는 등 중앙 집권 체제를 강화했다. 그러나 임진왜란 때 불탄 경복궁을 무리하게 중건하여 백성의 원성을 샀으며, 통상 수교를 거부하는 정책을 폈다.

흥선대원군 이하응

유전학자 멘델

 **1865년**

**오스트리아, 멘델의 유전 법칙 발표** 유럽

그레고어 멘델이 완두의 유전 실험을 통해 발견한 유전 법칙을 발표했다. 우열의 법칙, 분리의 법칙, 독립의 법칙이라는 세 가지 유전 법칙은 유전과 진화의 문제에 있어서 획기적인 발견이었으며, 이로 인해 유전학이 창시됐다.

## 1866년 ◁

### 조선, 제너럴셔먼호 사건 발생

미국의 상선 제너럴셔먼호가 조선에 통상을 요구하며 대동강을 거슬러 평양의 만경대까지 왔다. 통상 수교 거부 정책을 펼치던 조선은 제너럴셔먼호에 퇴거를 경고했으나, 오히려 상륙해 강도, 약탈, 포격 등으로 조선 백성을 해치는 만행을 저질렀다. 이에 평안감사 박규수는 화공 및 포격을 가하여 제너럴셔먼호를 격침했으며, 승무원 23명은 전부 사망했다.

### 조선, 병인양요 발생

1866년 1월 초 흥선대원군은 통상 수교 거부 정책의 하나로 천주교 금지령을 내리고 9명의 프랑스 신부와 수천 명의 조선인 천주교도를 처형했다. 이 병인박해(丙寅迫害)는 1846년과 1847년에 조선을 침략했다가 실패했던 프랑스에는 좋은 구실이 되었다. 1866년 11월 프랑스는 군함 3척을 이끌고 자국 신부 처형에 관한 배상과 통상 조약 체결을 요구하며 강화도를 점령했다. 약 2개월간의 전투는 정족산성에서 프랑스군이 패하여 철수하면서 종료됐다. 이때 프랑스군은 강화도에 있던 중요 서적과 귀중품을 약탈했다.

**❯ 1866년**

**독일, 프로이센의 7주 전쟁 승리** 유럽

독일 통일 문제로 경쟁하던 프로이센과 오스트리아가 전쟁을 벌였다. 7주 동안의 전쟁에서 승리한 프로이센은 프라하 조약을 맺어 프로이센 중심의 북부 독일 연방을 조직하고 독일 통일의 주도권을 잡았다.

프로이센-오스트리아 전쟁(7주 전쟁)

그러나 병인양요(丙寅洋擾)는 우리나라 역사상 최초로 서구의 침략을 격퇴했다는 점에서 역사적 의의가 있다.

메이지 천황

## ❯ 1868년

### 일본, 메이지 유신 단행 아시아

에도 바쿠후 말기 일본에는 개화사상이 퍼져 바쿠후와 쇼군에 불만을 가진 세력이 등장했다. 이들은 왕실을 높이고 오랑캐를 물리친다는 존왕양이(尊王攘夷) 사상을 내세워 쇼군인 도쿠가와 요시노부에게 정권을 천황에게 돌려줄 것을 권고했다. 도쿠가와 요시노부는 심사숙고 끝에 메이지 천황에게 국가 통치권을 반환했는데, 이를 대정봉환(大政奉還)이라고 한다. 이후 일본은 메이지 유신(明治維新)을 단행하여 엘리트 관리들의 주도로 서구 근대 국가를 모델로 삼은 개혁에 착수했다. 의무교육 제도를 도입하고, 농민의 토지소유권을 인정했으며, 자본주를 육성하고 군사력을 강화하는 등 서구의 양식과 일본의 취향을 융합해 나갔다.

1869년 수에즈 운하 개통식

## ❯ 1869년

### 이집트, 수에즈 운하 개통 아프리카

1869년 11월 17일 이집트에서 지중해와 홍해를 잇는 세계 최대의 해양 운하인 수에즈 운하가 개통됐다. 이로써 유럽에서 인도에 이르는 항로가 1만 킬로미터 줄었고 항해 시간도 3분의 1로 줄었다. 수에즈 운하는 1854년 이집트 총독 사이드 파샤가 프랑스인 페르디낭 드 레셉스에게 운하 건설을 허가하고 수에즈 지협을 뚫을 특허권과 지협 조차권을 주면서 착공되었다. 15년 만인 이스마일 파샤 때 개통된 운하의 건설은 결국 이집트에 큰 부담이 되어 건설 자금 확보를 위해 운하 주식 18만여 주를 시장에 내놓을 수밖에 없었다. 이 주식을 사들여 운영권을 확보한 영국은 1882년 운하를 보호한다는 명목으로 이집트를 속국으로 만들었다.

### ❯ 1870년

#### 이탈리아, 통일 완성 <sup>유럽</sup>

이탈리아 북서부에 있던 사르디니아 공국의 수상 카밀로 카보우르는 자유주의 정책을 시행하면서 열강의 대립을 교묘히 이용하여 오스트리아로부터 롬바르디아를 얻어 냈으며, 토스카나 등 중부 이탈리아의 병합을 추진했다. 한편 주세페 가리발디는 의용군을 이끌고 시칠리아섬과 나폴리 지방을 정복한 뒤, 이를 사르디니아 공국에 바쳤다. 이리하여 로마 교황령과 베네치아를 제외한 이탈리아반도 대부분을 사르디니아 공국이 통일하였다. 이렇게 1861년 사르디니아 공국의 비토리오 에마누엘레 2세를 국왕으로 하는 이탈리아 왕국이 성립됐다. 1870년 프로이센과 프랑스의 전쟁이 일어나 로마에 주둔해 있던 프랑스군이 철수하자 이탈리아 왕국은 로마를 점령하고 수도로 삼았다. 이로써 이탈리아의 통일이 완성되었다.

이탈리아 왕국 초대 국왕으로 즉위하여 통일을 완료한 비토리오 에마누엘레 2세

### 1871년 ❮

#### 조선, 신미양요 발생

미국은 1866년의 제너럴셔먼호 사건을 빌미로 여러 차례 배상금 지급과 통상 조약 체결을 요구하였다. 하지만 흥선대원군은 이를 완강히 거부했다. 평화적 협상이 결렬되자 1871년 6월 10일 미군이

### ❯ 1871년

#### 독일, 제국 건설 <sup>유럽</sup>

1870년 프로이센의 주도로 통일 독일을 이루려 한 비스마르크와 이를 저지하려는 나폴레옹 3세의 정책이 충돌해 프로이센과 프랑스 간에 전쟁이 일어났다. 이 전쟁에서 승리한 프로이센이 중심이 되어

강화도의 초지진에 상륙하였고, 조선군은 격렬한 항전을 벌였으나 초지진과 덕진진, 광성보가 함락되었다. 전투에서 패하고도 흥선대원군은 미국의 통상 요구를 받아들일 생각이 전혀 없었으며 전면전도 불사하겠다고 각오를 다졌다. 결국 미국은 조선을 개항시키는 게 쉽지 않음을 깨닫고 물러갔는데, 이 사건을 신미양요(辛未洋擾)라 한다. 이후 흥선대원군은 서울의 종로와 전국에 척화비(斥和碑)를 세우고 통상 수교 거부 정책을 더욱 강화했다.

신미양요 때 참전한 미군 장교들

독일의 통일을 추진했다. 1871년 1월 독일의 여러 왕은 베르사유 궁전에 모여 프로이센의 빌헬름 1세를 독일 제국의 황제로 추대하고 즉위식을 거행했다. 이로써 제1 제국인 신성 로마 제국에 이어 두 번째로 독일 제국이 세워졌다. 22개 군주국과 3개의 자유 도시로 구성된 독일 제국의 총리는 프로이센의 총리인 비스마르크가 겸임했는데, 그에 의해 독일의 통일이 달성됐다고 할 수 있다. 비스마르크는 교회에 대한 감독과 통제를 강화했고, 사회주의자의 언론·집회·결사의 자유를 억압했으며, 보호무역으로 산업을 발달시키고, 해외 식민지 획득을 위해 노력했다.

1871년 베르사유 궁전 거울의 방에서 거행된 독일 제국 선포식

## 1873년 ◀
### 조선, 흥선대원군 실각

고종의 비 명성황후는 흥선대원군 반대 세력을 규합하여 대원군을 규탄하고 고종의 친정(親政)을 유도했다. 이로써 1873년 11월 흥선대원군이 정치 일선에서 축출되고 명성황후 일파에게 정권이 넘어갔다. 명성황후는 개화파를 대거 등용하여 통상 수교 거부 정책으로 일관해 왔던 대외 정책을 개국으로 전환했다.

고종(출처: 국립중앙박물관)

## 1875년 ◀

### 조선, 운요호 사건 발생

일본은 서구 열강보다 먼저 조선에 진출하기 위해 1875년 5월 군함 운요호(운양호)를 출동시켜 강화 해협에 불법으로 침입한 뒤 조선군과 전투를 벌였다. 일본은 이 전투의 책임을 조선에 전가하며 개항을 요구했다. 일본의 무력 앞에 무기력을 드러낸 조선은 결국 1876년 2월 27일 운요호 사건에 대한 배상으로 인천과 부산, 원산항의 개항 및 치외법권 인정 등을 내용으로 하는 불평등한 강화도 조약(병자수호조약)을 맺었다. 이를 시작으로 조선은 서구 열강들과 통상을 시작하였다. 문호 개방은 신문명을 수입하는 동시에 침략을 받는 것이었다.

영종성을 공격하는 운요호 병사들

1천 종이 넘는 발명 특허를 낸 에디슨

## 1881년 ◀

### 조선, 시찰단 파견

근대 문물을 수용하고 정세 변화에 대처하기 위해 1880년에 설치한 통리기무아

## ❯ 1879년

### 미국, 전구 실용화 아메리카

필라멘트를 이용해 최초로 빛을 만들어낸 사람은 영국의 험프리 데이비다. 그는 1801년 백금 조각을 필라멘트로 하여 빛을 내는 전구를 만들었으나, 너무 밝고 오래 사용할 수가 없었다. 미국의 토머스 에디슨은 필라멘트의 재료를 찾기 위해 수백 가지 물질을 실험한 끝에 탄소 전구를 발명했다. 그는 필라멘트 재료로 무명실을 고온 처리하여 생성된 탄소를 사용함으로써 사용 시간을 40시간으로 늘렸다. 전구 안을 진공 상태로 유지하고 회로를 병렬로 연결하여 실용화에 성공했다.

문(統理機務衙門)에서 근대식 신무기의 시찰과 학습을 위해 청나라와 일본에 시찰단을 파견했다. 먼저 1881년 2월 영선사(領選使) 김윤식을 비롯한 유학생 38명을 청에 파견했다. 이들은 톈진 기기창(機器廠)에서 신식 무기의 제조 및 사용법을 배웠다. 이듬해 귀국한 이들은 1883년 한국 최초의 근대 무기 제조공장인 기기창 설립에 큰 역할을 했다. 1881년 4월 일본 도쿄에 파견된 박정양, 조준영 등을 비롯한 조사시찰단(朝士視察團)은 약 4개월간 체류하면서 일본의 각 분야를 시찰했다. 귀국 후 이들은 교육, 내무, 외무, 농상, 군부와 조세에 이르기까지 구석구석 살피고 조사한 내용을 보고서로 작성해 제출하고 개화 정책을 추진하는 역할을 담당했다. 과거에는 일본에 파견한 시찰단을 신사유람단(紳士遊覽團)이라고 지칭했으나 한국사 용어 수정안에 따라 조사시찰단으로 부른다.

영선사로 청에 파견되었던 김윤식

## 1882년

### 조선, 임오군란 발생

1882년 6월 13개월 동안이나 녹봉을 받지 못했던 무위영(武衛營) 소속의 군인들이 겨와 모래가 섞인 쌀을 급료로 받고 격분하여 선혜청(宣惠廳)의 담당 관리들을 구타했다. 신식 군대와의 차별과 굶주림을 견디다 못한 구식 군대는 이를 시작으로 대규모 폭동을 벌였다. 이들은 선혜청을 뒤엎고 일본 공사관을 습격했으며, 신식 군대인 별기군(別技軍) 교관을 비롯한 여러 명의 일본인을 살해했다. 사태를 수습할 능력이 없었던 고종은 흥선대원군에게 정권을 넘겼고, 대원군이 재집권하자 일본과 청은 즉시 조선에 군대를 파견했다. 이때 청군은 대원군을 청나라로 납치해 가는 한편, 한양 시내와 궁궐을 장악했다.

임오군란 시 일본 공사관원 기념 촬영(출처: 국립중앙박물관)

일본은 조선에 임오군란(壬午軍亂)의 책임을 물으며 사후 처리를 요구했다. 조선은 어쩔 수 없이 일본과 제물포 조약을 맺었는데, 군란의 주모자 처벌, 배상금 지급, 일본 공사관의 경비병 주둔 등이 주요 내용이었다. 이 불평등 조약 체결로 조선의 자주권은 땅에 떨어졌다.

## 1883년 ◀
### 조선, 태극기 국기 제정

1876년 강화도 조약 체결 당시 일본은 운요호에 게양된 자국의 국기에 대해 조선이 예의를 갖추지 않았다며 트집을 잡았다. 당시 조선은 국기의 의미와 내용을 잘 이해하지 못했지만 이를 계기로 국기 제정의 필요성이 거론되기 시작했다. 고종의 주도로 태극기 도안이 창안되었고, 1882년 5월 조미수호조약 조인식에서 역관 이응준이 처음으로 태극기를 제작해 사용했다. 그해 9월에는 제물포 조약 이행을 위한 특명전권대신 겸 제3차 수신사로 임명된 박영효 일행이 일본으로 가던 도중 배 안에서 만든 태극기를 사용했다. 고종은 다음 해인 1883년에 태극기를 정식 국기로 제정했다. 이후 사괘(四卦)와 태극양의(太極兩儀)의 위치가 혼용돼 사용되다가 1949년 문교부 고시로 태극기 규격을 통일하여 오늘날에 이르고 있다.

1882년 7월 미국 해군부가 발간한 《해양국가의 깃발》이라는 책에 실린 태극기 형태

## 1884년 ◀
### 조선, 갑신정변 발생

임오군란 이후 정권을 장악한 민씨 일파는 친청(親淸) 정책을 펴고 있었다. 고종 21년(1884) 김옥균, 박영효, 홍영식 등의 개화당(開化黨)은 청의 간섭에서 벗어난 혁

## ▶ 1884년
### 중국, 프랑스와 전쟁 아시아

19세기 후반부터 베트남을 공략하여 식민지로 만들려고 한 프랑스가 1883년 베트남의 수도인 후에(順化)를 함락하고, 베트남에 대한 프랑스의 보호권을 승인한

신 정부를 세우고자 하였다. 이들은 일본으로부터 군대 동원 등을 약속받고 한국 최초의 우편행정관서인 우정국(郵征局)의 낙성식 축하연이 있던 날 정변을 일으켰다. 개혁의 걸림돌이던 한규직 등을 암살하고 조선의 자주독립과 근대화를 목표로 하는 정권을 수립했으나, 민씨 일파의 수구당(守舊黨)과 청군의 반격으로 사흘 만에 실패했다. 갑신정변 후 개화파가 일본으로 망명하자 백성들은 일본 공사관에 불을 지르고 일본인을 죽였다. 갑신정변의 뒤처리를 위해 조선은 일본과 배상금 지급, 조선 정부의 사과 등을 규정한 한성 조약을 맺었다. 일본은 1885년에 청나라와 톈진 조약을 체결하고 조선에 군대를 파견할 때는 서로에게 미리 알릴 것을 합의하였다.

박영효(좌)와 김옥균(우)

### 1885년 ◀
#### 조선, 제중원 설립

미국인 선교사이자 의사였던 호러스 알렌(우리나라 이름은 안연)은 주한 미국 공사관의 의사로 근무하던 중 갑신정변 때 중상을 입은 민영익을 치료한 것이 계기가 되어 궁중의 전의 겸 고종의 외교 고문으로 발탁됐다. 1885년 고종은 알렌의 건의를 받아들여 서양식 병원인 광혜원(廣惠院)을 설치했다. 갑신정변에 가담했다 처형된

다는 내용의 후에 조약을 체결했다. 이에 베트남에 대한 종주권을 주장한 청나라가 1884년 프랑스에 전쟁을 선포했다. 그러나 전세가 불리해지자 청은 화의를 제안했고, 1885년 톈진에서 조약을 맺음으로써 청프 전쟁이 종결됐다. 이로써 청은 전한 시대부터 유지해 온 베트남에 대한 종주권을 상실했고 막대한 경제적 손해를 보았을 뿐만 아니라 국제적 위신도 잃었다.

베트남을 둘러싸고 벌어진 청프 전쟁

1885년의 제중원

홍영식의 집에 세워진 광혜원은 2주 만에 제중원(濟衆院)으로 이름이 바뀌었다. 제중원은 후에 캐나다 선교사이자 제중원의 제4대 원장이었던 올리버 에비슨에 의해 세브란스 병원으로 바뀌었다.

## 1886년 ◐
### 조선, 이화학당 설립

미국인 여성 선교사 메리 스크랜턴이 지금의 중구 정동에 한국 최초의 여성 교육 기관인 이화학당을 세웠다. 이화학당은 현 이화여자대학교의 전신으로, 여성 지도자를 양성하고 전도 사업에 진력했다.

이화학당에서의 수업 모습

## 1894년 ◐
### 조선, 동학 농민 운동 발생

1894년 1월 전라도 고부의 동학(東學) 지도자인 전봉준이 이끄는 동학도와 농민들이 고부 군수 조병갑의 폭정에 견디다 못해 그를 몰아내고 관아를 점령하자, 정부에서 탄압에 나섰다. 이에 전봉준은 3월에 4천여 농민을 이끌고 지금의 고창인 무장에서 봉기했고, 4월에는 전주성을 점령했다. 다급해진 조정에서는 청에 파병을 요청하여 5월 초 청군이 조선에 도착했다. 일본 역시 톈진 조약을 내세워 조선에 군사를 보냈다. 조선 정부가 농민군의 요구를 받아들이기로 하여 상황이 진정되었는데도 청일 양국은 군대를 철수하지 않고 서로 신경전을 벌였다. 이에 농민들은 '척왜(斥倭)'를 외치며 다시 일어났으나 강력한 일본의 화력 앞에 무릎을 꿇을 수밖에 없었다. '갑오농민전쟁'이라고

## ◑ 1894년
### 중국, 일본과 전쟁 아시아

조선의 동학 농민 운동에 파병하는 문제를 두고 청나라와 일본 사이에 전쟁이 벌어졌다. 청일 전쟁 당시 일본은 중국의 뤼순과 다롄에서 민간인을 학살했고, 조선에서 노동력과 식량을 징발했다. 1895년 4월까지 한반도와 중국 동북 지방에서 치러진 청일 전쟁은 일본의 승리로 끝났다. 패배한 청은 일본과 시모노세키 조약을

청일 전쟁 당시의 일본군

도 부르는 이 사건은 규모와 이념 면에서 농민 봉기라기보다는 정치 개혁을 부르짖은 혁명이었다. 비록 봉기는 실패했지만, 정신은 남아 후에 항일 의병항쟁과 3·1 독립운동으로 계승되었다.

맺어, 조선이 완전한 독립국임을 확인하고, 일본에 2억 냥을 배상하며, 랴오둥반도·대만·펑후섬을 할양할 것을 약속했다. 조약 체결로 일본은 조선에 대한 정치적 주도권을 잡았고, 청의 무력함과 퇴보가 여실히 드러났다. 이후 일본은 조선과 중국을 식민지로 만드는 작업에 착수했다.

체포되어 한성부로 압송되는 전봉준

## 1895년 ◐

### 조선, 명성황후 시해 사건 발생

1895년 10월 8일 새벽에 일본 공사 미우라 고로의 주도로 일본 자객들이 경복궁을 습격하여 명성황후를 시해한 을미사변(乙未事變)이 발생했다. 청일 전쟁 이후 명성황후가 러시아를 끌어들여 일본을 견제하자 조선 침략에 걸림돌이 되는 명성황후를 제거해 한반도와 주변의 지배권을 확실하게 하려고 저지른 만행이었다. 이후 친일 내각이 들어서 단발령과 연호 사용, 군제 개편, 태양력 사용 등의 개혁을 시행했으나 백성의 반감만 샀을 뿐이다. 명성황후 시해 사건과 단발령에 반발한 유생들이 곳곳에서 의병 운동을 일으켰다. 친일 내각을 퇴진시키고 일본군을 축출하는 것이 목적이었던 을미의병 운동은 삼남 지방에서 시작되어 전국으로 확산했다가 1896년 여름에 대부분 해산하였다.

명성황후 시해를 지휘한 미우라 고로

## 1896년 ❮

### 조선, 아관파천 단행

1896년 2월 11일 새벽, 명성황후 시해 사건 이후 신변의 위협을 느끼던 고종과 세자가 궁을 떠나 러시아 공사관으로 몸을 피했다. 다음 해 2월 20일까지 러시아 공사관에서 거처한 아관파천(俄館播遷)으로 친일 내각이 실각하고 친러 내각이 들어섰다. 이를 계기로 러시아는 조선의 보호국을 자처하면서 압록강 연안과 울릉도의 삼림 채벌권, 경원 전신선과 시베리아 전신선 연결권, 월미도 저탄소(貯炭所) 설치권 등 각종 경제적 이권을 차지했다.

### 조선, 독립협회 설립

갑신정변 실패 후 미국으로 망명했다 귀국한 서재필을 비롯한 개화파 지식인들이 1896년 4월 7일《독립신문》을 창간했다. 우리나라 최초의 한글 신문인《독립신문》은 사회 발전과 민중 계몽에 지대한 역할을 했다. 이어 7월에는 서재필을 중심으로 이상재, 윤치호 등이 적극 참여하

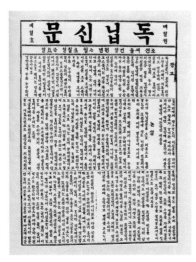

《독립신문》 초판

## ❯ 1896년

### 그리스, 제1회 하계올림픽 개최 <sup>유럽</sup>

프랑스의 남작 피에르 드 쿠베르탱이 고대 올림픽 경기를 부활시켜 1896년 그리스 아테네에서 근대 올림픽이 개최됐다. 14개국 241명이 참가한 제1회 올림픽은 고대 올림픽 대회가 중단된 뒤 약 1,500년 만에 재개되었다. 고대 그리스의 제전 경기를 바탕으로 스포츠 교류를 통한 평화 구축이 목적인 올림픽은 이후 4년마다 열리고 있다.

1896년 제1회 올림픽 개회식

여 독립협회를 발족했다. 이들은 개혁 사상에 맞는 자주 국가를 건설하자는 민주주의·민족주의·근대화 운동을 전개했다. 11월에는 청의 사신을 접대하던 모화관을 독립관으로 바꾸고, 영은문 자리에 독립문을 세워 독립 정신의 상징으로 삼았다. 또한 만민공동회(萬民共同會)를 개최하여 자주 국권과 민권 등을 요구하는 민의를 조정에 전달했다. 그러나 고종의 해산 명령으로 1898년 12월에 해산하였다.

독립문(출처: 국립중앙박물관)

### 1897년 ◀
### 대한제국, 수립

고종은 러시아 공사관에서 환궁한 후 내각제를 폐지하고 의정부 제도를 부활하였다. 이어 10월에는 대한제국(大韓帝國)을 선포했는데, 이는 군주의 권한을 강화하고 나라의 위기를 극복하겠다는 의지를 만천하에 알린 것이었다. 이로써 태조 이성계가 조선을 세운 지 505년 만에 국호가 대한제국으로 바뀌었고, 청의 연호 대신 광무(光武)라는 독자적 연호를 사용하기 시작했다. 대한제국은 한일 합병 조약이 강제 체결된 1910년 10월 22일까지 존속했다.

대한제국 고종 황제

### ❯ 1897년
### 제1회 시온주의자 회의 개최 <sup>유럽</sup>

시온주의(시오니즘)는 나라 없이 떠돌던 유대인들이 조상의 땅이었던 팔레스타인 지방에 유대 민족 국가를 건설하는 것을 목표로 한 민족주의 운동이다. 헝가리 태생의 오스트리아 저널리스트인 테오도어 헤르츨은 시온주의를 정치적으로 주도하였고, 그의 저서 《유대인 국가》는 시온주의를 촉진하는 데 결정적인 영향을 끼쳤다. 1897년 8월 29일, 스위스 바젤에서 헤르츨과 유대인 지도자 196명이 모여 제1회 시온주의자 회의를 개최했다. 이 대회에서 헤르츨은 '시온주의는 팔레스타인에 국제법으로 보장되는 유대인 나라를 세울 것'이라고 선언했고, 바젤 강령을 세웠다. 시온주의자 회의는 1901년까지 다섯 차례 개최됐다.

제1회 시온주의자 회의

파쇼다 원정 때의 장바티스트 마르샹(아랫줄 가운데)

## ❯ 1898년

### 프랑스, 영국과 파쇼다에서 충돌 아프리카

19세기 말, 서구 열강은 앞다투어 아프리카 식민지 확보에 나섰다. 프랑스는 알제리와 마다가스카르를 잇는 횡단 정책을 시행했고, 영국은 케이프타운과 카이로를 잇는 종단 정책을 펼쳤다. 1898년 7월 장바티스트 마르샹 대령이 지휘하는 프랑스군이 동진하여 아프리카 수단의 도시 파쇼다에 도착한 뒤 프랑스 국기를 게양했다. 이에 영국의 허레이쇼 허버트 키치너 장군은 수단으로 남하하여 9월 2일에 수도인 하르툼을 점령했다. 영국은 파쇼다에서 프랑스군의 철군을 요구했으나 프랑스가 불응하여 양국 관계는 경색됐다. 아프리카 분할 과정에서 발생한 이 파쇼다 사건은 이듬해 독일과 대항하기 위해 영국의 힘이 필요했던 프랑스의 양보로 해결되었다. 양국은 나일강과 콩고강 유역을 경계로 정하고 영국은 이집트를, 프랑스는 모로코를 각자의 세력 안에 두기로 타협했다. 물론 수단은 영국이 지배했다.

## ☀ 한국사 ☀

### 1900년 ◄
#### 대한제국, 경인선 전 구간 개통

1897년 3월 미국인 제임스 모스가 경성과 인천을 잇는 철도인 경인선의 부설권을 얻어 공사에 착수했다. 그러나 자금 사정으로 일본의 경인철도합자회사에 양도했다. 그 후 1899년 9월 18일 제물포와 노량진을 연결하는 33.2km가 개통됐고, 1900년 7월 5일 한강철교가 준공됐으며, 7월 8일 노량진에서 경성역까지 3km의 철로가 연장됐다. 당시 경성역은 지금의 이화여고 자리에 있었다. 이로써 우리나라 최초의 철도인 경인선은 경성과 인천 사이의 전 구간에서 직통 운행이 가능해졌다. 경인선은 오늘날까지 경기 서부 지역의 공업 발전과 운송의 중추적 기능을 담당하고 있다.

경인선 개통 당시의 객차 모습

노벨

## ☀ 세계사 ☀

### ❯ 1900년
#### 중국, 의화단 운동 발생 아시아

중국 화베이 지역에서 청조를 받들고 외국 세력을 멸망시키기 위해 농민들이 투쟁을 일으킨 의화단(義和團) 운동이 발생했다. 의화단은 기독교회와 외국 제품을 불태우고 철도를 파괴하고 열강의 공사관을 공격하는 등 외세 배척 운동을 펼쳤다. 이에 미국, 영국, 러시아, 독일, 프랑스, 이탈리아, 오스트리아, 일본 등 8개국의 연합군이 베이징을 점령하고 이들을 진압했다. 연합국은 청 정부를 압박하여 1901년 불평등 조약인 신축 조약(베이징 의정서)을 체결했고, 중국의 식민지화는 더 깊어졌다.

의화단 사건 진압을 위해 베이징에 입성한 8개국 연합군

### ❯ 1901년
#### 스웨덴, 노벨상 제정 유럽

다이너마이트를 개발한 스웨덴의 화학자 알프레드 노벨은 1896년 자신의 유산을 인류 복지에 공헌한 사람에게 나누어 주라는 유언을 남겼다. 유언에 따라 스웨덴 왕립 과학 아카데미에서는 노

벨재단을 설립하여 1901년부터 노벨상을 수여했다. 매년 물리학, 화학, 생리·의학, 경제학, 문학, 평화 등 여섯 부문의 수상자를 선정하여, 노벨의 사망일인 12월 10일에 스톡홀름에서 시상한다. 평화상은 같은 날 노르웨이 오슬로에서 따로 시상식을 연다.

### ❯ 1904년
#### 일본, 러시아와 전쟁 아시아

러시아와 일본은 서로 한반도와 만주 지역을 차지하려고 견제하고 있었다. 그러던 중 영국과 영일동맹을 체결한 일본이 뤼순 군항을 기습 공격하면서 러일 전쟁이 발발했다. 1904년부터 1905년에 걸쳐 치러진 전쟁에서 승리한 일본은 1905년 9월 5일, 미국의 중재로 포츠머스에서 한반도와 만주에 대한 일본의 우월권을 인정하는 내용의 조약을 러시아와 체결했다. 이 조약으로 미국과 영국뿐만 아니라 러시아도 일본의 한반도 지배를 승인하게 됐고, 대한제국은 어쩔 수 없이 을사늑약을 맺어야 했다. 한편 전쟁에서 패한 러시아에서는 내부 불만이 폭발하여 혁명 운동이 진행됐다.

포츠머스 조약을 맺는 일본과 러시아 대표들

### 1905년 ❮
#### 대한제국, 을사늑약 체결

포츠머스 조약으로 한반도에서의 우월권을 승인받은 일본은 1905년 11월 17일 대한제국의 외교권을 박탈하기 위해 강제로 을사늑약을 체결했다. 조약 체결 당시 고종 황제는 참석하지 않았고, 이토 히로부미의 주도로 조약 체결에 찬성한 학부대신 이완용, 군부대신 이근택, 내부대신 이지용, 외부대신 박제순, 농상공부대

### ❯ 1905년
#### 독일, 특수 상대성 이론 발표 유럽

아인슈타인이 현대 물리학의 기초를 다지는 4편의 논문을 발표했다. 빛이 에너지 입자로 구성됐다는 가설을 제기한 첫 번째 논문에 이어, 두 번째 논문에서는 원자와 분자의 존재에 대한 브라운 운동을 설명했다. 세 번째 논문에서 특수 상대성 이론을 소개했으며, 네 번째 논문에서 질량과 에너지의 등가($E=mc^2$) 이론을 확립했

신 권중현만이 참석했다. 이들을 을사오적이라 한다. 조약은 박제순과 특명전권공사 하야시 곤스케의 이름으로 체결됐고, 이로써 대한제국은 자주독립성을 상실했다. 고종 황제가 끝까지 조약 비준을 거부하자, 일제는 무력을 이용해 박제순이 서명날인한 조약문을 집행했다. 일제는 식민 지배를 준비하기 위한 목적으로 서울에 통감부를 설치했고, 초대 통감으로 이토 히로부미가 부임했다. 불법이며 무효한 을사늑약 체결 후 반일 열기가 고조되어 각종 반대 운동이 일어났고, 국권을 회복하려는 의병항쟁도 전개됐다.

통감부로 향하는 이토 히로부미와 하세가와 대장

### 1907년 ◐
### 대한제국, 국채 보상 운동 전개

일본은 식민지 지배에 필요한 시설을 마련하기 위해 막대한 차관 도입을 강요하였다. 1907년 무렵의 차관은 대한제국의 1년 예산과 비슷한 규모가 됐고, 일본의 경제적 예속도 심해졌다. 이에 성금을 모아 일본에 진 빚을 갚고 국권을 회복하자는 국채 보상 운동이 대구에서 시작되어 전국으로 확산됐다. 일본은 친일 단체인 일진회를 이용하여 방해하고, 국채보상회 간사인 양기탁을 보상금 횡령이라는 누명을 씌워 구속하는 등 탄압에 나섰다. 이후 국채 보상 운동은 진전되지 못했지만, 국권 회복을 위한 투쟁으로 평가되고 있다.

다. 그는 시간과 공간의 개념을 완전히 뒤바꿔 여러 가지 문제를 한꺼번에 해결한 특수 상대성 이론을 발전시켜 1916년에는 시간과 공간 자체가 물질의 존재와 밀접한 관계를 맺고 있음을 밝힌 일반 상대성 이론을 발표했다.

1905년경의 아인슈타인

국채 보상 운동 당시 국채보상회 지부에서 발행한 영수증
(출처: 국립중앙박물관)

### 대한제국, 헤이그 밀사 파견

고종 황제는 을사늑약의 불법과 무효를 알리기 위해 1907년 네덜란드 헤이그에서 열린 만국평화회의에 밀사를 파견했다. 이준, 이상설, 이위종은 대한제국의 국권 회복 문제를 회의에 제기하고자 했으나 한·일 정부가 승인한 조약이었기에 외교권이 없는 대한제국 대표의 회의 참석과 발언은 허용할 수 없다고 거절당하였다. 이 사건 이후 일본은 7월 19일 밀사 파견의 책임을 물어 고종 황제를 퇴위시키고 순종 황제를 즉위시켰다. 7월 24일에는 법령제정권·관리임명권·행정권의 일본 예속과 일본 관리 임명 등을 내용으로 하는 한일신협약(정미7조약)을 체결했고, 7월 31일에는 마침내 군대해산령을 내려 대한제국을 무력화하였다.

헤이그 밀사 이준, 이상설, 이위종

### 1908년 ◀

### 대한제국, 일본의 동양척식주식회사 설립

일본은 대한제국의 토지와 자원을 수탈하기 위해 정부의 직영하에 독점적 지위와 특권을 누리는 동양척식주식회사를 설립했다. 이들은 토지를 강제로 빼앗아 소작인에게 빌려주고 50%가 넘는 고율의 소작료를 징수하는 등 농민을 수탈했다. 이로 인해 1926년까지 한국의 빈농 약 29만 9천 명이 토지를 잃고 북간도로 이주하였다.

경성(서울)에 있었던 동양척식주식회사

### 1909년 ◀

### 대한제국, 이토 히로부미 암살

안중근은 을사늑약이 체결되자 계몽 운동과 교육 활동에 나섰고, 강원도에서 의병을 조직했다. 1909년에는 동의단지회(同義斷指會)라는 비밀결사를 만들어 이토 히로부미 암살을 계획했고, 10월 26일 만주 하얼빈역에서 이토 히로부미를 사살했다. 체포되어 뤼순 감옥에 있는 동안 《동양평화론》을 집필한 안중근은 1910년 2월 14일 사형선고를 받고 3월 26일 순국하였다. 한편 친일파들은 일본에 이토 히로부미의 죽음에 대한 사죄단을 파견하고, 경성에서 추모 모임을 했다.

안중근 의사

### 1910년 ❮
### 대한제국, 일본에 합병

1910년 5월 데라우치 마사타케가 3대 통감에 취임했다. 1906년부터 실시한 통감정치로 대한제국의 실질적 통치권을 모두 빼앗은 일본은 1910년 8월 16일 총리대신 이완용에게 합병조약안을 통보했다. 8월 18일 조약안이 통과됐고, 22일 이완용과 데라우치 마사타케 사이에 대한제국의 통치권을 일본에 넘겨준다는 한일 합병 조약이 체결됐다. 8월 29일에 공포된 이 조약으로 조선은 건국 519년 만에 합병 형식으로 일본의 식민지가 되었다. 일본은 통감부를 폐지하고 조선총독부를 설치하여 초대 총독으로 데라우치 마사타케를 임명했다.

쑨원

### ❯ 1911년
### 중국, 신해혁명으로 청 멸망 아시아

1900년의 의화단 운동 이후 서구 열강의 침략이 심해지자, 개혁의 필요성을 절감한 청 정부는 신정 개혁을 추진했다. 그러나 정부 주도의 개혁은 백성의 반감을 부추길 뿐이었다. 그러던 중 재정난에 빠진 청 정부가 철도를 국유화하며 건설 비용은 서구 열강에 빌리겠다고 선포했다. 그러자 이에 반대하는 폭동이 일어났고, 후베이성의 군대가 10월 10일 우한에서 봉기했다. 혁명은 순식간에 전국으로 퍼져 남부의 14개 성이 참여하고, 총 15개 성이 독립을 선언했다. 폭동 진압에 나섰던 장군들도 혁명 세력을 지지했다. 1912년 1월 혁명 세력은 난징에 중화민국을 세우고 쑨원을 임시 대총통으로 추대했다. 민족·민권·민생의 삼민주의(三民主義)를 이념으로 하는 중화민국의 등장에 당황한 청은 위안스카이를 보내 이를 진압하려 했다. 그러나 위안스카이는 청 왕조 타도를 조건으로 중화민국의 총통 자리에 올라 베이징에 정부를 조직했다. 이로써 청은 멸망했고 2천 년에 걸친 군주 제도도 막을 내렸다.

제 5 장

# 현대

1914년
~
현재

PRESENT AGES

# V Present Ages

1914년~현재

1914년 이전까지 유럽인들은 자신들의 발전에 도취해 있었다. 여기에는 나폴레옹 몰락 이후 100여 년간 대규모 전쟁이 발생하지 않은 것도 한몫했다. 그러나 내면적으로는 동요하고 있었다. 19세기 초에 등장한 민족주의는 다른 민족국가를 경쟁자 또는 적으로 규정했고, 합리주의적이고 계몽주의적인 전통은 비합리주의와 본능에 의해 열등한 가치로 전락했다. 폭력을 개성의 표현으로 인식한 사고와 무기의 발전, 감정의 이성 지배가 팽배해지면서 유럽은 점점 전쟁으로 향하고 있었다.

1917년 3월 러시아에서는 로마노프 왕조가 붕괴하였다. 그러나 이때 들어선 연약한 민주 정부는 오래가지 못했고, 볼셰비키주의자들이 1917년 11월 공산 독재 체제를 수립했다. 이 사건으로 국민의 지지가 없는 권력의 허약함과 민주 체제의 한계점이 드러났다. 제1차 세계대전 이후 스페인, 이탈리아, 독일, 중동부 유럽의 신생 국가들 역시 민주 체제의 좌절을 경험하면서 전체주의가 대두되기 시작했다. 이때 등장한 것이 파시즘이다. 파시스트들은 전쟁 이후의 정신적 공허감, 경제 파탄, 정치 불안감을 대변하면서 민주 체제는 무기력하고 비합리적이라고 여겼다. 게다가 파시스트 국가들이 국민의 자유를 담보로 경제 안정을 이룩하자 파시즘에 대한 기대가 더욱 커졌다.

히틀러는 권력을 잡기 이전부터 게르만 우월주의에 빠져 있었다. 슬라브족, 유대인, 집시 등 열등한 민족이 독일의 요구에 응하지 않으면 전쟁으로 정복한다는 것이 그의 논리였다. 그렇기에 망설임 없이 제2차 세계대전을 일으켰다. 제2차 세계대전의 책임은 히틀러에게 있고, 그는 평화를 위협하는 존재였으며, 유럽 문명을 파괴하고 유린하였다. 이를 방치한 유럽의 모든 나라도 전쟁의 공범 내지는 방조자라 할 수 있다.

두 번째 세계대전의 참혹함은 인류 역사상 전무후무한 비극을 초래했고, 이후 세계의 주도권은 러시아와 미국으로 넘어갔다. 전 세계는 동·서 진영으로 갈렸다. 러시아와 미국은 자국의 이념을 전 세계로 확장하려 했고, 이 과정에서 독일, 베트남과 대한민국처럼 원하지 않은 분단을 하게 된 국가가 등장했다. 6·25 전쟁, 베트남 전쟁, 쿠바 미사일 위기 등 크고 작은 국지전과 전쟁의 위기가 동·서 진영의 갈등으로 표출됐다.

고르바초프 서기장의 등장은 냉전의 종식을 가져왔다. 물론 닉슨 대통령의 중국 방문 등 화해의 조짐이 보이긴 했지만, 민주 체제와 공산

체제의 구조를 무너뜨린 것은 고르바초프의 페레스트로이카와 글라스노스트였다. 소련의 붕괴뿐만 아니라 동유럽의 해체는 전 세계에 새로운 바람을 불러일으켰고, 러시아와 미국은 이교도와의 갈등을 빙자한 경제적 이익 추구를 위해 또 다른 적과 대립했다.

게다가 21세기에 들어서 전 세계는 바이러스와 전쟁을 치르고 있다. 2003년의 중증급성호흡기증후군(SARS), 2009년의 신종인플루엔자 A(H1N1), 2012년의 중동호흡기증후군(MERS)에 이어 2019년의 코로나바이러스감염증-19(COVID-19)까지 전염병 창궐로 몸살을 앓고 있다. 전 세계는 지금 대립이 아니라 화합으로 공동의 적을 이겨 내야 할 시기를 보내고 있다.

일본의 강압적인 식민 통치 아래 우리 민족은 국내외에서 독립운동을 전개했으며, 특히 3·1 만세 운동은 반드시 독립을 쟁취해야겠다는 의지의 표현이었다. 이후 대한민국 임시정부를 수립하고, 6·10 만세 운동과 광주 학생 항일 운동을 펼쳤으며 물산 장려 운동, 조선민족혁명당 결성, 한국광복군 창설 등 끊임없이 독립운동을 이어 갔다.

국내외에서 펼쳤던 독립운동과 연합군의 승리로 일본은 무조건 항복을 선언했고, 우리나라는 광복을 맞이하였다. 그러나 해방이 되자, 서로 다른 이념을 가진 사람들이 좌익과 우익으로 나뉘어 싸웠고, 러시아와 미국의 개입이 이루어져 위도 38도선을 경계로 남쪽에는 민주 정부인 대한민국이 수립되고, 북쪽에는 공산 정권인 조선민주주의인민공화국이 세워졌다. 이후 남북한은 6·25 전쟁을 겪어야 했고 휴전선이 생기면서 수많은 이산가족을 만들어 냈다. 지금까지도 휴전 상태로 분단되어 지내고 있다.

1948년 이후 대한민국은 독재 정권에 맞서 일어난 학생과 시민들의 피땀으로 민주주의를 향해 한 걸음씩 나아가고 있다. 국민은 반공을 앞세워 반민족행위특별조사위원회를 와해시키고 장기 집권을 위해 헌법까지 바꾼 이승만 대통령을 4·19 혁명으로 몰아냈다. 또한 5·16 쿠데타로 집권한 뒤 유신 체제까지 등장시켜 18년 동안 집권한 박정희 대통령을 죽음으로 끌어내렸고, 12·12 사태로 집권한 전두환 대통령에게 5·18 민주화 운동과 6월 항쟁으로 저항했다. 국민의 손으로 이루어진 정부의 탄생은 흔들리지 않는 민주주의 기초를 다졌고, 5년 단임제의 대통령제는 1987년부터 지금까지 유지되고 있다.

경제 발전이라는 기치 아래 강요되었던 노동자의 희생은 세계 경제 강국의 초석이 되었다. 그러나 전태일 분신자살 사건 이후 50여 년이 지난 지금도 노동자의 피와 땀을 부당하게 착취하는 일이 일어나고 있고, 근로자의 인권과 노동력에 대한 인식은 더디게 변화하고 있다. 진정한 선진국으로 발돋움하려면 노동의 가치를 새롭게 인지해야 할 것이다.

## ※ 한국사 ※

제1차 세계대전

파나마 운하

## ※ 세계사 ※

### ❯ 1914년

#### 제1차 세계대전 발발

1914년 7월 28일, 식민지 재분할을 앞두고 영국·러시아·프랑스 연합국과 오스트리아·독일 동맹국을 중심으로 27개국이 참가한 제1차 세계대전이 발발했다. 오스트리아-헝가리 제국은 프란츠 페르디난트 대공 부부가 사라예보에서 세르비아 청년에게 암살당한 사건을 빌미로 세르비아에 선전포고하였다. 참호전을 중심으로 잠수함, 전투기, 독가스 등의 신병기가 등장한 전쟁으로 수많은 사상자가 발생했다. 1918년 11월 11일 독일의 항복으로 끝난 제1차 세계대전에서의 승리는 연합국의 몫이었다. 전쟁이 끝난 후 오스트리아-헝가리 제국은 오스트리아와 헝가리로 분리됐고, 독일은 공화정이 되었다. 러시아와 오스만 제국은 완전히 해체됐으며, 신생 독립국의 등장으로 유럽과 서남아시아의 지도가 새로워졌다. 1919년 6월 28일에 체결된 베르사유 조약은 전쟁의 사후 처리와 재발 방지를 위한 내용을 담고 있었는데, 이를 바탕으로 국제연맹이 탄생했다. 그러나 무자비한 전후 보복과 미온적인 조약 실행은 제2차 세계대전의 불씨가 됐다.

#### 미국, 파나마 운하 개통 아메리카

1880년대에 북아메리카와 남아메리카 대륙을 잇는 파나마 지협에서 운하 건설을 시작한 프랑스는 이를 완공하지 못하고 1903년 미국에 운하 건설권을 넘기게 됐다. 1904년 공사가 재개되어 1914년 8월 15일, 파나마 지협을 횡단하여 대서

## 1915년 ❮
### 대한광복회 결성

1913년에 경북에서 조직된 광복단과 1915년 초 대구에서 조직된 조선국권회복단이 합작하여 1915년 7월 대한광복회를 결성했다. 대한광복회는 만주의 독립군 양성을 위한 군자금과 일본에 맞서 싸울 무기 구입을 위한 의연금을 모았다. 공화주의 국가를 건설하고자 했으며, 비밀·폭동·암살·명령이라는 행동강령 아래 일본이 보유한 광산 등을 습격하고 친일파를 처단했다. 대한광복회는 경상도, 충청도, 황해도를 중심으로 활발하게 활동했는데, 1918년 이종국의 밀고로 대한광복회 총사령관 박상진 등은 사형을 당했고 조직은 해체됐다.

양과 태평양을 잇는 약 64km의 파나마 운하가 개통됐다. 미국은 1999년 12월 31일 파나마에 운하 운항권을 넘겨주기 전까지 권한을 행사했다.

## ❯ 1917년
### 러시아, 2월·10월 혁명 발생 <sup>유럽</sup>

대책도 없이 제1차 세계대전에 참전한 러시아에서는 수백만의 젊은이가 전장으로 나갔고, 먹을 것이 부족하여 배급을 받아야 할 정도로 상황이 악화되었다. 결국 1917년 2월 23일 지금의 상트페테르부르크인 수도 페트로그라드에서 병사와 노동자들이 대규모 봉기를 일으켰다. 이로써 차르 니콜라이 2세가 퇴위하게 됐고 300년 이상 지속된 로마노프 왕조가 막을 내렸다. 그런데 2월 혁명 이후 들어선 임시정부가 입헌군주제를 지지하여 사회주의 국가 건설을 바라는 사람들과 갈등을 일으켰다. 이때 블라디미르 레닌과 그가 이끄는 볼셰비키'가 "모든 권력을 소

---

### 볼셰비키 vs 멘셰비키

**볼셰비키**(Bol'sheviki)는 '다수파'라는 뜻의 러시아어인 볼쉰스트보(bol'shinstvo)에서 비롯된 단어로, 러시아사회민주노동당(RSDRP)에서 지도자 중심의 엄격한 당을 만들자고 주장하며 레닌을 지지한 과격파를 말한다. 이들은 당내 좌익 분파의 구성원으로 로마노프 정부와 맞서 싸웠고, 2월 혁명 후 들어선 임시정부를 10월 혁명으로 무너뜨렸다. 후에 권력을 잡고 소련을 이끈 마르크스주의 활동가나 소련 공산당을 지칭하는 의미로 확장됐다.

**멘셰비키**(Men'sheviki)는 '소수파'라는 뜻의 러시아어인 멘쉰스트보(men'shinstvo)에서 비롯된 단어로, 개인 활동의 자유와 점진적 혁명을 주장한 러시아사회민주노동당의 자유주의적 온건파를 지칭한다. 이들은 당내 우익 분파의 구성원으로, 2월 혁명 후 들어선 임시정부를 조건부로 지지했고 볼셰비키의 무장봉기에 반대했다.

10월 혁명 당시 '공산주의'라고 쓴 현수막을 든 무장 군인들

비에트로"라는 슬로건을 내걸고는, 다른 사회주의자들의 반대를 무릅쓰고 10월 24일 무장봉기를 일으켰다. 볼셰비키를 중심으로 조직된 새 정부에서 레닌이 의장직에 취임했다. 볼셰비키 혁명이라고도 불리는 10월 혁명은 마르크스주의에 입각한 사회주의를 목표로 한 정권 형성에 크게 기여했다.

### 1918년 ◀
### 토지조사사업 완료

일본은 조선의 토지를 빼앗으려는 목적으로 대규모 토지조사사업을 시행했다. 1910년 토지조사국을 설치하여 1918년까지 토지의 소유권, 토지 가격, 지형지모(地形地貌)를 조사하여 토지 제도와 지세 제도를 확립했다. 식민 통치의 기초를 마련하고자 한 사업이었다. 조사사업 완료 후 조선총독부는 전 국토의 40%를 차지하는 대지주가 됐고, 많은 토지가 총독부 소유지가 되어 일본 농업 및 농민의 한반도 진출 기반이 되었다. 반면 토지를 소유하고 있었던 수백만 농민은 토지를 수탈당해 영세 소작인이나 화전민, 노동자로 전락했다.

### ▶ 1918년
### 미국, 14개조 평화 원칙 발표 아메리카

1918년 1월 8일 미국의 우드로 윌슨 대통령이 제1차 세계대전의 처리와 평화 수립을 위한 14개조의 평화 원칙을 발표했다. 이 평화 원칙에는 비밀 외교 폐지, 해양의 자유, 자유 무역, 군비 축소, 민족자결의 원칙에 따른 국가 간의 국경선 조정, 국제연맹 창설 등의 조항이 포함됐다. 특히 각 민족의 독립과 자유에 대해 다른 민족이 간섭할 수 없다는 민족자결주의는 우리나라의 3·1 운동과 중국의 5·4 운동에 영향을 미쳤지만, 제1차 세계대전 전승국의 식민지에는 적용되지 않았다.

1919년 노벨평화상을 수상한 윌슨 대통령

## 1919년

### 3·1운동 발생

1919년 2월 8일 일본 도쿄의 기독교청년회관에서 개최된 조선 유학생대회에서 우리의 독립 의지를 전 세계에 천명하는 독립 선언이 있었다. 조선 유학생들은 〈2·8 독립선언서〉를 통해 일본의 야심을 폭로했으며 독립을 위해 최후의 한 사람까지 투쟁할 것을 선언했다. 한반도에서는 약 한 달 뒤인 3월 1일 일본에 항거하는 기미독립운동이 일어났다. 일본의 무단통치로 고유의 문화를 억압당하고 경제, 사회적으로 침탈당하자 민족자결주의에 힘입은 민족 대표 33인이 〈독립선언문〉을 작성하고 서울의 태화관에서 낭독하였다. 이를 시작으로 학생과 시민들이 탑골공원에 모여 독립 만세 시위를 했으며 전국 방방곡곡으로 만세 시위가 퍼져 나갔다. 이 운동은 일본의 무단통치를 종결시켰고, 대한민국 임시정부를 수립하는 계기가 됐다. 또한 중국을 비롯한 다른 아시아 국가들의 민족 해방 운동에도 영향을 미쳤다.

공원에 모여 만세를 외친 사람들

### 대한민국 임시정부 수립

3·1 운동 이후 조직적으로 독립운동을 펼치기 위해 국내외에 여러 임시정부가 만들어졌다. 이를 통합하여 1919년 4월 11일 대한민국 임시정부가 상하이에 수

## 1919년

### 인도, 비폭력·불복종 운동 시작 아시아

제1차 세계대전 때 영국은 인도의 자치를 점차 늘려 가겠다고 약속하면서 인도로부터 엄청난 전쟁 물자와 150만 명의 군인 및 노동력을 지원받았다. 그러나 전쟁이 끝나자 영국은 약속을 어기고 인도의 민족 운동을 탄압하는 롤럿법(Rowlatt Act)을 제정했다. 영장 없는 체포나 재판 없는 투옥을 가능하게 한 식민지 통치법에 분노한 마하트마 간디는 사탸그라하(satyāgraha) 운동이라고 부르는 비폭력·불복종 운동을 시작했다. 1919년 4월 6일 영국에 대한 비협조·불복종의 다짐이 종교와 계급에 상관없이 인도 전역에서 이뤄졌는데, 이날을 사탸그라하의 날이라 부른다. 사탸그라하는 '진리에 대한 헌신', '진리의 힘'이란 뜻이다.

인도의 민족 운동 지도자 간디

### 중국, 5·4 운동 발생 아시아

제1차 세계대전 당시 일본은 영일 동맹을 구실로 독일에 선전포고하고, 독일의 조차지였던 중국 칭다오와 산둥반도 전역을 점령한 뒤 중국에 〈21개조 요구〉

립됐다. 각 도의 대의원 30명이 모여 임시의정원을 구성하고 임시헌장 10개조를 채택한 후 수립한 임시정부의 각료는 임시의정원 의장 이동녕, 국무총리 이승만, 내무총장 안창호, 외무총장 김규식, 법무총장 이시영, 재무총장 최재형, 군무총장 이동휘, 교통총장 문창범 등이었다. 대한민국 임시정부에서는 연통제 시행과 군자금 조달, 애국공채 발행, 독립신문 간행 등의 독립운동을 펼쳤다. 또한 대외적으로는 주권을 가진 국민의 정부 역할을, 대내적으로는 독립운동의 통합 기구 역할을 했다.

1920년 1월 1일 대한민국 임시정부 신년축하식 기념사진

를 제시하며 압력을 가했다. 그 내용은 중국 주권을 심각하게 침해하는 것이었다. 중국은 세계대전 종전 후 소집된 파리강화회의에서 이에 항의했으나 전승국들은 일본의 주장을 받아들였고, 결국 중국 정부마저 열강의 압력에 굴복해 강화회의의 결정을 받아들이려 하였다. 이에 격분한 베이징 대학생들은 1919년 5월 4일 톈안먼 광장에서 시위를 벌였다. 연일 계속되는 시위는 민중 운동으로 발전했고, 위기를 느낀 군벌 정부는 파리강화회의의 조인을 거부하지 않을 수 없었다. 이로써 5·4 운동은 승리했으며 민중이 역사 발전의 주체로 떠올랐다.

톈안먼 광장에서 시위 중인 시민들

## 1920년 ◀
### 청산리 대첩 승리

1920년 일본이 훈춘(琿春) 사건을 일으켰다. 중국의 마적(馬賊)을 매수하여 훈춘의 일본 영사관과 일본인을 고의로 습격하게 한 자작극을 꾸민 것인데, 일본은 이를 독립군의 소행이라고 주장하며 만주의 독립군 기지를 공격했다. 3·1 운동 이후 독립을 위한 무력 투쟁의 필요성이 대두됐고, 당시 만주 일대에는 서로군정서, 북로군정서, 대한독립군 등 50여 개의 독립군 부대가 조직됐다. 김좌진을 총사령으로 한 북로군정서와 홍범도가 지휘한 대한독립군 등은 2만의 병력을 동원한

## ▶ 1920년
### 국제연맹 창설 유럽

제1차 세계대전 직후 국제평화기구인 국제연맹이 탄생했다. 1919년 파리평화회의에서 승전국들은 집단 안보, 국제 분쟁 중재, 무기 감축, 개방 외교를 원칙으로 하는 연맹 규약을 정했는데, 정작 기구 설립을 제안했던 미국은 베르사유 조약에 대한 의회의 인준 거부로 불참했다. 국제연맹은 국제 평화 유지와 협력 촉진을 위해 활동하다, 1945년 국제연합이 창설되면서 1946년에 해체했다. 국제연맹은 이름만 있을 뿐 실효적인 강제력이 없어 사실상 별 영향력이 없는 기구였다.

일본과 백두산 부근에서 전투를 벌였다. 1920년 10월 21일 백운평 전투를 시작으로 26일까지 청산리 일대에서 벌어진 10여 차례의 전투에서 독립군이 승리했다. 청산리 대첩은 일본군의 간도 출병 이후 가장 큰 규모의 전투였으며, 독립군 최대의 전과를 거둔 전투였다.

청산리 대첩에서 승리한 독립군. 맨 앞에 앉아 있는 사람이 김좌진 장군이다.

### 조선물산장려회 결성

1920년 평양에서 조만식, 김동원 등 70여 명의 기독교계 지도자들이 민족자본 육성과 경제 자립 도모를 목적으로 조선물산장려회를 조직했다. 이들의 활동에 호응하여 1923년에는 유진태, 이종린, 백관수 등을 중심으로 서울에서도 조선물산장려회가 조직되어 물산 장려 운동을 시행했다. 국산품 장려, 근검절약, 금연·금주 운동을 전개한 결과 국산품 소비가 늘었으며, 토산품 애용이 확대됐다. 물산 장려 운동은 이후 점차 침체 상태에 빠졌지만 1940년 8월 일본에 의해 조선물산장려회가 강제 해산될 때까지 계속됐다.

1920년대 초, 경성방직주식회사의 국산품 애용 선전 광고 '우리가 만든 것 우리가 쓰자'(출처: 국사편찬위원회)

### ❯ 1921년

#### 중국, 공산당 창당 아시아

1921년 7월 23일 소련 코민테른의 지도를 받아 천두슈, 리다자오, 마오쩌둥 등 13명의 대표가 상하이에 모여 중국 공산당을 창당했다. 초기의 지도자들은 5·4 운동에 참여했던 지식인들로, 노동조합 결성 등 노동 운동에 주력하여 도시 노동자의 지지를 기반으로 당을 구축했다. 중국 공산당은 1949년 10월 1일 정

중국 공산당 초대 중앙 위원장
천두슈

권을 수립하기까지 제1차 국내 혁명전쟁(1924~1927년, 1차 국공합작), 제2차 국내 혁명전쟁(1927~1936년, 소비에트 정권 시절), 항일 전쟁(1937~1945년, 2차 국공합작), 제3차 국내 혁명전쟁(1946~1949년, 국공내전) 등 총 4단계를 거쳤다. 1949년부터 지금까지 중국의 집권당인 중국 공산당은 당원이 9천만 명이 넘는 세계 최대 정당이다.

1922년 로마로 진군하는 무솔리니와 검은셔츠단

### ❯ 1922년

## 이탈리아, 파시스트당 집권 <sup>유럽</sup>

국가 파시스트당은 베니토 무솔리니를 당수로 한 이탈리아 왕국의 파시즘˚ 정당이었다. 파시스트당은 1919년에 조직된 반혁명 단체를 기반으로 1921년에 정식 설립됐으며, 1922년에 무혈 쿠데타인 '로마 진군(March on Rome)'으로 정권을 잡았다. 파시즘을 받아들이기로 한 비토리오 에마누엘레 3세는 무솔리니를 총리로 임명했고, 그는 5만의 파시스트 당원을 이끌고 로마로 입성하여 최연소 이탈리아 총리가 됐다. 무솔리니는 의회에서 자신의 독재를 인정하는 법을 통과시켰으며,

### ▌파시즘 vs 나치즘

**파시즘(Fascism)**은 이탈리아 무솔리니의 파시스트당을 중심으로 형성된 정치적 이념이다. 파시즘은 국가의 절대 우위를 중요시하여, 개인은 국가의 뜻과 국가의 지도자에게 완전히 복종할 것을 강요한다. 또한 군사적 가치관을 찬양하고, 자유·평등·민주주의 등을 무시한다.

**나치즘(Nazism)**은 독일의 나치당이 주장한 정치사상 및 지배 체제로, 국가사회주의의 영어식 표현이다. 민주주의와 자유주의를 반대하고 열광적인 민족주의를 표방했으며 아리아 인종의 우월성을 주장했다. 나치즘은 대중 선동이나 독재 체제 등 파시즘과 비슷한 점이 많지만, 훨씬 극단적이었다.

모든 정당을 해체하고 파시스트당만 남겨 두었다. 민주주의를 부정하고 전체주의와 애국주의를 주장한 파시스트당은 제2차 세계대전에 참전했다가 패전하여 1943년에 해체됐다.

### 소련, 성립 <sup>유럽</sup>

1917년의 러시아 혁명으로 로마노프 왕조가 붕괴하고, 러시아 소비에트 사회주의 공화국이 탄생하였다. 이후 1922년 12월에 열린 소비에트 대회에서 우크라이나·벨라루스·자카프카스 소비에트 사회주의 공화국 등 15개의 공화국과 연합하여 소비에트 사회주의 공화국 연방(약칭 소련)을 결성했다. 세계 최초의 사회주의 국가이자 세계에서 가장 큰 국가였던 소련은 미국과 오랫동안 이념적으로 대립했다. 1991년 사회주의가 붕괴되고 공화국들이 소련에서 탈퇴하면서 연방이 해체됐다.

소련의 초대 지도자 레닌

## ❯ 1923년

### 터키, 공화국 수립 <sup>아시아</sup>

연합국이 제1차 세계대전에서 패전국이 된 오스만 제국의 영토 대부분을 분리하자 이에 대한 반발로 터키 독립 전쟁이 일어났다. 오스만 제국을 물리친 무스타파 케말은 국민의회를 소집하고 헌법을 제정한 후 1923년 10월 터키 공화국을 수립했다. 이 터키 공화국이 현재의 터키다. 앙카라 정부의 초대 대통령이 된 케말은 정교 분리, 문자 개혁, 교육 개혁, 신분 제도 철폐 등을 추진하며 근대 국가로 발돋움하기 위한 노력을 아끼지 않았다. 이에 터키 국회는 그에게 1934년 '터키의 아버지'라는 뜻의 '아타튀르크'라는 경칭을 수여했다.

터키 초대 대통령 무스타파 케말

간토 대지진 피해 모습

## 일본, 간토 대지진 발생 <sup>아시아</sup>

일본, 간토 대지진 발생 아시아

1923년 9월 1일 오전 11시 58분 일본의 간토 지방에 진도 7.9의 대지진이 발생했다. 9만 명이 넘는 사망자와 이재민 340만 명이 발생한 엄청난 지진 직후 사회적 혼란이 야기되자, 일본 정부는 재일 조선인이 폭동, 독물 투입, 방화 등을 일으키고 있다는 허위사실을 유포하고 계엄령을 선포했다. 예상대로 민심은 수습됐으나 군인, 경찰, 죽창과 몽둥이로 무장한 자경단(自警團)의 손에 6천여 명의 조선인이 살해당했다.

순종 장례식

### 1926년 ⊙
#### 6·10 만세 운동 발생

1926년 6월 10일 순종의 장례일에 일본의 강제 병합과 식민 지배를 거부하고 자주독립의 의지를 밝히는 만세 운동이 일어났다. 운동을 주도한 학생들은 순종의 인산(因山) 행렬에 참여했다가, 행렬이 종로의 단성사 앞을 지날 때 만세를 불렀다. 이에 군중도 합세하여 제2의 3·1 운동처럼 되자, 일본은 군대까지 동원하여 저지했다. 6·10 만세 운동은 전국으로 퍼져 나갔고 특히 학생들은 동맹 휴학을 통해 일본에 항거했다. 3·1 운동 이후 꾸준히 다져 온 학생 운동의 결집이었던 6·10 만세 운동은 침체된 민족 운동에 새로운 활기를 안겨 주었다.

### ⊙ 1928년
#### 소련, 토지 사유 금지법 제정 <sup>유럽</sup>

소련, 토지 사유 금지법 제정 유럽

1924년 레닌의 사망으로 권력을 잡은 이오시프 스탈린은 1928년 제1차 5개년 계획을 수립했다. 1928년 10월 1일부터 1932년 12월 31일까지 4년 3개월 동안 실시된 제1차 5개년 계획의 하나로 도시와 농촌의 자본주의 요소를 제거하기 위한 토지 사유 금지법이 제정됐다. 그리하여 농업 집단화가 완료된 1937년에는 전국 토지의 99%가 집단 농장인 콜호스(kolkhoz)의 소유가 됐다.

스탈린

## 광주 학생 항일 운동 발생

6·10 만세 운동 이후에도 학생들은 동맹 휴업을 이어 갔다. 이들은 조선의 역사를 교육할 것, 조선어로 수업할 것, 학생회의 자치를 보장할 것 등을 주장하면서 일본의 식민지 노예 교육을 비판했다. 그러던 중 1929년 10월 30일 전남 나주에서 광주로 통학하는 일본인 학생과 조선인 학생 사이에 분쟁이 생겼다. 양국 학생들의 대립으로 발전한 이 사건은 광주 지역 학생들을 뭉치게 했고, 11월 3일 대규모 항일 시위가 전개됐다. 전국적인 학생 운동으로 확대된 광주 학생 운동은 약 5개월간 지속됐으며, 이를 기리기 위해 11월 3일을 '학생 독립운동 기념일'로 정하여 기념하고 있다.

## ❯ 1929년

## 세계 대공황 시작

'검은 목요일'이라고 불리는 1929년 10월 24일, 뉴욕 월가(街)에서 주가가 대폭락했고, 그 여파가 1939년까지 이어진 대공황이 시작됐다. 당시 미국 경제는 표면적으로는 번영한 듯 보였으나 과잉 생산과 실업자 문제를 안고 있었다. 여기에 거품처럼 부풀어 올랐던 주식 시장이 붕괴하자 혹독한 경기 침체로 빠져들었고, 이는 대서양을 건너 유럽까지 빠르게 확산했다. 미국은 국가가 적극적으로 경제에 개입하는 뉴딜(New Deal) 정책으로 대공황을 극복했다. 영국, 프랑스 등은 자국의 식민지를 이용하여 난국을 타개했다. 한편 제1차 세계대전의 패전국인 독일과 이탈리아 그리고 조선 외에 변변한 식민지가 없었던 일본은 파시즘과 전쟁으로 공황의 수렁에서 벗어나려 했다.

무료 급식소에 줄을 선 시카고의 실업자들(1931)

## ❯ 1931년

## 중국, 중화 소비에트 임시정부 수립 아시아

중국 공산당은 중국 국민당과 제휴하고 있었으나 쑨원의 사망 이후 국민당의 정권을 잡은 장제스가 1927년 난징에 국민

만주를 점령한 일본 관동군

## 1932년 ◀
### 이봉창·윤봉길 의거

이봉창은 1932년 1월 8일 도쿄 교외의 요요기 연병장에서 열리는 육군 관병식 행사에 참석했다가 환궁하는 일왕 히로히토에게 수류탄을 던졌다. 그러나 일왕을 명중시키지 못했고, 이봉창은 그 자리에서 대한 독립 만세를 외친 뒤 일본 경찰에 붙잡혔다. 윤봉길은 1932년 4월 29일 훙커우 공원에서 개최된 일왕의 생일 및 일본군 전승 기념식에서 폭탄을 던졌다. 그 결과 상하이 파견 일본군 사령관인 시라카와 요시노리와 상하이 일본거류민단장인 가와바타 사다쓰구가 죽었고, 주요 인사들이 다쳤다. 임시정부를 이끌던 김구가 조직한 한인애국단 소속이었던 이봉창과 윤봉길은 의거 직후 체포되어 순국하였다.

정부를 수립하고 공산당을 숙청했다. 이에 몇 차례 봉기를 시도했으나 번번이 실패했던 중국 공산당은 1931년 11월 코민테른의 지지 아래 중화 소비에트 공화국 임시정부를 수립했다. 마오쩌둥을 주석으로 하고 장시성 루이진에 수도를 정하였다. 이로써 러시아 혁명 이후 중국에도 공산주의 정권이 수립됐다.

### 일본, 만주사변 야기 <sup>아시아</sup>

1931년 9월 18일, 만주의 선양 북쪽에 있는 류탸오후에서 일어난 철도 폭파 사건으로 시작된 만주사변은 만주의 이권을 차지하려 한 일본의 야욕을 여과 없이 드러냈다. 관동군 참모 이타가키 세이시로와 이시하라 간지는 류탸오후에서 남만주 철도를 폭파하고 이를 중국의 소행으로 몰고 갔다. 관동군은 만주 지역의 철도 보호를 구실로 군사 행동을 개시하여 만주 전역을 점령한 뒤, 1932년 3월 1일 괴뢰국인 만주국을 세웠다. 일본의 지시에 따라 움직이는 허수아비 국가인 만주국의 집정(執政)에는 청의 마지막 황제인 선통제 푸이를 옹립했고, 수도는 지금의 창춘(長春)인 신징(新京)으로, 연호는 대동(大同)이라 했다. 만주국은 1945년 8월 제2차 세계대전에서 일본이 패할 때까지 유지됐다.

이봉창(좌)과 윤봉길(우)

히틀러와 나치 당원들

**◆ 1933년**

독일, 나치스 집권 <sup>유럽</sup>

아돌프 히틀러는 1932년의 대통령 선거에서 힌덴부르크에게 패배했지만, 히틀러를 당수로 하는 파시스트당인 나치스(정식 명칭은 국가사회주의독일노동자당)의 당선 의원 수가 늘어난 바람에 1933년 1월 독일 총리로 임명됐다. 같은 해 3월 5일에 치러진 선거에서 나치스는 43.9%를 득표했고, 7월에는 보수파와 군부의 협력을 얻어 1당 독재 체제를 확립했다. 1934년 8월 힌덴부르크 대통령이 죽자 히틀러는 대통령제를 폐지하고 스스로 총통과 제국 총리, 독일군 총사령관직을 독점했다. 이때 모든 고위 관리는 반드시 나치 당적을 가져야만 했다. 히틀러의 나치스는 독일의 정치·사회·문화 활동을 통제했고, 수많은 유대인과 집시, 장애인을 강제 수용소에 가두고 가스실에서 죽였다. 1945년 제2차 세계대전에서 패한 후 나치스는 불법 정당이 되어 와해됐고, 당의 최고 지도자들은 세계 평화와 인간 존엄성을 짓밟은 범죄를 저지른 것으로 국제재판소에서 유죄 판결을 받았다.

**1935년 ◆**

민족혁명당 결성

1920년대 후반부터 만주와 중국 지역에 분립해 있던 독립운동 단체들이 좌파와 우파를 막론하고 하나로 통합되기 위해 민족 유일당 운동을 전개했다. 이러한 운동의 연장선 위에서 1935년 7월 한국독립당, 신한독립당, 조선혁명당, 미주대한인독립당, 의열단의 5당 대표들이 난징에서 모여 민족혁명당을 결성했다. 그러나 서로 추구하는 이념이 달랐기에 통합 당시부터 충돌이 있었고, 김원봉이 이끄는 의열단계가 주도권을 잡으면서 한국독립당의 조소앙 등 우파 계열이 이탈했다. 전당대표대회에서 총서기가 된 김원봉이 당명을 조선민족혁명당으로 바꾸고

김원봉

당권을 장악하자 1937년 신한독립당의 지청천 일파도 탈퇴했다. 조선민족혁명당은 1937년 12월 조선민족전선연맹을 결성하고 그 산하 군사 조직으로 조선의용대를 조직해 활발한 항일 투쟁을 전개했다. 이후 만리장성 이남의 독립운동을 이끈 양대 산맥은 좌파 중심의 조선민족혁명당과 우파 중심의 대한민국 임시정부였다.

1938년 김원봉이 창설한 조선의용대

난징을 점령하고 대규모 학살을 자행한 일본

### 제1차 국공합작 vs 제2차 국공합작

국공합작은 중국의 국민당과 공산당이 연합한 일을 말한다.

**제1차 국공합작**은 1924년부터 중국 공산당원들이 개인 자격으로 국민당에 가입하는 방식으로 이뤄졌다. 합작은 소련 원조와 혁명의 대중적 기초를 마련하려는 쑨원의 결정으로 성사됐는데, 이후 공산당은 당세를 팽창시켰고 국민당은 광둥성 지배권을 얻었다. 그러나 쑨원 사망 후 국민당 내 우파 세력의 반발로 합작이 결렬됐다.

**제2차 국공합작**은 중일 전쟁 발발 후 일본에 투쟁하는 공동 전선을 구축하고자 이뤄졌다. 이후 공산당은 합법적인 지위를 인정받아 세력을 크게 신장했고, 이에 불안을 느낀 국민당은 반공 작전을 전개했다. 결국 일본 패망 후 일본군 점령지 배분 문제를 놓고 합작은 결렬됐다.

### ⊙ 1937년

일본, 중국과 전쟁 시작 <sub>아시아</sub>

1937년 7월 7일 밤, 중국 베이징의 융딩강(永定江)에 놓인 다리인 루거우차오(蘆溝橋)에서 일본군과 중국군이 충돌하는 사건이 발생했다. 일본은 중국이 먼저 사격한 점을 빌미 삼아 대규모 병력을 투입하여 루거우차오를 점령한 뒤, 7월 28일에는 베이징과 톈진에 총공격을 개시했다. 이렇게 일본이 중국 본토를 정복할 목적으로 벌인 중일 전쟁이 시작됐다. 같은 해 12월 13일 일본은 국민당 정부의 수도인 난징을 점령하고 수십만 명을 살육한 난징대학살을 자행했다. 또 우한을 공략하여 광둥에서 산시에 이르는 10개의 성과 주요 도시 대부분을 점거했다. 이에 국민당과 공산당은 제2차 국공합작(國共合作)으로 힘을 합쳐 항전했다. 1941년 태평양 전쟁이 시작되자 일본군의 전력은 급격히 쇠퇴했지만, 1945년 8월 15일 일본이 항복할 때까지 중일 전쟁은 계속되었다.

❯ **1938년**

### 독일, 오스트리아 합병 <sup>유럽</sup>

제1차 세계대전 후 오스트리아, 헝가리, 체코슬로바키아로 해체, 분리되어 약소국이 된 오스트리아가 독일에 합병됐다. 이어 나치 독일은 체코슬로바키아에 독일계 주민이 많았던 수데테란트 지방을 할양하라고 요구했다. 이 분쟁과 관련하여 1938년 9월 독일, 영국, 프랑스, 이탈리아 4개국은 당사국인 체코슬로바키아를 초청하지도 않은 채 뮌헨에서 회담을 개최했고, 열강들은 전쟁을 피하기 위해 독일의 요구를 받아들였다.

전쟁의 판도를 바꾼 노르망디 상륙 작전

나가사키에 투하된 원자폭탄

❯ **1939년**

### 제2차 세계대전 발발

1939년 9월 1일 독일은 선전포고도 없이 폴란드를 공격했다. 이에 영국·프랑스가 독일에 선전포고하면서 제2차 세계대전이 시작됐다. 추축국(독일·이탈리아·일본)과 연합국(프랑스·영국·미국·소련·중국) 간의 전쟁이었던 2차 세계대전은 제대로 해결되지 않았던 1차 세계대전 때의 분쟁이 불씨가 된 전쟁이었고, 반(反)파시즘 전쟁이었다. 추축국의 파죽지세는 1941년 12월 8일 일본이 하와이의 진주만을 기습 공격한 태평양 전쟁 때도 여전했다. 연합국이 추축국으로부터 승기를 빼앗은 것은 1942년 8월부터 1943년 2월까지 독일과 소련군 사이에 벌어졌던 스탈린그라드 전투 때로, 이 공방전은 역사상 가장 치열했던 전투로 꼽는다. 이듬해인 1944년 6월 6일 역사상 가장 많은 장병과 장비가 동원된 노르망디 상륙 작전이 성공함으로써 8월 26일 파리가 해방

됐다. 1945년 5월 베를린이 함락되자 1943년에 이미 연합군과 휴전했던 이탈리아와 함께 독일이 항복했다. 연합국의 항복 권고를 무시한 일본은 1945년 8월 6일과 9일에 히로시마와 나가사키에 원자폭탄이 떨어지고 나서야 무조건 항복했다.

### 1940년 ◀

#### 일본식 성명 강요 강제화

조선총독부는 조선인의 황국신민화(皇國臣民化)를 목적으로 1939년 11월 조선민사령(朝鮮民事令)을 개정했고, 다음 해인 1940년 8월 10일까지 한국식 성(姓)을 대신할 일본식 씨(氏)를 정해 제출하라고 발표했다. 한국인의 정체성을 말살하려한 창씨개명(創氏改名)이었기에 거부하는 자는 진학이나 공무원 채용, 식량 등의 배급, 징용 대상자 선정 등에 차별을 가하였다. 강압적 조치에 못 이겨 기한까지 일본식 이름으로 바꾼 가구는 322만 호로, 전체 인구의 약 80%에 달하였다.

#### 한국광복군 창설

대한민국 임시정부는 중국 충칭(重慶)에 정착한 직후인 1940년 9월에 중국 국민당 정부와 교섭하여 한국광복군을 창설했다. 통일된 군사·외교 활동의 필요성을 절감하고 중국 각지에 흩어져 독립운동하던 단체들을 단일 조직화한 한국광복군은 창설 후 한동안은 지원을 받는 대가로 중국군의 지휘를 받았다. 한국광복군은 국내 진공 작전 추진과 자주독립 쟁취를 목적으로 창설됐으며 총사령관은 지청천, 참모장은 이범석이 맡았다.

한국광복군 성립 기념사진

### ▶ 1941년

#### 미국과 영국, 〈대서양 헌장〉 발표 아메리카

제2차 세계대전 중인 1941년 8월 9일

〈대서양 헌장〉

미국의 프랭클린 루스벨트 대통령과 영국의 윈스턴 처칠 수상이 뉴펀들랜드 연안에 정박해 있던 영국 군함 프린스오브웨일스호에서 회담했다. 8월 14일 두 정상은 세계의 복지와 평화 등에 관한 공통 원칙을 담은 〈대서양 헌장〉을 발표했다. 〈대서양 헌장〉은 침략당한 나라의 주권과 자치권 회복, 세계의 무역 보호와 자원 확보를 위한 노력, 생활 향상과 경제 안정을 위한 변화, 공포와 빈곤 퇴치, 국제적 침략과 무력 사용 중지 등을 담고 있어 전쟁의 목적과 전후 세계질서에 관한 국제적 원칙을 제시했다.

## 1942년 ◀
### 조선어학회 사건 발생

1921년 12월 우리말을 연구하고 보급할 목적으로 학술 단체인 조선어연구회가 조직됐고, 1931년 조선어학회로 이름을 바꿨다. 조선어학회는 1933년 10월 한글맞춤법통일안을 발표했는데, 이는 3년에 걸친 작업으로 경성 중류층이 쓰는 말을 표준어로 정하고, 각각의 단어는 띄어 쓰며, 어법에 맞게 적어야 한다는 등의 내용을 담고 있었다. 조선어학회의 활동이 눈엣가시였던 일본은 1942년 4월 《우리말 큰 사전》의 일부가 인쇄에 들어가자 함흥 학생 사건을 꾸몄다. 함흥의 한 여학생이 기차 안에서 우리말로 대화를 나누다 경찰에 붙잡혔는데, 일본 경찰은 여학생들에게 민족교육을 한 사람이 조선어학회 관련 인사라고 지목했다. 같은 해 9월 5일 조선어학회 회원 정태진의 검거를 시작으로 조선어학회에 대한 탄압이 시작됐다. 일본은 조선어학회 관계자

들을 잡아들여 '학술 단체를 가장한 독립
운동 단체'라는 죄명으로 기소했다. 실형
을 받은 이들은 1945년 해방 때까지 투
옥됐으며, 이 사건 이후 강제 해산된 조선
어학회는 1949년 9월 한글학회로 새롭
게 태어났다.

테헤란 회담에서의 스탈린, 루스벨트, 처칠

**1945년 ◀**
한반도, 8·15 광복

1945년 8월 15일, 일왕 히로히토가 일
본의 패전과 항복을 선언했다. 제2차 세

1945년 8월 16일 마포형무소 앞에서 환호하는 사람들

## ❯ 1943년

연합국, 카사블랑카·카이로·테헤란 회담 개최

전쟁의 절정기였던 1943년 1월 영국과
미국이 카사블랑카에서 행한 회담에서
는 추축국의 무조건 항복이라는 전쟁의
최종 목표가 결정됐다. 같은 해 11월에
는 미국, 영국, 중국이 카이로 회담을 열고
일본 침략 저지를 위한 전쟁 수행을 합의
했다. 특히 한국에 대한 특별 조항을 넣어
한국의 독립을 국제적으로 보장하였다.
12월에는 미국, 영국, 소련이 테헤란에서
회담을 열어 3국의 협력과 전쟁 수행 결
의를 다지고 프랑스 상륙 작전 및 소련의
대일 전쟁 참가 등을 결정했다.

## ❯ 1945년

연합국, 얄타·포츠담 회담 개최

1945년 2월 미국의 루스벨트, 영국의 처
칠, 소련의 스탈린이 크림반도의 얄타에
서 회담을 열고 독일의 분할 점령, 비무장
화, 전후 처리 문제, 국제연합 창설 등에
관해 협의했다. 7월에는 미국, 영국, 중국
의 대표가 독일 포츠담에 모여 회담한 후
포츠담 선언을 발표했다. 이 선언으로 일
본의 항복 조건과 종전 후의 대일 처리 방
침을 표명했으며, 한국의 독립도 약속됐
다. 포츠담 선언을 통해 일본에 무조건 항
복을 요구했으나 일본이 이를 무시하자

계대전이 막을 내리고 우리나라가 36년
간의 일본 식민지 지배에서 벗어나는 순
간이었다. 이로써 우리 민족은 빼앗겼던
주권을 되찾고 광복을 맞이했다. 그러나
일본군의 무장 해제를 명분으로 내세운
미국과 소련에 의해 한반도는 북위 38도
선을 경계로 남과 북으로 나뉘어 남측에
는 미군이, 북측에는 소련군이 주둔하게
됐다.

미국은 일본에 원자폭탄을 투하했다. 결
국 8월 일본이 공식적으로 항복하면서 제
2차 세계대전은 완전히 끝이 났다.

항복 문서에 서명하는 일본 외무대신

### 국제연합 창설 아메리카

1945년 10월 24일 미국·영국·프랑스·
중국·소련과 51개국 회원국 모두가 국제
연합헌장을 비준하였다. 이로써 항구적
인 국제 평화와 안전 보장을 목적으로 결
성된 국제연합(UN)이 공식 출범했다. 전쟁
방지와 평화 유지를 위해 모든 분야에서
모든 참가국이 협의·협력할 것을 목적으
로 한 국제연합의 본부는 뉴욕에 있다. 국
제연맹과 다르게 국제연합은 필요에 따
라 유엔군을 결성할 수 있다. 우리나라는
북한과 함께 1991년에 국제연합에 가입
했으며, 현재 회원국은 총 193개국이다.

### 독일, 뉘른베르크 재판 시작 유럽

뉘른베르크 재판은 제2차 세계대전이 끝
난 후 연합국이 나치 독일의 지도층 및 주
요 전쟁범죄자들을 처벌하고자 행한 국
제 군사 재판이다. 재판은 1945년 11월
20일에 시작되어 판결은 1946년 10월
1일에 내려졌는데, 기소된 24명 가운데
12명이 사형을 선고받았다. 국제 사회는
재판을 통해 잊히지 않을 전쟁범죄를 단
죄하였고, 세계 최초로 전쟁범죄 재판이
열렸던 뉘른베르크는 2001년 4월 21일
도시로는 처음으로 유네스코 인권상을
받았다.

뉘른베르크 재판에 기소된 독일 전범들

## 1946년 ◉
### 미소공동위원회 개최

1945년 12월 미국·영국·소련의 외상들이 모스크바에서 회의를 열고(모스크바 3국 외상 회의) 한반도에 임시정부를 수립할 것과 미·영·중·소가 최대 5년 동안 한국을 신탁 통치할 것을 결정했다. 이에 따라 한국 문제 해결을 위해 미소공동위원회가 결성됐다. 1946년 1월 16일 덕수궁 석조전에서 예비회담을 가진 후, 3월 20일 제1차 미소공동위원회 회의를 개최했다. 신탁 통치에 대한 좌익과 우익의 대립이 극명한 가운데, 1947년 5월 21일 제2차 회의가 개최됐다. 그러나 미국과 소련의 대립, 한반도 내 정치 세력들 간의 입장 차이로 어떤 성과도 얻지 못했다. 1947년 10월 미국은 한국 문제를 국제연합에 상정했고 소련 대표단이 철수하면서 미소공동위원회는 해체됐다.

신탁 통치 반대 집회

## ◉ 1946년
### 일본, 극동 국제 군사 재판 시작 아시아

극동 국제 군사 재판은 제2차 세계대전 후 일본의 전쟁범죄자들을 처리한 국제 재판이다. 1946년 2월 18일 연합군 최고사령관인 맥아더의 지시로 도쿄에서 재판이 열려 도쿄 재판이라고도 한다. 도조 히데키 등 28명이 A급 전범으로 기소됐고, 1948년 판결이 내려져 이 중 7명이 사형을 선고받았다. 이때 처형된 7명의 시신이 야스쿠니신사에 봉안됐는데, 지금도 일본 정치인들의 참배가 이루어져 논란이 일고 있다. 극동 국제 군사 재판에서는 국가가 아닌 개인에게 전쟁범죄의 책임을 물어 재판이 진일보하였으나 전쟁의 최고 책임자인 천황은 기소조차 하지 않았다. 또한 국제재판소는 당사국과 제3국으로 구성되어야 하는데, 재판관과 검사가 전승국으로만 구성된 점에서 공평성의 원칙을 위반했다는 비판도 제기됐다.

## ◉ 1947년
### 미국, 트루먼 독트린 선언 아메리카

1947년 3월 미국의 해리 트루먼 대통령은 공산주의 침략 위협에 처한 국가에 군사·경제적 원조를 제공한다는 외교 정책을 발표했다. 트루먼 독트린(Truman Doctrine)이라 불리는 이 원칙에 따라 미국은 당시 공산 세력의 직접적 위협에 봉착해 있던 그리스와 터키의 반공(反共) 정부에 원조를 제공했다. 이후 미국은 유럽의 경제를 부흥시켜 공산주의의 확산을 막고자 한 마셜 플랜(Marshall Plan)을 시행

인도의 초대 총리 네루(좌)와 파키스탄의 초대 총독 무함마드 알리 진나(우)

하여 1947년부터 1951년까지 서유럽 16개국에 총 120억 달러를 원조했다.

### 인도, 분리 독립 <sup></sup>아시아

1947년 2월 영국의 클레멘트 애틀리 정부는 '1948년 6월까지 인도인에게 정권을 이양할 것'이라고 선언했다. 많은 희생을 치르며 계속해 온 반영 독립운동의 결과였다. 1947년 8월 15일 인도는 자와할랄 네루를 총리로 한 주권 국가가 됐고, 영국연방에 가입했다. 그러나 독립은 인도와 파키스탄 두 나라로 분리하여 이뤄졌다. 영국 정부가 힌두교도가 주축인 인도 국민회의파에 정권을 이양하려 하자 이슬람교도가 주축인 인도 무슬림연맹이 격렬히 반대했고, 국민회의파와 무슬림연맹 간에 무력 충돌이 발생했기 때문이다. 안타깝게도 인도와 파키스탄은 국경 지대인 카슈미르를 두고 오늘날까지도 분쟁 중이다.

## ※ 한국사 ※

### 1948년 ◐
### 제주 4·3 사건 발생

1948년 4월 3일, 단독 정부 수립을 반대하던 제주도 남조선노동당이 주도한 무장봉기가 일어났다. 봉기는 제주도 전역으로 퍼졌고, 미군정(美軍政)은 이를 강경하게 진압했다. 여기에 같은 해 11월 이승만 정부는 계엄령을 선포하고 초토화 작전을 펼쳤다. 경찰과 진압군은 시위 진압과 좌익 토벌을 목적으로 마을을 불태우고 민간인까지 학살해 3만여 명이 희생됐다. 이 사건은 많은 인명과 재산 피해를 안기고 1954년 9월 21일 한라산 금족(禁足) 지역이 해제되면서 7년 7개월 만에 막을 내렸다. 김대중 정부는 2000년 1월 〈제주 4·3 특별법〉을 공포하고, 8월 28일 진상규명 및 희생자 명예회복위원회를 설치하여 정부 차원에서 진상조사를 실시했다. 2003년 10월 진상조사 보고서가 채택됐고, 노무현 대통령은 제주도민과 희생자 유족에게 국가를 대표해 공식 사과하였다.

### 대한민국, 정부 수립

1948년 5월 10일 제헌국회를 구성하기 위한 국회의원 선거가 시행됐다. 남한만의 단독 총선거 결과, 200명의 의원으로 구성된 제헌국회의 의장에는 이승만, 부의장에는 신익희가 선출됐다. 제헌국회에서 제정하고 공포한 초대 헌법은 자유민주주의가 나라의 근간임을 명시했고, 주요 자원과 산업의 국유화·공영화 같은 사회주의 성향의 경제 조항도 담고 있었다. 7월 20일에는 제헌국회의원들의 간

## ※ 세계사 ※

### ◑ 1948년
### 이스라엘, 건국 아시아

1948년 5월 14일 유대인의 나라 이스라엘이 건국했다. 19세기부터 유럽을 중심으로 전개된 시온주의를 배경으로 세계 각지에서 모여든 유대인들이 팔레스타인에 공화국을 세운 것이다. 이는 1947년 11월 국제연합 총회에서 아랍인과 유대인 각각의 나라를 세운다는 팔레스타인 분리안이 통과되면서 이뤄질 수 있었다. 그러나 조상 대대로 팔레스타인 지역에 살고 있던 아랍인들은 거세게 반발했고, 다음 날인 5월 15일 이스라엘을 공격하였다. 초기에는 이집트, 요르단, 시리아, 레바논, 이라크 등의 아랍 연합군이 우세했지만, 9개월간의 전쟁에서 승리한 것은 이스라엘이었다. 1949년 2월 휴전이 성립됐고, 100만 명 이상의 팔레스타인 사람들이 난민으로 전락했다. 그 후로도 아랍인과 유대인의 대립은 계속되고 있으며, 2021년 5월에도 가자지구에서 무력 충돌이 있었다.

### 〈세계인권선언〉 채택

1948년 12월 10일 파리에서 열린 제3회 국제연합 총회에서 세계대전 중의 참상을 씻고 인간으로서의 기본권이 존중되어야 한다는 관점에서 〈세계인권선언〉을 채택했다. 이 선언에는 민주적인 헌법이 인정하는 인간의 기본 권리에 대한 일반적인 정의가 명시되었고, 시민적·정치적 자유권을 비롯하여 생존권, 사회보장권, 노동권, 노동단결권 등을 보장하는 조항도 포함됐다. 〈세계인권선언〉은 이후 여러 나

접선거로 초대 대통령에 이승만, 초대 부통령에 이시영을 선출했다. 1948년 8월 15일 대내외에 정부 수립을 선포한 대한민국은 안타깝게도 친일파를 기반으로 한 한계를 가지고 시작하였다. 한편 평양에서는 9월 9일 김일성이 이끄는 조선민주주의인민공화국 정부가 수립됐다.

1948년 대한민국 정부 수립 선포식

### 1949년 ◁
#### 대한민국, 반민특위 와해

1948년 9월, 일본 식민지 시절 자행된 친일파의 반민족 행위를 처벌하기 위한 〈반민족행위처벌법〉이 제정됐고, 10월 23일 제헌국회의 특별기구로 반민족행위특별조사위원회(약칭 반민특위)가 설치되었다. 반민특위는 1949년에 들어서면서 박흥식, 김연수, 이광수, 최남선을 비롯한 친일파 688명을 체포하는 등 본격적인 활동을 시작했다. 그러나 반공을 내세워 친일파를 내각에 기용한 이승만 정부의 반대로 활동은 지지부진하였고, 1949년 6월 6일에는 친일 경찰이 반민특위를 습격하는 사건까지 발생했다. 결국 반민특위 산하 특별경찰대가 강제 해산됐고, 국회가 나서서 특위의 활동 기간까지 단축

라의 헌법에 반영되어 인류의 인권 보장에 기여했다.

유엔인권위원회 의장으로 〈세계인권선언〉의 기초(起草)와 채택에 기여한 엘리너 루스벨트

### ▷ 1949년
#### 북대서양 조약 체결

1949년 4월 제2차 세계대전 후 동유럽에 주둔한 소련군과 군사적 균형을 맞추기 위한 미국의 대유럽 정책에 따라 미국과 서유럽 여러 나라가 상호 방위 조약인 북대서양 조약을 체결했다. 미국, 영국, 프랑스, 이탈리아, 캐나다, 벨기에 등 15개국은 조약에 따라 집단안전보장기구인 북대서양조약기구(NATO)를 결성했다.

#### 중국, 중화인민공화국 수립 아시아

1946년 7월부터 국민당과 공산당은 중국의 패권을 두고 치열하게 대립했다. 미국의 지원을 받은 국민당은 무기와 장비, 병력 면에서 앞섰지만, 점령지에서의 횡포와 당내의 부패, 경제 정책의 실

하는 바람에 반민특위는 10월에 와해됐다. 이때 미뤄진 친일 청산은 아직도 이루어지지 않고 있다.

반민특위 조사관 임명장

### 대한민국, 김구 피살

독립운동가이자 대한민국 임시정부의 주석을 지낸 김구가 1949년 6월 26일 숙소인 경교장에서 목숨을 잃었다. 육군 포병 소위 안두희는 김구가 5·10 총선을 거부하고 남북 협상을 시도하는 등 나라에 분열을 초래했기에 암살했다고 하였으나, 후에 이승만 정부의 주요 인물이 배후에 있었다고 고백했다. 김구의 장례식은 7월 5일 국민장으로 거행된 뒤, 시신은 효창 공원에 안장됐다.

김구

### 1950년 ◀
#### 대한민국, 6·25 전쟁 발발

해방 후 한반도는 남쪽에는 미군, 북쪽에는 소련군이 주둔해 있는 분단 상태였는

패로 점점 지지층을 잃어 갔다. 그 반면 1934~1935년의 대장정으로 민심을 수습한 공산당은 농사짓는 농민이 토지를 소유한다는 내용의 토지 개혁에 성공하여 농민의 지지를 얻어 냈다. 결국 전세가 역전되어 공산당이 승리하였고, 장제스와 국민당은 타이완으로 탈출했다. 이렇게 1949년 10월 1일 마오쩌둥을 주석으로 하는 중화인민공화국이 수립됐다.

중화인민공화국 수립을 선포하는 마오쩌둥

데, 1950년 6월 25일 새벽 북한군이 남북군사분계선인 38선을 넘어 남한을 기습 공격했다. 소련의 지원으로 18만 병력을 동원한 북한은 사흘 만에 서울을 점령했다. 이승만 대통령은 6월 27일 새벽 대전으로 몸을 피한 다음, 6월 28일 한강의 인도교(人道橋) 폭파를 명령했다. 폭파 당시 인도교 위에 있던 800여 명이 폭사했고 많은 국민이 길이 막혀 피란 가지 못하였다. 국군은 북한의 병력과 무기에 밀려 한 달 만에 낙동강 부근까지 후퇴했다. 이에 미국의 주도로 16개국이 연합한 유엔군이 파병되었고, 이승만 대통령은 7월 14일 한국군의 작전지휘권을 미국에 넘겼다. 9월 15일의 인천 상륙 작전이 성공함에 따라 서울을 되찾았고, 10월 20일에는 평양을 점령한 이후 압록강까지 진격했다. 그러나 중국군이 개입하여 다시 서울을 빼앗겼고, 1953년 7월 27일 휴전 협정이 체결될 때까지 크고 작은 전투가 계속됐다. 3년간의 전쟁으로 인명 피해는 약 450만 명에 달했고 전 국토는 폐허가 되었다. 남북군사분계선은 휴전선으로 바뀌어 지금까지 이어지고 있다.

인천에 상륙한 유엔군

폭설을 뚫고 남하하는 피란민

## 1952년 ◀

### 대한민국, 이승만 재선

1948년에 만들어진 초대 헌법에는 대통령 선출은 국회가 하도록 규정되어 있었다. 그런데 1950년 5월 30일에 치러진 총선거에서 60% 이상의 무소속 의원들이 당선되자 이승만 대통령의 연임이 불투명해졌다. 이에 이승만 정부는 대통령 직선제를 주장하는 개헌안을 국회에 제출했으나 부결됐다. 자유당을 창당한 이승만은 1952년 5월 25일 부산과 경상남

이승만

도, 전라남북도 일부 지역에 비상계엄을 선포하고 개헌에 반대하는 국회의원들을 구속하여 국회 기능을 마비시켰다. 7월 4일 경찰과 군인이 국회의사당을 포위한 가운데 국회가 열렸고, 이승만 대통령의 재선을 위한 대통령 직선제 정부안과 내각책임제 국회안을 혼합한 '발췌개헌안'은 통과될 수밖에 없었다. 이를 토대로 한 달 후 실시된 대선에서 이승만은 재선되었다. 이때의 발췌개헌안 통과는 1987년 6월 항쟁 전까지 독재자의 입맛에 따라 헌법을 바꿔도 된다는 선례를 남겼다.

체 게바라(좌)와 피델 카스트로(우)

### ◎ 1953년

#### 쿠바, 혁명 시작 <sub></sub>아메리카

1953년 7월 26일 피델 카스트로, 체 게바라, 라울 카스트로 등의 사회주의 혁명가를 중심으로 쿠바 혁명이 시작됐다. 당시 쿠바는 미국 자본과 대지주가 토지를 독점한 데다가 풀헨시오 바티스타의 독재에 시달리고 있었다. 크고 작은 게릴라전을 펼치던 혁명군은 1959년 1월 1일 수도 아바나를 점령하고 민주주의 정권을 수립했다. 그러나 의료와 교육을 무상으로 제공하고, 대지주의 토지를 몰수하여 국유화하는 토지 개혁을 하는 등 점차 사회주의 성격을 띠기 시작했다. 이를 계기로 쿠바와 사이가 틀어진 미국은 쿠바에 경제 봉쇄 정책을 가하였고, 소련과 손잡은 쿠바와 지금까지도 적대 관계를 유지하고 있다.

### ◎ 1955년

#### 바르샤바 조약 체결 <sub></sub>유럽

세계대전 후 심각한 동서 대립 속에서 북

대서양조약기구와 서독 재무장에 대항하기 위해 동유럽 8개국(소련, 폴란드, 동독, 헝가리, 루마니아, 불가리아, 알바니아, 체코슬로바키아) 수뇌가 폴란드 바르샤바에서 군사 동맹을 위한 조약을 체결했다. 그리고 조약에 따라 동유럽의 공동방위기구인 바르샤바조약기구(WTO)를 창설했다. 이후 1968년에 알바니아가 탈퇴했고, 1991년에 해체되었다.

세계 최초의 우주비행사 유리 가가린

### ❯ 1957년
### 소련, 우주 시대 개막 <sup>유럽</sup>

1957년 10월 4일 소련은 세계 최초의 인공위성인 스푸트니크 1호를 발사했다. '동반자'라는 뜻의 스푸트니크호는 지상에서 228~947km 떨어진 우주를 타원형을 그리며 돌았다. 최초로 우주 공간으로 물체를 내보낸 이 인공위성의 발사는 본격적인 우주 시대의 개막을 알리는 신호탄이었다. 같은 해 11월 3일에는 스푸트니크 2호를 발사했는데, 여기에는 떠돌이 개였던 라이카를 탑승시켰다. 1961년 4월 12일에는 소련의 유리 가가린이 보스토크 1호를 타고 인류 최초로 우주 비행에 성공했다. 그는 우주 공간으로 날아가서 지구를 한 바퀴 돈 다음 1시간 29분 만에 귀환했는데, 전 세계인에게 지구가 푸르다는 것을 알려 주었다.

### ❯ 1958년
### 유럽경제공동체 발족 <sup>유럽</sup>

1957년 3월 프랑스, 서독, 이탈리아, 벨기에, 네덜란드, 룩셈부르크 등 6개국이 유럽의 경제 발전을 위해 로마 조약을 체결하였고, 그에 따라 1958년 1월 1일에 유럽경제공동체(EEC)가 정식 발족하였다. 1967년 유럽석탄철강공동체, 유럽원자력공동체와 통합되어 유럽공동체(EC)가 되었고, 1973년 영국, 덴마크, 아일랜드가 추가로 가맹했다. 1981년에는 그리스, 1986년에는 에스파냐와 포르투갈이 가입했다. 수출입 제한 철폐, 역외 국가에 대한 공동 관세와 공동 무역 정책 수행, 역내 노동력과 자본 이동의 자유, 공동 농업 정책 수립 등을 목적으로 활동했다. 이후 1993년 11월 마스트리흐트 조약에 따라 단일 통화(유로) 및 정치 동맹을 추진하기로 하고, 유럽연합(EU)으로 명칭을 바꾸었다. EU 회원국은 총 28개국으로 늘었다가 2020년 영국이 탈퇴(브렉시트)하면서 27개국이 됐다.

## 1960년 ◉
### 대한민국, 4·19 혁명 발생

1960년 3월 15일에 실시된 정·부통령 선거에서 이승만 대통령의 장기 집권과 이기붕의 부통령 당선을 위한 부정 선거가 자행되었다. 유권자 조작, 40%의 사전 투표, 3~5인조 공개 투표, 부정 개표 등을 자행한 결과, 자유당 후보의 득표율이 95~99%에 이를 정도였다. 이에 같은 날 경상남도 마산에서 부정 선거에 항의하는 시위가 일어났고, 경찰의 실탄 발포로 수십 명의 사상자가 발생했다. 시위 과정에서 실종됐던 김주열 학생이 4월 11일 눈에 최루탄이 박힌 채 시신으로 발견되면서 시위가 전국으로 퍼졌고, 4월 19일 절정에 달해 서울에서만 학생과 시민 10만여 명이 참가한 대규모 시위가 일어났다. 이승만 정부는 계엄령을 선포하여 강경 대응을 하는 동시에 이기붕의 부통령 당

27일간 행방불명이었다가 마산 앞바다에서 시신으로 발견된 김주열 학생

자유당 정부의 독재와 부정 선거에 항의하는 시위대

선 취소, 구속 학생 전원 석방 등의 회유
책으로 사태를 모면하려 했다. 그러나 이
승만의 퇴진을 요구하는 시민들의 저항
이 계속되자 결국 이승만은 4월 26일 대
통령직을 사임하고 하와이로 망명했다.

### 대한민국, 제2공화국 수립

4·19 혁명으로 제1공화국이 붕괴된 후
1960년 6월 15일 개정 헌법이 통과되고
6월 23일 새 선거법이 제정됐다. 이 선거
법에 따라 8월 12일 민의원·참의원 합동
회의에서 대통령에 윤보선, 국무총리에
장면이 선출됐고, 의원내각제인 제2공화
국이 탄생했다.

윤보선 대통령(좌)과 장면 총리(우)

### 1961년 ◐
### 대한민국, 5·16 쿠데타 발생

1961년 5월 16일 박정희 소장의 주도
로 군인들이 군사 정변을 일으켰다. 쿠데
타 대응에 미온적이었던 윤보선 대통령
과 미국의 관망으로 쿠데타는 손쉽게 성
공했고, 민주적으로 선출된 장면 내각은
붕괴됐다. 쿠데타를 일으킨 목적이 반공
이었기에 정권을 잡은 박정희는 반공을
국가 정책의 기본 방침으로 삼았다. 국가
재건최고회의를 결성하여 의장직에 올라
군정(軍政)을 실시했으며, 중앙정보부를 만
들고 반공법을 제정했다.

5·16 쿠데타 직후의 박정희(맨 왼쪽)

### ◐ 1962년
### 미국, 쿠바 봉쇄 단행 아메리카

쿠바의 카스트로 정부는 미국계 기업의
농장이나 사탕 회사, 석유 회사 등을 몰수
하여 국유화했다. 또한 쿠바를 핵무장시
켜 미국과의 힘의 균형을 맞추려 했던 소
련 흐루쇼프 서기장의 제안을 받아들여
미사일 기지를 건설했다. 이에 1962년
10월 미국의 존 F. 케네디 대통령은 소련
의 미사일 반입을 막기 위해 미국과 동맹
국들에 쿠바와의 무역을 금지한 '쿠바 봉
쇄'를 선언했다. 소련은 1961년 터키에

설치된 미국의 미사일 기지와 이 쿠바의 미사일 기지를 함께 철거하자고 제안했으나 미국이 거부하여 한때 핵전쟁과 제3차 대전 발발 위기가 임박했었다. 다행히 11월 2일 케네디 대통령의 제안 수락으로 위기는 진정됐으나, 이후 미국은 쿠바에 대해 외교적·경제적으로 완전한 봉쇄 정책을 단행했고, 2009년이 되어서야 47년 만에 봉쇄 정책 일부를 해제했다.

### 1963년 ◀
#### 대한민국, 제3공화국 수립

1963년 10월 15일 제5대 대통령을 선출하는 선거가 치러졌다. 대선에 출마하기 위해 8월 30일 군에서 예편한 민주공화당 박정희는 민정당 윤보선 후보와의 대결에서 승리하여 제5대 대통령이 됐다. 1963년 12월 17일에 정식 출범한 대한민국의 세 번째 공화국 시기에는 도로와 항만, 공항 등의 사회간접자본이 마련됐고, 식량 생산이 증대되어 외국 자본에 의존하던 자본 구조가 어느 정도 개선됐다. 그러나 소수의 재벌에게 자본이 집중됐으며, 수출 의존도가 높아졌고, 노동자와 민주주의가 억압받았다. 또한 〈국민교육헌장〉을 제정하는 등 교육의 중앙 집권화와 통제도 이뤄졌다. 제3공화국은 1972년 10월 17일 유신체제로 전환하면서 끝이 났다.

### 1964년 ◀
#### 대한민국, 베트남 파병 시작

박정희 정부는 1964년 9월 11일 베트남 전쟁에 지원 부대를 파병한 것을 시작으로 1973년 휴전 협정이 조인될 때까지 32만여 명을 파병했다. 베트남 파병은 대한민국이 먼저 미국에 제안하였고, 처음에는 제안을 거부했던 미국은 상황이 여의치 않자 지원을 요청했다. 파병은 대한민국 경제에 도움이 되었다. 당시 파병 한국군의 월급은 미국에서 지급했는데, 월급 대부분이 한국에 있는 가족에게 보내졌기 때문이다. 베트남에 대한 수출도 급

### ▶ 1964년
#### 미국, 베트남 전쟁 참전 <sup>아시아</sup>

아시아

1946년 제2차 세계대전 후 다시 베트남을 차지하려 했던 프랑스와 또다시 식민지가 될 수는 없다며 독립을 선언한 베트남 사이에 인도차이나 전쟁이 벌어졌다. 1954년 전쟁은 끝이 났으나, 베트남은 남북으로 나뉘어 북위 17도선을 중심으로 북쪽에는 호찌민이 통치하는 공산주의 정권이, 남쪽에는 민주주의 정권이 들어섰다. 미국의 지원 아래 남베트남의 초대 대통령이 된 응오딘지엠의 독재는 공산주의와 무장 게릴라 조직인 베트콩(Viet

증하여 외환 사정도 좋아졌다. 그러나 5천여 명의 전사자와 1만 6천여 명의 부상자가 발생했고, 한국군이 관련된 베트남 민간인 학살 문제, 참전 병사들의 고엽제 후유증 등 큰 상처를 남겨 전쟁이 치러진 8년 6개월은 대한민국과 베트남 모두에 참혹한 시간이었다.

대한민국 최초로 해외에 파병한 베트남전

Cong)이 세력을 확장하는 계기가 됐다. 결국 1960년 남·북베트남 사이에 내전이 일어났다. 이에 미국은 공산주의 봉쇄 전략으로 남베트남에 정규군을 주둔시켰고, 1964년 북베트남 어뢰정이 미군 함정을 공격한 '통킹만 사건'을 빌미로 미군을 직접 베트남전에 투입했다. 내전을 국제전으로 바꿔 버린 미국은 베트남 전쟁에서 살상력이 강력한 네이팜탄과 고엽제를 사용했고, 미라이에서는 어린이와 여자가 대부분인 민간인을 학살했다. 1968년 1월 베트콩의 대공세 후 패배를 예감한 미국은 북베트남과 평화 회담을 시작했고, 1973년 1월 파리 평화 협정이 체결되면서 철수하였다. 베트남은 1975년 북베트남에 의해 통일됐지만, 막대한 인명 피해와 갈등, 경제 손실을 극복해야 했다.

베트콩 색출 작전 중인 미군

### 1965년 ◐
#### 대한민국, 한일기본조약 체결
1951년 한국과 일본 간에 첫 번째 회담이 개최된 이후 양국 국교 정상화를 위한 한일회담은 박정희 정부가 들어서면서 급속도로 추진됐다. 미국-일본-한국으로 이어지는 반공과 경제 동맹을 구축하려한 미국의 권유와 대한민국을 자국 경제의 하위 파트너로 삼으려는 일본의 욕심 그리고 경제 개발에 필요한 자금을 일본에서 확보하려는 대한민국의 기대가 작

### ◑ 1966년
#### 중국, 문화대혁명 시작 아시아
문화대혁명은 마오쩌둥 주석이 중국의 혁명정신 재건을 위해 1966년부터 1976년까지 추진한 극좌 사회주의 운동이다. 중국식 사회주의의 유지와 대약진운동 실패 이후 불안해진 자신의 정치적 입지를 회복하고자 계속혁명론을 들고나

용했기 때문이다. 그러나 제3공화국의 대일회담 자세가 굴욕적이라고 보았던 학생과 시민들은 1964년 6월 3일에 한일회담을 반대하는 대규모 시위를 벌였고, 이에 박정희 대통령은 비상계엄령을 선포해 시위를 강경 진압하였다. 이후 7차 회담이 열린 뒤 1965년 6월 22일, 대한민국과 일본 간의 기본관계에 관한 조약과 이에 부속된 '청구권·경제협력에 관한 협정', '재일교포의 법적 지위와 대우에 관한 협정', '어업에 관한 협정', '문화재·문화협력에 관한 협정' 등이 정식으로 조인됐다. 한일기본조약 체결 후 박정희 정부는 일본으로부터 총 8억 달러를 건네받아 상당 부분 경제 발전에 사용했다. 그러나 이 조약에는 식민지 지배에 대한 일본의 사과는 담겨 있지 않았다. 위안부나 강제 징용자에 대한 언급도 없었고, 독도 영유권 문제도 거론되지 않았으며, 한국의 지나친 양보로 체결된 협정이라는 논란이 일었다.

온 것이다. 마오쩌둥은 학교를 폐쇄하고 홍위병(紅衛兵)이라는 청년 조직을 만들었다. 이들은 전통적인 가치와 부르주아적인 것을 공격했으며, 지식인을 죽이고, 문화유산을 파괴하는 등 혁명을 주도해 나갔다. 혁명은 점차 정치 투쟁으로 비화하여 당의 관료들을 공개 비판하고 당내의 반(反)마오쩌둥파를 제거했다. 1976년 마오쩌둥이 사망하면서 10년간 중국을 공포의 회오리 속으로 몰아넣었던 문화대혁명도 끝이 났다. 이 혁명에 대해 1981년 중국 공산당은 "당과 국가, 인민에게 막대한 좌절과 손실을 가져다준 마오쩌둥의 오류"였다고 공식 평가했다.

톈안먼 광장에 모인 홍위병

찰국 소속 특수부대원 31명이 서울 세검정 고개까지 침투했다(1·21 사태). 이들은 청와대 습격 직전에 발각됐는데, 생포된 김신조를 제외한 전원이 사살됐다. 이틀 후인 1월 23일에는 원산 앞바다에서 항해 중이던 미군의 정찰함 USS 푸에블로호가 북한에 납치됐다. 11개월 만에 82명의 생존 승무원과 유해 1구가 판문점을 통해 돌아왔지만, 푸에블로호는 지금까지도 대동강변에 전시되어 있다. 이 두 사건에 놀란 박정희 정부는 반공을 강화해야 한다며 4월 1일 비정규군 250만을 조직화하여 향토예비군을 창설했다. 1969년에는 교련(敎鍊) 과목을 도입했고, 만 18세 이상의 모든 국민에게 주민등록증을 발급했다. 1970년 2월에는 〈향토예비군의 날에 관한 규정〉이 제정되어 매년 4월 첫 번째 금요일을 '예비군의 날로 기념하고 있다.

크가 당 제1서기에 취임하였다. 개혁파는 4월에 열린 총회에서 '인간의 얼굴을 한 사회주의', 즉 민주화와 자유화를 위한 강령을 채택했다. 내용은 재판의 독립성 보장, 사전 검열 폐지, 민주적 선거 도입, 언론·출판·집회의 자유 보장 등이었다. 많은 정당과 정치 단체가 부활하여 활발한 논의와 비판이 이뤄졌고 검열도 사실상 폐지됐다. 이러한 정책적 변화를 체코 국민은 '프라하의 봄(Prague Spring)'이라 부르며 환영했다. 이 개혁이 동유럽의 다른 공산 국가에 영향을 미칠까 우려한 소련의 주도하에 1968년 8월 20일 약 20만의 바르샤바 조약군이 체코슬로바키아를 침공하여 하룻밤 만에 전 국토를 점령했다. 다음 날 둡체크와 개혁파 간부들이 소련으로 납치되면서 프라하의 봄은 끝났고, 1969년 둡체크의 뒤를 이어 제1서기가 된 구스타프 후사크에 의해 마무리됐다.

북한에 나포된 푸에블로호

민주 개혁을 주도한 둡체크

## ❯ 1969년

### 미국, 달 착륙 성공 아메리카

1969년 7월 20일 미국의 아폴로 11호가 인류 역사상 최초로 달 착륙에 성공했다. 아폴로 11호에는 선장 닐 암스트롱과 착륙선 조종사 버즈 올드린, 사령선 조

(왼쪽부터) 암스트롱, 콜린스, 올드린

달 표면에 선 올드린

종사 마이클 콜린스가 타고 있었다. 7월 21일, 달 착륙 6시간 만에 착륙선에서 내린 암스트롱은 달 표면 '고요의 바다'에 첫 발을 내디디며 "한 인간에게는 작은 발걸음이지만, 인류에게는 커다란 도약이다."라는 말을 남겼다. 암스트롱과 올드린은 달 표면을 걸어 다니며 지진계를 비롯한 관측기를 설치하고, 토양 샘플을 채취했다. 콜린스는 달 주위를 돌면서 달의 표면을 사진으로 찍었다. 7월 24일 아폴로 11호는 무사히 지구로 귀환했다. 이로써 우주 탐사 경쟁에서 소련에 뒤처졌던 미국은 자존심을 회복했으며, 우주 경쟁에서의 주도권을 잡았다.

## 1970년 ◁

### 대한민국, 전태일 분신자살 사건 발생

1970년 11월 13일 22세의 전태일이 열악한 노동 조건을 개선하라며 분신자살하였다. 그는 평화시장에서 재단사로 일하던 노동자였다. 1970년 9월 삼동친목회를 조직한 전태일은 동료들과 함께 평화시장의 노동 조건 실태에 관해 설문 조사하였다. 이를 토대로 열악한 환경에서 저임금, 장시간 노동에 시달리고 있는 노동자의 현실을 노동청에 알리고 시정을 약속받았다. 그러나 약속은 지켜지지 않았다. 1970년 11월 13일 계획했던 항의 시위가 시작하기도 전에 경찰에 의해 강제 해산당하자 전태일은 분신 항거하였

청계천 전태일 다리에 있는 전태일 흉상
(출처: 위키백과 CC BY-SA 3.0 ©dalgial)

238

다. 그는 분신으로 노동자 인권을 선언했고, 노동자의 열악하고 처참한 현실을 세상에 알렸다. 그의 항거는 대한민국의 노동 운동과 민주화 운동, 학생 운동에도 큰 영향을 주었다.

## 1972년 ◀
### 대한민국, 10월 유신 단행

1969년 9월 14일 민주공화당 의원들이 주도하여 3선 개헌안을 날치기 통과시켰다. 3선 개헌안의 주요 내용은 대통령직을 세 번 할 수 있도록 헌법을 바꾸는 것이었다. 결국 박정희는 1971년 4월 27일에 치러진 제7대 대통령 선거에서 신민당의 김대중 후보를 누르고 3선에 성공했다. 지역감정을 부추기고 관권 선거까지 동원해 간신히 얻어 낸 승리였다. 그런데 1972년 10월 17일 박정희 대통령은 비상계엄령을 선포하고 헌법을 정지시켰다. 그는 한국적 민주주의 정착과 한반도 통일을 위해서는 강력한 체제가 필요하다며 국회를 해산하고 대통령에게 모든 권력을 집중시키는 유신헌법(維新憲法)을 공포했다. 1인 독재 체제의 장기 집권을 목적으로 하는 10월 유신을 단행한 것이다. 그러고는 12월 23일 대통령이 의장인 통일주체국민회의에서 제8대 대통령으로 선출됐다. 이렇게 하여 절대적 대통령제를 표방한 제4공화국의 막이 올라 1981년 3월까지 지속됐으며, 1978년 7월 6일에 치러진 제9대 대통령 선거에서도 박정희가 대통령으로 선출됐다.

## ▶ 1972년
### 미국, 중국 방문 아시아

1972년 2월 21일 미국과 중국의 관계 개선을 위해 미국의 리처드 닉슨 대통령이 중국을 방문했다. 그가 미국 대통령으로서는 처음으로 중국을 방문하여 마오쩌둥 주석을 만난 것은 소련의 힘을 함께 견제하기 위해서였다. 이로써 제2차 세계 대전 이후 유지되어 온 냉전 체제가 흔들리기 시작했다.

1972년 중국에서 만난 마오쩌둥과 닉슨

## ▶ 1973년
### 제4차 아랍·이스라엘 전쟁 발발 아시아

1973년 10월 6일 이집트와 시리아가 이스라엘을 급습하여 제4차 아랍·이스라엘 전쟁이 일어났다. 제3차 전쟁 때 이스라엘에 빼앗겼던 시나이반도와 가자 지구, 골란고원을 되찾기 위해서였다. 치열

한 공방전은 10월 22일 유엔안전보장이
사회의 정전결의안을 받아들이면서 끝이
났다. 이 전쟁을 계기로 석유수출국기구
(OPEC)는 이스라엘과 미국 등에 대해 석유
수출을 금지하고, 석유 생산량을 줄여 석
유 가격을 5배 이상 인상했다. 1978년의
이란 혁명을 계기로 다시 한번 국제 유가
가 상승했는데, 이로 인해 세계 경제는 극
심한 침체를 겪었다.

### ● 1974년
#### 미국, 닉슨 대통령 사임 아메리카
1972년 6월 워싱턴의 워터게이트 빌딩
에 있는 민주당 선거본부 사무실에 괴한
이 침입하여 도청 장치를 설치하려 했던
사건이 발생했다. 닉슨 대통령은 재선에
성공했지만, 닉슨의 측근이 민주당을 방
해하려고 이 워터게이트 사건을 벌였음
이 밝혀졌다. 게다가 닉슨 대통령이 이
를 은폐했다는 사실까지 드러났다. 결국
1974년 8월 8일 의회의 탄핵을 앞둔 닉
슨은 스스로 대통령직에서 물러났다. 워
터게이트 사건은 미국 정치 역사상 가장
충격적인 사건으로 남았다.

### 1974년 ●
#### 대한민국, 긴급조치 발동
1974년 1월 8일 박정희 대통령이 긴급조
치 1호를 발동했다. 긴급조치란 국가 존
립을 위협하는 사태에 직면하거나 발생이
예상되는 경우에 입헌 체제를 부분적·일
시적으로 정지할 수 있는 국가긴급권으로
모두 9차례 공포됐다. 박정희 대통령은
긴급조치를 통해 유신헌법이나 유신 체제
에 저항하는 사람들을 힘으로 눌렀다. 국
민의 자유와 권리를 정지할 수 있는 무소
불위의 이 권한은 1980년 10월 27일 유
신헌법이 개정되면서 폐지됐다.

### ● 1975년
#### 캄보디아, 킬링필드 자행 아시아
1975년 4월 17일 공산당 무장 조직인
크메르루주(Khmer Rouge)가 캄보디아의 수
도인 프놈펜을 장악했다. 이를 주도한 사
람은 프랑스 유학 후 1963년 공산당 서
기장이 된 폴 포트였다. 정권을 장악한 크
메르루주는 4년 동안 농촌으로의 강제
이주 정책을 시행하여 모든 국민을 집단
농장에 몰아넣었다. 화폐와 사유재산, 종

크메르루주의 지도자 폴 포트

교를 없애고 학교와 병원, 공장을 폐쇄했다. 이 과정에서 전 인구의 4분의 1인 약 200만 명이 목숨을 잃었다. 크메르루주의 대량 학살은 죽음의 들판이라는 의미의 '킬링필드(Killing Fields)'로 불리는데, 1984년에는 동명의 영화가 만들어졌다.

## ❯ 1978년

### 영국, 최초의 시험관 아기 탄생 유럽

1978년 7월 25일 영국의 올덤 종합병원에서 세계 최초로 시험관 아기가 태어났다. 제왕절개 수술을 통해 태어난 아기는 루이스 브라운으로, 성인이 된 그녀는 2007년 자연적으로 임신하여 자연분만으로 아들을 낳았다. 최초의 시험관 아기의 탄생을 주도한 이들은 생리학자인 로버트 에드워즈 박사와 산부인과 의사인 패트릭 스텝토 박사였다. 이들은 여성의 난자와 남성의 정자를 시험관 속에서 수정시킨 후 여성의 자궁에 인위적으로 착상하는 체외수정법을 시도하여 시험관 아기를 탄생시켰다. 대한민국에서는 서울대병원 산부인과 문신용·장윤석 교수팀의 주도로, 1985년 10월 12일 첫 시험관 아기가 태어났다. 이는 전 세계 불임 부부에게 희망이 됐다는 점은 확실하지만, 종교적·과학적 측면에서는 문제점을 안고 있다.

시험관 아기를 탄생시킨 로버트 에드워즈

### 1979년 ❮

### 대한민국, 10·26 사건 발생

10월 26일 저녁 7시 40분경, 서울 종로구 궁정동 중앙정보부 안가(安家)에서 중앙정보부장 김재규가 박정희 대통령과 차지철 경호실장을 권총으로 살해한 사

## ❯ 1979년

### 소련, 아프가니스탄 침공 아시아

1978년에 들어선 아프가니스탄 공산 정권에 대한 무슬림의 무장 투쟁이 계속되자, 1979년 12월 27일 소련군 3만이 아프가니스탄을 침공해 내전에 개입

건이 일어났다. 1970년대 후반 박정희 정부의 정치·경제적 모순이 드러나기 시작했다. 중화학 공업에 무리하게 투자한 데다 노동자의 희생을 기반으로 한 수출 주도형 공업이 한계에 부딪혀 경제가 악화됐다. 1인 장기 집권과 강압 통치로 인한 갈등과 억압받는 인권에 대한 개선의 목소리가 끊임없이 흘러나왔으며, 미국 지미 카터 행정부와의 갈등은 박정희 정부의 정치적 위기를 가중시켰다. 이런 상황에서 가발 제조업체인 YH무역의 노동 쟁의를 무력 진압한 것과 김영삼 신민당 총재의 국회의원직을 박탈한 것은 최악의 한 수가 되었다. 1979년 10월 16일부터 20일까지 부산과 지금의 창원인 마산의 학생과 시민들이 유신 체제에 대항한 부마민주항쟁이 일어났고, 이 항쟁의 처리 과정에서 김재규가 박정희 대통령과 차지철을 살해했다. 이 사건으로 유신 체제는 막을 내렸다. 그러나 전두환의 신군부가 집권하면서 권위주의 통치는 연장되었다.

중앙정보부장 김재규

### 대한민국, 12·12 군사 반란 발생

10·26 사건 후 사회 곳곳에서 민주화에 대한 요구가 터져 나오는 가운데, 통일주체국민회의를 통해 국무총리였던 최규하

했다. 소련은 하피줄라 아민 대통령을 죽이고 바브락 카르말을 후임으로 세운 뒤 10만 명의 군대를 동원하여 속전속결로 전쟁을 마무리하려 했다. 그러나 무슬림 무장 게릴라 조직인 무자헤딘(mujahidin)의 공격을 막기는 쉽지 않았다. 전쟁을 피해 수백만의 난민이 파키스탄과 이란으로 탈주했으며, '소련판 베트남 전쟁'이라는 국제적 비난이 쏟아졌고, 국제연합 총회에서는 소련의 아프가니스탄 개입을 반대하는 결의안이 통과됐다. 결국 소련군은 1988년부터 철수하기 시작했으며, 1992년 4월 무자헤딘은 모하마드 나지불라 대통령을 축출하고 이슬람 공화국을 선포했다.

아프가니스탄에서 철수하는 소련 전차

가 대통령에 선출됐다. 최규하 대통령은 제주도를 제외한 전국에 비상계엄을 선포하고 정승화 육군참모총장을 계엄사령관에 임명했다. 정승화는 주요 지휘관을 교체하는 등 군 내부 개혁을 진행했는데, 이때 정치군인을 제거해야 한다는 주장이 나오기 시작했다. 이에 불만을 가진 전두환 합동수사본부장을 중심으로 한 하나회(=신군부)가 1979년 12월 12일 쿠데타로 정권을 장악했다. 신군부는 정승화를 강제로 연행하였고, 최규하 대통령을 협박하여 사후 승인을 받았다. 이후 신군부 세력은 제5공화국의 중심 세력이 됐다.

## 1980년 ◀
### 대한민국, 5·18 민주화 운동 발생

전두환은 1980년 4월 중앙정보부장 서리에 임명돼 정보기관을 모두 장악했고, 신군부가 정치 관여 의도를 드러내기 시작하자 학생들은 전두환 퇴진, 민주 체제 회복, 언론 자유 등을 요구하며 시위를 벌였다. 특히 1980년 5월 15일 서울역 시위 등 학생 운동이 전국적으로 확산하자 신군부는 5월 17일 비상계엄을 전국으로 확대하고 정치활동 금지령, 휴교령 등을 선포한 뒤 군 병력으로 국회를 봉쇄했다. 이에 5월 18일 광주 및 전남의 대학생과 시민들이 비상계엄 해제, 전두환 퇴진, 김대중 석방 등을 요구하며 민주화 운동을 벌였다. 신군부는 즉각 광주 시내에 공수부대를 투입하고 각 대학에 계엄군을 진주시키는 등 과잉 진압에 나서 시위에 참여하지 않은 일반 시민들까지 닥치는 대로 살상·폭행하였다. 분노한 광주 시민들은 대거 시위에 합류하여 거세게 대항했다. 그러나 신군부는 광주를 봉쇄, 고

## ❯ 1980년
### 이라크, 이란과 전쟁 시작 아시아

1980년 9월 22일 이라크의 기습 침공으로 이란·이라크 전쟁이 발발했다. 이란이 1975년에 체결한 국경 협정을 파기한 데다 이슬람 혁명으로 정권을 잡은 루홀라 호메이니 정부의 반미·반서방 정책이 중동 지역에 미칠 우려가 더해져 전쟁이 시작된 것이다. 여기에는 미국을 비롯

이란-이라크 전쟁(출처: 위키미디어 공용 CC BY-SA 4.0)

립시킨 다음 5월 27일 새벽 2만 5천 명의 공수부대를 추가로 투입하여 무력으로 진압했다. 5·18 민주화 운동 희생자는 사망자 218명, 행방불명자 363명, 부상자 5,088명, 기타 1,520명에 달한다. 피해자와 가족 대부분이 외상 후 스트레스 장애를 앓고 있으며, 자살률도 일반인의 500배에 달한다. 그런데도 여전히 최초 발포 명령자가 누구인지 밝혀지지 않았고, 당시 군을 통제했던 전두환은 이에 관련한 사항을 부인하고 있다.

5·18 민주화 운동 당시 경찰과 대치 중인 전남대 학생들

## 대한민국, 삼청교육대 설치

삼청교육대는 전두환이 위원장이었던 국가보위비상대책위원회가 사회 정화 정책의 하나로 군부대 내에 설치한 기관으로, 1980년 8월부터 1981년 1월까지 존속했다. 전과자, 폭력배를 비롯한 사회악을 군대식 훈련으로 교화한다는 명분과 달리, 3분의 1 이상은 무고한 일반인이었고 학생과 여성도 포함되어 있었다. 이들은 26개의 군부대에서 잔인하고 가혹한 군사 훈련과 고문에 시달렸다. 1988년 국방부 공식 집계에 따르면 삼청교육대에 끌려가 사망한 사람은 54명이지만 실제 희생자 수는 훨씬 많을 것으로 추정된다. 2007년 국방부 과거사진상규명위원회는 삼청교육대의 설치 자체가 불법이며, 순화 교육이라는 미명 아래 자행된 교육

한 서방 국가들의 막대한 지원이 큰 몫을 했다. 게다가 이란은 대부분 페르시아인으로 수니파가 90% 이상인 반면 이라크는 아랍인이 다수이며 수니파와 시아파의 비율이 비슷했다. 이 민족적·종파적 차이도 갈등을 증폭시켰다. 계속된 전쟁은 1988년 국제연합의 정전결의안에 의해 막을 내렸다. 그러나 아랍 지역의 패권을 놓고 다툰 8년간의 전쟁으로 이라크는 군사 강국으로 부상했고, 훗날 쿠웨이트를 침공할 기반을 마련했다.

과정에서는 각종 인권 유린이 있었다고
발표했다.

1981년 ◀
### 대한민국, 제5공화국 출범
1980년 10월 27일 제5공화국 헌법이
공포됐고, 12월 초에는 민주정의당, 민주
한국당, 한국국민당이 창당됐다. 민주정
의당의 총재가 된 전두환이 1981년 3월
3일 제12대 대통령에 취임하면서 제5공
화국이 정식 출범하였고, 1988년 2월까
지 지속됐다.

전두환 대통령 내외

▶ 1981년
### 이집트, 사다트 대통령 피살 아프리카
1970년 나세르의 후임으로 이집트 대
통령이 된 안와르 사다트는 4차 아랍·이
스라엘 분쟁 때 직접 이집트군을 지휘했
다. 현실적 온건 노선을 취한 사다트는
1977년 이집트 국가 수반으로는 처음으
로 이스라엘을 방문하여 평화 노선을 열
기 시작했고, 이로 인해 메나헴 베긴 이스
라엘 총리와 함께 노벨평화상을 공동 수
상하기도 했다. 그러나 다른 아랍 국가들
은 이스라엘과 평화 조약을 맺은 사다트
를 아랍 세계의 배반자로 낙인찍었다. 중
동 평화의 길을 열던 사다트는 1981년
10월 6일, 아랍·이스라엘 전쟁 8주년 기
념식에 참석했다가 과격파 이슬람 병사
의 총격을 받고 사망했다.

카터 미국 대통령을 증인으로 이집트-이스라엘 평화 조
약에 조인한 후 악수하는 사다트와 베긴 총리

▶ 1982년
### 아르헨티나, 영국과 전쟁 아메리카
1982년 4월 2일 아르헨티나가 선전포
고도 없이 영국령인 포클랜드를 침공했

### 대한민국, KAL기 피격 사건 발생

1983년 8월 31일 뉴욕 케네디 공항을 이륙한 대한항공(KAL) 보잉 747기가 캄차카반도를 거쳐 강릉·서울로 이어지는 항로를 운항하던 중, 9월 1일 새벽 소련 전투기의 미사일 공격을 받고 사할린 해상으로 추락했다. 소련 전투기는 정규 항로를 이탈하여 소련 영공으로 들어간 KAL기를 미국 첩보기로 오인했으나 진위를 확인하지 않고 공격했다. 이에 당시 여객기에 타고 있던 한국인 81명을 비롯한 탑승객 269명이 모두 사망했다. 타국의 항공기가 영공을 침범했어도 민항기에 대해서는 무력을 사용할 수 없다는 국제관례를 무시한 소련은 사건 직후 전 세계로부터 규탄받았으며, 동서 관계는 급속히 냉각됐다. 한국 정부는 이 사건에 대해 성명을 발표하고 강력히 항의했으며 국제연합 안전보장이사회의 긴급 소집을 요구했다.

### 대한민국, 아웅산 묘소 폭탄 테러 사건 발생

1983년 10월 9일, 미얀마 수도 양곤에 있는 아웅산 묘소에서 폭탄 테러 사건이 발생했다. 북한의 비밀 요원들이 아웅산 묘소 참배 행사에 참석할 예정이던 전두환 대통령을 암살할 목적으로 설치한 폭탄이 폭발하여 서석준 부총리, 이범석 외무부 장관을 포함한 각료와 수행원 17명이 사망하고 합참의장 이기백 등 13명이 중경상을 입었다. 전두환 대통령은 공식 순방 일정을 취소하고 급히 귀국했으며, 미얀마는 테러를 일으킨 북한 요원을 체포하고 북한과 국교를 단절했다.

다. 포클랜드는 1883년부터 영국이 점령하고 있었는데, 아르헨티나는 이곳을 말비나스라 부르며 자국의 영토라고 주장해 왔다. 1981년 12월 아르헨티나 대통령에 취임한 레오폴도 갈티에리는 국내 경제 악화와 군사 정권에 대한 국민의 저항을 외부로 돌리기 위해 전쟁을 일으켰다. 당시 영국 총리였던 마거릿 대처는 약 3만의 병력을 동원해 전면전에 나섰고, 아르헨티나는 70여 일 만에 큰 피해를 입고 패했다. 갈티에리 대통령은 이 패배에 따른 책임을 지고 사임했으며, 지지율 하락에 시달리던 대처 총리는 재선에 성공했다.

레오폴도 갈티에리

미하일 고르바초프

**◇ 1985년**

### 소련, 고르바초프 서기장 취임 유럽

1985년 3월 11일 미하일 고르바초프가 소련 공산당 서기장으로 취임했다. 그는 개혁과 개방을 단행하여 소련뿐만 아니라 동유럽의 변화를 끌어냈고, 세계 질서에도 큰 변혁을 일으켰다. 1970년대 후반부터 적신호가 켜진 소련의 경제 상황은 1980년대에 들어 미국과의 군비 경쟁으로 더 악화됐고, 특권 관료층의 부패도 심해졌다. 이를 해결하고자 고르바초프는 경제·정치의 개혁 정책인 페레스트로이카(Perestroika)와 개방을 확대하자는 글라스노스트(glasnost)를 시행했다. 또한 시장 경제를 도입했고, 서방 국가와의 관계 개선을 추진했으며, 공산주의 국가에 대한 간섭을 포기했다. 언론 통제를 완화했고, 집회 결사의 자유를 부여했으며, 선거에서의 복수 후보제도 도입했다. 이후 고르바초프는 공산당과 정부의 역할을 분리했고, 소련의 초대 대통령에 취임했으며, 냉전을 종식한 공로로 노벨평화상을 수상했다.

### 1986년 ◆
#### 대한민국, 보도지침 사건 발생

보도지침(報道指針)이란 전두환 정부 때 문화공보부 홍보정책실에서 언론사의 기사를 통제하기 위해 작성한 가이드라인으로, 거의 매일 각 언론사에 시달한 문건을 말한다. 1970년대 중반부터 활동했던 동아자유언론수호투쟁위원회와 조선일보자유언론수호투쟁위원회 출신들과 1980년의 언론 통폐합으로 해직된 언론인들의 주도로 결성된 민주언론운동협의

**◇ 1986년**

### 소련, 체르노빌 원전 사고 발생 유럽

1986년 4월 26일, 소련 우크라이나 공화국의 키예프에서 남쪽으로 130km 떨어져 있던 체르노빌 원자력발전소의 제4호 원자로에서 폭발이 일어나 방사성 물질 8톤가량이 대기 중으로 누출됐다. 이로 인해 당시 작업 중이던 직원 2명이 즉사했고, 사고 현장을 수습하던 수십 명의 직원과 소방관 등이 방사능에 노출되어 사망했다. 당시 원자로 주변 30km 이내에

회가 월간지 《말》을 발간해 그동안의 보도지침을 폭로했다. 정부의 노골적인 언론 통제가 만천하에 드러났지만, 민주언론운동협의회의 김태홍 의장과 신홍범 실행위원, 한국일보의 김주언 기자가 국가보안법 위반 및 국가 모독죄 혐의로 구속, 기소됐다. 1987년 6월 집행유예로 풀려난 세 사람은 1995년 12월 무죄 확정 판결을 받았다.

### 대한민국, 아시안게임 개최

제2차 세계대전 후 아시아 여러 나라의 우호와 세계 평화를 촉진하기 위해 미얀마·스리랑카·인도·타이완·필리핀·대한민국 등 6개국 대표가 모여 1949년 아시아선수권연맹을 창설하고 경기 개최를 결정했다. 1951년 인도 뉴델리에서 첫 대회가 개최됐으며, 이후 4년에 한 번씩 국제 올림픽 경기의 중간 해에 개최되고 있다. 제10회 아시안게임은 1986년 9월 20일부터 10월 5일까지 서울에서 열렸으며, 대한민국은 27개 참가국 중 종합 2위를 차지했다.

## 1987년 ◀

### 대한민국, 6월 민주 항쟁 발생

1987년 1월 14일 박종철 고문치사 사건이 일어났다. 치안본부 대공 수사관에 의해 영장도 없이 연행된 서울대 학생 박종철이 물고문으로 질식사한 것이다. 정부에서는 이 사건을 은폐하려 했으나, 5월 18일 광주 민주화 운동 7주기 추모 미사에서 천주교정의구현전국사제단의 김승훈 신부가 경찰의 은폐와 조작을 폭로하면서 세상에 알려졌다. 이후 각종 추모 집회와 규탄 시위가 개최됐는데, 6월 9일 연

살던 주민 11만여 명은 다른 지역으로 이주해야 했다. 소련 정부의 구태의연한 대응으로 사고 수습이 지연되어 피해가 더 커졌으며, 발전소에서 유출된 방사성 강하물이 주변 지역에 떨어져 심각한 방사능 오염을 초래했다. 역사상 최악의 방사능 유출 사고였던 체르노빌 원전 사고로 인한 인적, 물적, 환경적 피해와 그 후유증은 아직도 심각한 상태이다.

폭발 직후의 체르노빌 원자력발전소(출처: 위키피디아 CC BY-SA 2.0 ⓒIAEA Imagebank)

세대 정문 앞에서 시위를 벌이던 이한열 학생이 경찰이 쏜 최루탄에 맞아 사망하는 사건이 일어났다. 이로 인해 국민의 억눌린 감정이 한꺼번에 분출되어 정부 타도를 외치는 시위가 전국에서 일어났다. 여기에는 독재와 장기 집권을 위해 4월 13일에 호헌 조치(護憲措置)를 발표하고 민정당 대통령 후보 지명 작업을 한 전두환 정권에 대한 분노도 한몫했다. 6월 10일부터 29일까지 전국에서 500여만 명이 참가한 가운데 치열하고 조직적으로 진행된 시위는 6월 29일 노태우 민정당 대표가 직선제 개헌과 민주화 조치의 시행을 약속하는 6·29 선언을 발표함으로써 끝이 났다. 9월 12일 여야 합의에 따라 5년 단임(單任)의 대통령 직선제가 국회에서 통과됐다. 12월 16일 대선에서 6·29 선언으로 일약 대중적인 정치인으로 부상한 노태우 후보가 야권의 김영삼·김대중 후보를 누르고 승리하여, 1988년 2월 25일 제13대 대통령으로 취임하면서 제6공화국이 시작됐다.

이한열 열사 영결식에 모인 사람들

노태우 대통령(출처: 대한민국 국가기록원)

## 1988년 ◐

### 대한민국, 올림픽 개최

1988년 9월 17일부터 10월 2일까지 서울을 비롯한 주요 도시에서 제24회 올림픽이 열렸다. 아시아에서는 일본에 이어 두 번째로 개최된 서울 올림픽은 그동안의 이념 분쟁이나 인종 차별을 해소한 대회로, 160개국에서 8,391명의 선수가 참가하여 237개의 종목을 겨루었다. 소련이 금메달 55개로 종합 우승을 차지했으며, 대한민국은 금메달 12개, 은메달 10개, 동메달 11개로 종합 4위를 차지했다.

1988년 서울 올림픽 폐막식

## 대한민국, 공산권 국가와 수교 시작

1989년 2월, 1948년에 수교를 맺었던 헝가리와 다시 국교를 수립했다. 외교 관계가 없던 폴란드와는 1989년 11월에 공식 외교 관계를 수립했다. 유고슬라비아와는 12월에, 1990년 3월에는 체코, 불가리아 및 루마니아 등 동유럽 국가들과 외교 관계를 맺었고 몽골과도 수교했다. 이후 이들 나라에 대한 대한민국 기업들의 합작 투자와 기술 교류가 활발히 이루어졌다. 또 당시 시장 경제 체제를 도입하고 있던 소련과도 1990년 10월에 외교 관계를 맺었다. 이때 소련에 약 30억 달러의 차관을 제공했다. 중국과의 수교는 1992년 8월 24일 한중수교에 관한 공동성명서에 서명하면서 이뤄졌는데, '하나의 중국'을 고수한 중국으로 인해 타이완과는 단교할 수밖에 없었다. 그러나 1993년 7월에 협의를 거쳐 서울과 타이베이에 각각의 대표부를 설치했다.

## ▶ 1989년

### 중국, 톈안먼 사건 발생 아시아

중국 공산당 지도부 내의 개혁파로 1987년에 사임한 후야오방 총서기가 1989년 4월 15일에 사망하자, 대학생들은 그의 명예 회복을 요구하며 추모 집회를 열었다. 이를 계기로 민주화를 요구하는 시위가 다시 시작됐고, 베이징의 톈안먼 광장에서는 100만이 넘는 학생과 시민들이 모여 연일 대대적인 항의 시위를 벌였다. 이에 덩샤오핑 정부는 베이징에 계엄령을 선포하고 1989년 6월 4일 새벽 계엄군을 동원해 무차별 발포하여 시위대를 해산시켰다. 시위 진압 과정에서 학생과 시민뿐만 아니라 군인까지 1만 5천여 명이 죽거나 다쳐 '피의 일요일'이라 불리는 이 사건 이후 중국의 민주화 운동은 위축됐고, 개혁파인 자오쯔양 대신 장쩌민이 총서기에 오르면서 정치적 분위기도 경색됐다.

### 독일, 베를린 장벽 붕괴 유럽

소련의 개혁과 개방 정책의 여파는 동독 사람들의 마음에도 불을 지폈다. 1989년 헝가리와 오스트리아의 국경에 설치되었던 철조망이 제거되자 많은 동독 사람들이 헝가리를 거쳐 서독으로 탈출했고, 민주화에 대한 시위도 계속 이어졌다. 결국 1989년 11월 9일 동독 정부는 베를린 장벽을 철거했다. 1961년 서독으로 넘어

철거 전의 베를린 장벽

가는 사람들을 막기 위해 쌓았던 동베를린과 서베를린의 경계인 콘크리트 담장이 허물어진 것이다. 베를린 장벽이 철거될 것이라는 소문이 돌자, 동·서베를린 시민들은 장벽으로 몰려와 통일을 요구했다. 이에 독일은 다음 해 국민 투표를 하였고 분단 41년 만인 1990년 10월 3일에 동·서독은 통일되었다.

## ❍ 1991년

### 이라크, 걸프 전쟁 시작 <sup>아시아</sup>

이라크의 사담 후세인 대통령은 쿠웨이트의 원유 과잉 공급이 이라크 경제를 파탄시켰다며 1990년 8월 2일 쿠웨이트를 침공하여 몇 시간 만에 점령하고 쿠웨이트를 19번째 속주로 삼았다. 이에 국제연합은 이라크에 1991년 1월 15일까지 쿠웨이트에서 철수하지 않으면 무력을 행사할 것이라고 경고했다. 이라크가 철수를 거부하자 미국·영국·프랑스 등 34개국으로 이루어진 다국적군이 대규모의 공중 폭격을 가하면서 걸프 전쟁이 시작됐다. 다국적군은 1991년 1월 17일부터 2월 28일까지 이라크군의 전략 거점 지역에 10만 회 이상의 폭격을 가하여 이라크 영토를 초토화했다. 2월 24일에는 지상전을 시작하여 약 100시간 만에 쿠웨이트에서 이라크군을 몰아냈고, 2월 28일 전쟁 종식을 선언했다. 미국 CNN 등의 방송으로 실시간 중계된 걸프 전쟁을 통해 전 세계는 최첨단 무기의 위력과 미국이 가진 힘을 인식하게 됐다. 그러나 그 무기에 희생된 이라크인의 참상은 텔레비전 화면에 나오지 못했다.

걸프전에서 '사막의 폭풍 작전'을 수행 중인 미 공군 항공기

월드와이드웹의 창시자 팀 버너스 리(출처: 위키미디어 공용 CC BY-SA 2.0 ⓒOpen Data Institute)

## 스위스, 월드와이드웹 발표 <sup>유럽</sup>

미국에서 군사용으로 개발된 기술인 인터넷이 일반인을 위한 시스템으로 발전한 것 중 대표적인 것이 월드와이드웹(world wide web, WWW)이다. WWW는 스위스 제네바에 있는 유럽입자물리학연구소(CERN)에 근무하던 영국인 과학자 팀 버너스 리가 개발하였는데, 세계 여러 대학과 연구기관의 물리학자들과 신속하고 정확하게 공동 연구를 하려고 고안한 것이었다. 문자, 음향, 화상 정보와 동영상까지 간단하고 직접적인 방식으로 전송하는 WWW는 1991년 8월 일반에게 공개된 이후, '세계적으로 펼쳐져 있는 거미줄'이라는 뜻에 걸맞게 수백만이 이용하는 국제적 통신매체, 통상 수단, 사회적 현상으로 자리 잡았다.

## 소련, 해체 <sup>유럽</sup>

1990년대에 들어 고르바초프의 개혁과 개방 정책은 개혁파와 보수파 모두의 반대에 부딪혔고 마이너스 성장, 물가 급등, 물자 부족 등 경제 상황도 나아지지 않았다. 이에 1991년 8월 18일 보수파 지도부의 주도로 쿠데타가 일어났다. 그러나 반(反)쿠데타파였던 보리스 옐친이 시민의 반발과 군대의 명령 거부를 끌어내어 쿠데타는 60시간 만에 진압됐다. 이후 고르바초프의 권력은 급속히 약해졌고 옐친은 러시아 제1의 권력자로 부상했다. 12월 21일에는 옐친의 주도로 9월에 연방을 탈퇴한 리투아니아·라트비아·에스토니아의 발트 3국과 조지아를 제외한 소련의 11개 공화국이 독립국가연합(CIS)을 결성, 12월 24일 소련을 대신하여 유엔의 의석을 차지하였다. 결국 12월 25일 고르바초프는 사임을 표명했고, 소비에트 사회주의 공화국 연방은 역사 속으로 사라졌다.

소련이 해체되면서 독립국이 된 러시아의 1대 대통령 옐친(출처: 위키미디어 공용 CC BY 4.0 ⓒKremlin.ru)

## 1992년

### 대한민국, 우리별 1호 발사

대한민국 최초의 인공위성인 우리별 1호는 한국과학기술원(KAIST)의 인공위성 연구센터와 한국항공우주연구원이 영국 서리대학교의 기술 지원을 받아 제작하였다. 가로 35.2cm, 세로 35.6cm, 높이 67cm의 육면체 모양으로 무게가 48.6kg인 우리별 1호는 1992년 8월 11일 남아메리카의 프랑스령 기아나 우주센터에서 아리안 로켓에 실려 발사됐다. 이로써 대한민국은 세계에서 22번째로 자국 위성을 보유한 나라가 됐다. 각종 실험 및 관측과 음성 방송을 위한 과학위성인 우리별 1호의 공식 수명은 5년이었지만, 임무 종료 후에도 7년간 더 작동하다 2004년 말 교신을 마쳤다.

인공위성연구소 내 홍보관에 전시된 우리별 1호, 과학기술위성 1호, 우리별 3호 모델(출처: 한국과학기술원)

## 1993년

### 대한민국, 문민정부 출범

1993년 2월 25일 문민정부(文民政府)를 표방한 김영삼이 제14대 대통령에 취임하였다. 취임 직후 하나회를 척결하고 군대를 개혁했으며, 전두환과 노태우 두 전직 대통령을 구속했다. 금융실명제를 시행하여 지하경제의 규모를 줄이고 종합소득세 실시 기반을 마련했다. 경제협력개발기구(OECD)에 29번째 회원국으로 가입했으며 지방자치제를 확대 시행하였다. 또한 일본의 잔재를 청산해야 한다는 취지에서 옛 조선총독부 건물을 철거했다. 그러나 1993년 3월 28일 무궁화호 열차 전복 사고부터 시작하여 7월 26일 아시아나 여객기 추락, 10월 10일 서해 페리호 침몰, 1994년 10월 21일 성

김영삼 대통령(출처: 대한민국 국가기록원)

수대교 붕괴, 10월 24일 충주호 유람선 화재, 1995년 4월 28일 대구 지하철 공사장 도시가스관 폭발, 6월 29일 삼풍백화점 붕괴 등 문민정부 내내 사건 사고가 끊이지 않았다. 이는 그동안의 안전 불감증과 건설업계의 병폐가 표출된 것이었다. 1997년 한보철강의 부도로 드러난 측근들의 비리와 연이은 기업들의 도산으로 국제통화기금(IMF)에 구제 금융을 신청하는 등 김영삼 정부는 말기에 엄청난 비판을 받았다.

1994년 성수대교 붕괴 사고(출처: 위키백과 CC BY-SA 4.0 ⓒ서울특별시 소방재난본부)

1995년 삼풍백화점 붕괴 사고(출처: 위키백과 CC BY-SA 4.0 ⓒ서울특별시 소방재난본부)

### 1994년 ◐
#### 대한민국, 조문 파동 발생

1993년 북한이 핵확산금지조약(NPT) 탈퇴를 선언하여 북핵 위기가 발생하자 카터 전 미국 대통령이 평양을 방문하여 해결의 돌파구를 마련했다. 이때 남북정상회담이 제의되어 1994년 7월 25일부터 27일까지 평양에서 개최하는 것으로 합의가 이뤄졌다. 그런데 1994년 7월 8일 북한의 김일성 주석이 심근경색증으로 사망하는 바람에 회담은 무기한 연기됐다. 김영삼 정부는 긴급 국가안전보장회의를 소집하고 전군과 경찰에 비상경계령을 내렸다. 조의(弔意) 표명과 조문(弔問)

### ◑ 1994년
#### 남아프리카공화국, 만델라 정부 출범 <sup>아프리카</sup>

1994년 5월 10일 남아프리카공화국에서 최초의 흑인 대통령이 취임하였다. 악명 높은 인종 차별 제도인 아파르트헤이트(Apartheid)에 저항하다 투옥되어 27년 만에 석방된 넬슨 만델라가 그 주인공이었다. 4월 27일에 치러진 남아공 최초의 다민족 총선거에서 승리한 아프리카민족회의(ANC)의 의장이었던 그는 백인인 프레데릭 데 클레르크를 부통령으로 지명하고 흑백 연합 정부를 구성했다. 만델라 대통령은 흑백 통합과 평화 정착을 위해 '진실과 화해 위원회'를 설치했다. 위행위에 대해서는 처벌할 것이라고 하였는데, 일부 야당 의원들이 남북 관계 개선과 민족 화해 차원에서의 조문단 파견을 제의하면서 문제가 불거졌다. 조문에 대한 찬반 논란이 엄청났으나 싸늘한 여론으로 인해 조문단의 파견뿐만 아니라 조의조차 전하지 않았다. 남북 관계는 더욱 냉랭해졌고 북한에 대한 비난 여론까지 확대되면서 남북정상회담도 무산됐다.

원회를 통해 아파르트헤이트 시절의 인권 침해 사건을 조사했지만, 가해자가 고백과 사죄를 하면 사면하는 인도주의적 정책을 폈다. 또한 흑인들의 생활을 향상하고자 주택·교육·경제 개발을 추진했고, 1996년 민주주의 헌법을 새로이 제정했다. 대통령 임기를 마친 그는 1999년 6월 정계에서 은퇴했다.

넬슨 만델라(출처: 위키피디아 CC BY-SA 2.0 ⓒJohn Mathew Smith)

### ❯ 1995년
#### 세계무역기구 출범 유럽

관세 및 무역에 관한 일반협정(GATT)의 여덟 번째 회담이었던 우루과이라운드(Uruguay Round)가 1993년 12월에 타결되어 1995년부터 발효됐다. 우루과이라운드는 상품 협상과 서비스 협상을 중심으로 관세, 비관세 장벽, 농업, 서비스, 지적재산권, 천연자원, 무역 투자 등을 협상했다. 이에 따라 우루과이라운드 협정의 이행을 감시하는 세계무역기구(WTO)가 설립됐다. 1995년 1월 1일에 출범한 세계무역기구는 국제 무역 질서 확립과 무역 자유화를 통한 경제 발전을 목적으로 하는 국제기구로, 무역 분쟁에 대한 사법권과 강제집행권을 갖는다. 본부는 스위스 제네바에 있으며 현재 회원국은 164개 국이다. WTO 회원국은 국내법과 WTO의 협정이 일치하도록 비준해야 한다.

체세포 복제로 태어난 양 돌리

### ❯ 1996년
영국, 복제 양 돌리 탄생 유럽

1996년 7월 5일 영국 로슬린연구소의 이언 윌머트와 키스 캠벨은 여섯 살 된 암 컷 양을 체세포 복사해 새끼 양 돌리를 탄 생시켰다. 엄마 양 체세포에서 채취한 유 전자를 핵이 제거된 다른 암컷 양의 난 자와 결합한 다음, 이를 대리모 양의 자 궁에 착상하여 키워 낸 돌리는 유전적으 로 엄마 양과 동일한 복제 양이었다. 이는 세계 최초로 포유동물을 복제한 것으로, 276번의 실패 끝에 성공한 사례였다. 돌 리는 정상적인 양처럼 출산하는 등 건강 해 보였으나, 노화가 빨리 진행되어 여섯 살에 안락사됐다. 돌리의 탄생으로 인간 복제 가능성이 커지자 복제의 윤리성에 대한 논란이 끊이지 않고 있다. 그러나 복 제 인간도 돌리처럼 유전적 장애를 갖고 태어날 수 있음을 인식해야 한다.

### 1997년 ❮
대한민국, 황장엽 망명

1997년 2월 12일 북한 조선노동당 비서 인 황장엽이 베이징 주재 한국대사관에 망명을 요청했다. 그는 김일성 유일통치 체제를 구현했으며, 북한의 통치 이데올 로기인 주체사상(主體思想)을 체계화한 인 물로, 김일성·김정일의 최측근이었다. 이

### ❯ 1997년
영국, 중국에 홍콩 반환 아시아

1997년 7월 1일, 아편 전쟁 이후 맺은 난징 조약으로 영국에 할양된 홍콩의 주 권이 155년 만에 중국으로 돌아왔다. 1984년 9월 26일 체결된 홍콩반환협정 에 따라 1997년 영국은 홍콩을 중국에 반환했지만, 향후 50년 동안은 공산주의

후 황장엽 일행은 중국이 정한 제3국행 방침에 따라 필리핀으로 이송됐으며, 망명을 요청한 지 67일 만인 4월 20일 서울에 도착했다. 북한 체제에 의분을 느껴 망명했다고 한 그는 2010년 세상을 떠나기 전까지 김정일 체제의 잔혹상을 고발하고 열악한 북한의 인권 개선을 위해 노력했다.

### 대한민국, 외환 위기 발생

1997년 11월 20일 김영삼 정부는 국제통화기금(IMF)에 구제 금융을 신청한다고 발표했다. 당시 외채는 1,500억 달러가 넘었는데 외화 보유액은 40억 달러를 밑돌아 모라토리엄(moratorium, 채무 지급 유예)을 선언할 상태에 이르렀기 때문이다. 12월 IMF 총재와 양해각서를 체결하고, IMF와 국제부흥개발은행(IBRD), 아시아개발은행(ADB)으로부터 지원을 받아 외환 위기의 고비를 넘겼다. 그러나 IMF가 지원 조건으로 제시한 요구들이 국내 상황에 맞지 않아도 수용해야만 했다. 1998년 2월에 출범한 김대중 정부는 IMF의 요구를 전면 수용하고 구조조정에 착수했으며, 국민들은 자발적으로 금 모으기 운동에 동참했다. 같은 해 12월 IMF 긴급보관금융에 18억 달러를 상환하면서 금융 위기에서 벗어나기 시작했고, 2001년 8월 23일 195억 달러를 예정보다 3년 가까이 앞당겨 상환하면서 IMF의 관리 체제가 종료됐다.

### 1998년 ◀

### 대한민국, 국민의 정부 출범

1997년 10월 자유민주연합과 야권 후보 단일화를 달성한 김대중이 1997년 12월

와 자본주의가 한 나라 안에 공존하는 일국양제(一國兩制)를 유지하기로 했다.

18일 대통령 선거에서 신한국당 이회창 후보를 누르고 당선됐다. 1998년 2월 25일 제15대 대통령으로 취임한 김대중은 자유민주연합의 김종필을 국무총리로 한 공동 정부를 구성한 뒤, 새 정부의 주권은 국민에게 있다며 정부의 이름을 '국민의 정부'라고 하였다. 국민의 정부는 기업의 구조조정과 금융 개혁, 외환 위기 탈출 등 경제를 개선하여 민주주의와 함께 발전시킨다는 'DJ노믹스'와 남북 화해와 협력의 시대를 여는 '햇볕정책'을 기조로 삼았다. 평화 공존, 평화 교류, 평화 통일의 원칙을 세웠던 김대중 대통령은 김정일 위원장에게 정상회담을 제안했고, 북한에 협력과 지원을 아끼지 않았다. 이는 북한에 우호적이었던 클린턴 행정부의 외교적 요구를 수용한 것이기도 했다. 이에 1998년 11월 18일에는 금강산 관광이 시작됐고, 2000년 6월 13일에는 최초의 남북정상회담이 성사됐으며, 6·15 남북공동선언이 발표됐다. IMF의 조기 극복에도 불구하고 경제 활성화를 위해 실시한 벤처기업 육성과 부동산 규제 완화, 신용카드 활성화는 엇갈린 평가를 받았다. 그렇지만 인권과 복지 분야의 개선을 이루었으며, 당내 대통령 후보의 국민경선제를 도입하여 젊고 개혁적인 정치 지도자를 배출할 수 있는 길이 열렸다.

김대중 대통령(출처: 대한민국 국가기록원)

## ❯ 1999년

### 포르투갈, 중국에 마카오 반환 아시아

1999년 12월 20일 포르투갈이 마카오를 중국에 반환했다. 1887년의 리스본 의정서와 1888년의 우호통상조약으로 포르투갈의 식민지가 되었던 마카오는 1951년 포르투갈 새 헌법에 따라 해외의 주(州)가 되어 총독의 통치를 받았다. 1974년 카네이션 혁명으로 독재 정권을 붕괴시킨 포르투갈은 처음으로 마카오 양도 용의를 표명했고, 반환 협상을 거쳐 1987년 마카오 양도 협정에 서명했다. 유럽의 마지막 아시아 영토였던 마카오의 이양으로 서구 열강의 아시아 시대는 막을 내렸다. 홍콩처럼 마카오 역시 일국양제 합의에 따라 1999년 이후 50년 동안의 자치권을 부여받았다.

| ※ 한국사 ※ | ※ 세계사 ※ |
|---|---|

### 2000년 ◀

**대한민국, 김대중 대통령 노벨평화상 수상**

2000년 12월 10일 김대중 대통령이 한국인 최초로 노벨평화상을 수상했다. 대한민국과 동아시아의 민주주의와 인권, 특히 한반도 평화 유지에 기여한 공로가 국제 사회의 인정을 받은 것이다. 김대중 대통령은 군사 정권에 대항하며 납치·구금·사형 선고 등 목숨까지 잃을 뻔한 상황을 수없이 겪으며 대한민국 민주화에 큰 영향을 미쳤다. 50여 년간 지속하여 온 북한과의 상호 불신과 적대관계를 청산하고 평화의 장을 여는 데도 커다란 역할을 했다. 이는 소련의 인권, 자유, 개혁, 비(非)공산 국가와의 화해를 주창한 안드레이 사하로프, 동·서독의 화해를 위해 노력한 빌리 브란트, 남아공의 인종 차별에 저항한 넬슨 만델라 등과 견주어도 손색이 없다.

### ❯ 2001년

**미국, 9·11 테러 발생** 아메리카

2001년 9월 11일 오사마 빈 라덴이 이끈 테러조직 알카에다(al-Qaeda)는 뉴욕의 세계무역센터(WTC) 쌍둥이 빌딩과 워싱턴의 국방부 청사(펜타곤)를 테러 공격했다. 이날 아침 4대의 민간 여객기를 납치한 알카에다는 두 대로는 WTC를, 한 대로는 펜타곤을 공격했고, 나머지 한 대로는 워싱턴의 국회의사당을 공격하려 했으나 승객의 저항으로 실패했다. 이 사건으로 4대의 항공기에 탑승했던 승객과 승무원

테러 공격을 받은 세계무역센터(ⓒRobert on Flickr)

259

테러 공격을 받은 펜타곤

테러와의 전쟁을 선포한 조지 W. 부시 대통령

전원이 사망했고, 이 외에 2,800~3,500명의 무고한 사람들이 목숨을 잃었다. 미국은 순식간에 아수라장이 됐고 전 세계가 경악했다. 사건 직후 일주일간 미국의 증권시장은 폐장했고, 모든 비행기의 이륙과 착륙이 금지됐다. 조지 W. 부시 대통령은 테러와의 전쟁을 선포하고, 10월 7일 빈 라덴을 보호하고 있던 아프가니스탄을 침공했다. 미국·영국 연합군은 11월 20일 아프가니스탄 전역을 함락했으나 빈 라덴을 찾는 데는 실패했다. 미국의 끈질긴 추적 끝에 빈 라덴은 결국 10년 뒤인 2011년 5월 파키스탄 은신처에서 미군에게 사살됐다.

## 2002년 ◀
### 대한민국, 월드컵 공동 개최

2002년 5월 31일부터 6월 30일까지 대한민국과 일본에서 2002년 FIFA 월드컵이 개최됐다. 한·일 월드컵은 월드컵 역사상 최초로 2개 이상의 나라에서 공동 개최된 월드컵이자, 유럽과 아메리카 이외의 대륙에서는 처음으로 개최된 대회였다. 32개국이 참가하여 대한민국과 일본의 20개 도시에서 총 64경기가 펼쳐진 제17회 월드컵의 우승국은 브라질이었고 준우승은 독일, 3위는 터키, 4위는 대한민국이 차지했다. 한일 월드컵 개최와 4강 신화로 대한민국의 위상을 세계에 알렸으며, 남녀노소를 가리지 않은 열렬한 거리 응원으로 열기가 뜨거웠다.

서울광장에서 펼쳐진 2002년 월드컵 거리 응원

2003년 ◀

## 대한민국, 참여정부 출범

2003년 2월 25일 제6공화국 네 번째 정부의 수반으로 노무현 대통령이 취임했다. 노무현 정부는 국정 운영에서 국민의 참여가 핵심 역할을 할 것이라는 뜻에서 '참여정부'라는 닉네임을 가지고 출발했다. 참여정부는 국가보안법 폐지, 사립학교법·언론관계법·과거사진상규명법 실시, 부동산세 신설, 전시작전통제권 환수 등 여러 부문에서 개혁을 시도했다. 그러나 보수 세력의 강력한 반대에 부딪힌 데다 부동산 정책과 상관없이 집값이 치솟자 대통령과 여당 지지율은 곤두박질쳤다. 2004년 노무현 대통령은 선거 중립 의무를 위반했다는 이유로 국회에서 탄핵당하였다. 5월 14일 헌법재판소는 대통령 탄핵소추안을 기각했지만, 대한민국 최초의 탄핵이라는 오명은 남았다. 2007년 10월 2일 노무현 대통령은 국가 원수로는 처음으로 걸어서 남북군사분계선을 넘었다. 10월 2일부터 4일에 걸쳐 진행된 김정일 국방위원장과의 남북정상회담은 김대중 대통령에 이어 두 번째로 이루어진 것으로, 10·4 남북 정상 공동선언문을 남겼다. 임기 내내 시도한 여러 개

노무현 대통령(출처: 대한민국 국가기록원)

▶ 2003년

## 미국, 이라크 침공 아시아

2001년 10월 아프가니스탄을 침공한 미국은 탈레반 정부를 무너뜨리고 친미 정부를 세웠으나 전쟁의 목표였던 빈 라덴과 알카에다를 소탕하지는 못했다. 이에 북한, 이라크, 이란을 '악의 축'으로 규정한 미국은 중동으로 눈을 돌려 다음 목표를 이라크로 삼았다. 2003년 3월 20일 미국은 영국, 오스트레일리아 등과 연합하여 대량살상무기(WMD)를 제거해야 한다는 이유로 이라크를 공격했다. 이라크 전쟁에는 각종 첨단 무기가 동원됐고, 연합군은 20여 일 만에 후세인 정부를 무너뜨리고 새로운 과도 정부를 출범시켰다. 그러나 전쟁의 명분이었던 WMD는 끝내 발견되지 않았고, 이라크의 저항도 수그러들지 않았다. 2011년 12월까지 지속된 크고 작은 분쟁으로 10만 명이 넘는 희생자가 생겼으며 세계 곳곳에서 전쟁에 대한 비난 여론이 일었다.

이라크 전쟁을 반대하는 평화 행진

혁 입법에 대한 노력, 특히 언론과 검찰 개혁에 대한 노력은 번번이 보수 세력과의 충돌로 무산됐고, 이념 지향적인 문제에 집착한다는 비판을 받기도 한 노무현 대통령은 퇴임 후 고향으로 내려간 첫 대통령이 되었다.

쓰나미가 휩쓸고 간 인도네시아 수마트라섬 해안의 한 마을

### 2005년 ◀
#### 대한민국, 황우석 사건 발생

2005년 11월 22일 MBC는 PD수첩 〈황우석 신화의 난자 의혹〉편에서 서울대학교 황우석 교수의 줄기세포 연구에 대한 의혹을 보도했다. 연구에 쓰인 난자는 불법 매매한 것이고 줄기세포 논문은 조작된 것이라는 내용이었다. 이후 난자의 불법 매매만을 인정한 황우석 교수 측과 2005년 《사이언스(Science)》지에 게재된 논문의 진위에 촉각을 세운 PD수첩 측의 대립이 첨예화되었다. 그러던 중 12월 23일 서울대 조사위원회에서 2005년 《사이언스》에 실린 논문이 조작됐다는 중간 조사 결과를 발표하여 PD수첩이 제기한 의혹을 뒷받침해 줬다. 또한 12월 29일 기자 간담회를 통해 '환자 맞춤형 줄기세포는 만들었다는 증거가 없다'고 발표했고, 다음 날에는 '2004년의

### ❯ 2004년
#### 인도양 쓰나미 발생 아시아

2004년 12월 26일 인도양에서 진도 9.1의 해저 지진과 함께 쓰나미(지진 해일)가 발생했다. 높이 10m가 넘는 파도가 인도네시아, 방글라데시, 스리랑카, 인도, 타이, 몰디브 등 인도양 연안의 12개 나라들을 강타하고 처참히 파괴했다. 인도네시아에서만 13만 명이 목숨을 잃었고 사상자 수는 총 30여만 명에 달할 것으로 추산되었으며, 수많은 이재민이 발생했다. 이 지역들은 관광지로 인기가 높아, 각국에서 크리스마스 휴가를 보내러 온 수천 명의 관광객도 사망하거나 실종되어 피해자 국적도 제각각이었다. 게다가 식품과 깨끗한 물 및 의료 지원 부족 등으로 사망자 수가 더 늘어났다.

줄기세포 또한 환자 DNA와 다르다'고 추가하였다. 2006년 1월 10일 서울대 조사위원회는 최종적으로 황우석 교수의 2004년 논문도 의도적으로 조작됐으며, 원천 기술의 독창성도 인정하기 어렵다고 발표했다. 1월 12일 《사이언스》지는 줄기세포와 관련한 황우석 교수팀의 논문을 취소한다고 선언했다. 이로써 황우석 교수의 줄기세포 연구는 거짓이었음이 드러났다.

## 2007년 ◉
### 대한민국, 비정규직 보호법 시행

1997년 외환위기 이후 비정규직이 급증하자, 기간제 노동자나 단시간 근로자와 같은 비정규직 노동자를 보호하기 위한 법이 2006년 11월 30일 국회에서 통과됐고 2007년 7월부터 시행됐다. 기간제 및 단시간 근로자 보호 등에 관한 법률, 파견 근로자 보호 등에 관한 법률, 노동위원회법 등이 이에 해당하며, 그 주요 내용은 비정규직으로 2년 이상 근무하면 정규직으로 전환된다는 것이었다. 비정규직을 감소시켜 비정규직 노동자를 보호한다는 것이 정부의 의도였다. 2018년 KDI 한국개발연구원에서 2007년부터 시행된 이 법이 노동자 고용에 미친 영향에 대한 보고서를 작성했다. 이에 따르면 정부의 의도대로 기간제와 파견제로 일하던 비정규직 노동자 중 11%가 정규직으로 전환됐고, 기간제와 파견제 노동자의 비율은 50%가량 줄었다. 그러나 전체 일자리가 3.2% 감소한 데다 단시간 근로자가 10.1% 증가한 것은 비정규직에서도 양극화가 이뤄지고 있음을 보여 준다고 할 수 있다.

## 2008년 ◀
### 대한민국, 숭례문 화재

2008년 2월 10일 저녁, 국보 제1호인 숭례문이 화염에 휩싸였다. 숭례문은 조선의 한양을 둘러싸고 있던 성곽의 정문으로, 사대문 가운데 남쪽에 있어서 남대문이라고 부르기도 한다. 숭례문은 화재가 발생한 지 5시간 만에 진화됐는데, 2층 누각의 90%, 1층 누각의 10% 정도가 소실되면서 석축을 제외한 건물이 모두 사라졌다. 여기에는 문화재 관리 소홀과 소방관의 문화재 화재 진화에 대한 이해 부족도 작용하였다. 2010년 2월의 착공식을 시작으로 숭례문 복구 공사가 시작됐고, 2013년 다시 일반에 개방됐다. 2013년 5월 1일에는 숭례문 복구를 고하는 고유제(告由祭)가 치러졌다. 한편 토지 보상금에 대한 불만을 알리려고 숭례문에 불을 질렀다는 채종기는 문화재보호법 위반으로 구속되어 복역했다.

방화 사건으로 붕괴된 숭례문

### 대한민국, 이명박 정부 출범

2008년 2월 25일 제6공화국의 다섯 번째 정부의 수반으로 이명박 대통령이 취임했다. 2013년 2월 24일 막을 내린 이명박 정부는 작은 정부와 경제 살리기를 목표로 실용주의에 입각한 경제 성장과 자원 외교, 친(親)서민 정책 등을 추구했다. 그리하여 2008년 미국발 금융 위기

## ❯ 2008년
### 미국, 세계 금융 위기 초래 아메리카

2007년 4월 2일 미국의 서브프라임 모기지(subprime mortgage) 회사인 뉴센추리 파이낸셜(New century Financial Corp.)이 파산 신청을 했다. 서브프라임 모기지란 신용 등급이 낮은 저소득층에게 주택 자금을 빌려주는 미국의 주택 담보 대출 상품으로, 이자율이 오르면 저소득층의 상환율이 떨어지는 한계를 지니고 있었다. 2004년 이후 대출 이자율이 상승하여 위태해진 미국의 경제 상황은 초대형 모기지론 대부업체들의 파산으로 이어졌다. 이는 미국뿐만 아니라 세계 경제를 침체시켜 1929년의 대공황 이후 다시 한 번 세계 경제를 얼어붙게 했다. 2008년 9월 15일 미국 투자은행 리먼 브라더스 (Lehman Brothers Holdings Inc.)의 파산 신청을 시작으로 여러 기업과 은행의 파산이 이어졌고, 많은 기업과 은행의 구조 조정으로 실업과 경기 침체가 지속됐다. 2016년부터 점차 금융 위기에서 벗어나기 시작했으나, 정책 재정비와 금융 안정의 중요성 인식, 정책 수단 개발 등은 향후 과제로 남았다.

에 무난하게 대처하였고 임기 중 세계 평균보다 높은 경제성장률을 거두었다. 그러나 물가상승률도 높아 경제 살리기의 취지가 무색해졌다. 한·미 쇠고기 협상 논란으로 인하여 지지율이 급락했고, 용산 철거민 참사 사고, 천안함 피격 사건 등의 대응과 처리에 있어서 국민의 기대에 부응하지 못했다는 평가를 받았다. 또한 외형적 성장에 치중하여 소득 분배 개선에는 소극적이었고, 후보 시절부터 불거진 BBK 주가 조작 사건 등 여러 의혹을 해명 없이 무마했다.

이명박 대통령(출처: 대한민국 국가기록원)

2009년 취임 선서하는 버락 오바마

## ❯ 2009년

### 미국, 오바마 대통령 취임 아메리카

2009년 1월 20일 버락 오바마가 제44대 미국 대통령으로 취임했다. 2008년 민주당 대선 후보로 지명되어 그해 11월 대통령 선거에서 공화당 후보인 존 매케인을 누르고 당선됐는데, 미국 역사상 최초의 유색인 대통령이었다. 오바마 대통령은 임기 내내 사회주의 논란에 시달렸다. 공화당의 제임스 인호페와 존 베이너가 주축이 되어 그가 실행하려던 의료보험 개혁, 저소득층과 중산층을 위한 세금 개혁 등이 사회주의적이라고 공격했다. 그런데도 오바마 대통령은 동성 결혼 합법화, 고소득자 증세 등의 정책을 펼쳤고, 이란 핵 협상 타결, 이라크 파병 철회, 쿠바와의 수교 등 세계 평화에도 기여했다. 또한 파리 기후변화협약 가입 등 환경 문제도 소홀히 하지 않아 임기 말까지 높은 지지를 받았다. 그는 2017년 1월 8년의 임기를 마치고 대통령직에서 퇴임했다.

## 2010년 ◉
### 대한민국, 천안함 사건 발생

2010년 3월 26일 밤 9시 22분경 백령도 근처 해상에서 해군 초계함인 천안함이 침몰하여, 승조원 104명 중 40명이 사망하고 6명이 실종된 사건이 발생했다. 선미(船尾)에서 일어난 폭발로 인해 두 동강이 난 천안함의 침몰 원인을 밝히기 위해 이명박 정부는 민간·군인합동조사단과 오스트레일리아, 미국, 스웨덴, 영국 등 5개국의 전문가로 구성된 합동조사단을 꾸렸다. 2010년 5월 21일 정부는 천안함이 북한의 소형 잠수정에서 발사된 어뢰에 의한 외부 수중 폭발의 결과로 침몰했다고 발표했다. 그러나 침몰 원인에 대한 일부 언론과 연구자들의 반론이 여전히 제기되고 있다. 국제연합 안전보장이사회에서는 북한의 소행을 규탄한다는 성명을 채택했으나, 북한은 관련이 전혀 없다고 주장했다. 이 사건 이후 남북 관계는 얼어붙었고, 11월 23일 북한이 선전포고도 없이 대연평도를 공격한 연평도 포격전이 발생했다.

인양되는 천안함(출처: CC BY-SA 2.0 ⓒ대한민국 국군 2010 국방화보)

## ◉ 2011년
### 일본, 후쿠시마 원전 사고 발생 아시아

2011년 3월 11일 오후 2시 46분, 일본 도호쿠 지방의 해저 24km에서 진도 9.0의 대지진이 발생했고, 곧이어 거대한 쓰나미가 들이닥쳤다. 이로 인해 후쿠시마 제1 원전에서 수소폭발이 일어나고 방사성 물질이 묻은 다량의 수증기가 유출됐다. 가동 중이던 원자로의 핵분열은 자동으로 억제됐지만, 전력이 끊겨 냉각시스템이 마비되어 핵연료봉이 고열에 노출되는 바람에 생긴 사고였다. 대지진과 원전 사고로 숨지거나 실종된 사람, 정신적 고통으로 인해 자살하거나 병사한 사람들까지 지진 관련 사망자가 2015년 9월 기준 3,407명이었고, 직간접적 사망자를 합하면 2만 명이 넘었다. 인근 주민 21만 명은 방사성 물질 노출을 피해 고향을 떠나야 했다. 체르노빌 원전 사고와 더불어 국제 원자력 사고 등급의 최고 등급을 판정받은 후쿠시마 원전의 폐로까지는 40년 가까이 걸릴 것으로 예상된다. 그러나 일본 정부는 피해 복구와 대책 마

2013년 후쿠시마 제1 원자력 발전소 4호기의 폐로 계획을 검토 중인 국제원자력기구 전문가들(출처: IAEA Imagebank ⓒGreg Webb)

련에 소극적인 태도를 보이며, 원전 사고 이후 녹아내린 연료 덩어리를 식히는 데 사용한 물에서 방사성 물질을 제거한 다음 2023년부터 바다에 방류하기로 결정했다. 또한 후쿠시마 외의 다른 원전들을 차례로 재가동하고, 2021년 도쿄 올림픽을 기회로 참사를 완전히 극복했음을 전 세계에 선전하기 위한 피난민 최소화 정책을 펴고 있다는 지적을 받고 있다.

## 2012년 ⊙
### 대한민국, 4대강 정비 사업 완료

한반도 대운하 건설을 대선 공약으로 내세웠던 이명박 대통령은 추진 과정에서 국민의 저항을 받자 4대강을 정비하는 방향으로 사업을 축소·변경했다. 2008년 12월 29일 낙동강 지구 착공식을 시작으로 22조 원의 예산을 투입해 한강, 낙동강, 금강, 영산강 등 4대강과 섬진강 및 지류에 보(洑) 16개와 댐 5개, 저수지 96개를 설치했다. 2012년 4월 22일 4대강 정비 사업은 마무리되었으나, 2013년 1월 감사원은 4대강 사업이 총체적 부실을 안고 있다고 발표했다. 한반도 대운하 재추진을 염두에 두었던 4대강 정비 사업은 보의 내구성 부족, 건설 비리 등의 부작용뿐만 아니라 수질 악화라는 문제점을 안고 있었다. 하천의 저수량을 늘려 생태계를 복원한다는 취지가 무색하게 정비 이후 유속이 느려져 큰빗이끼벌레가 출현했고, 어류가 떼죽음을 당했으며, 대규모 녹조가 발생해 '녹조라테'라는 말이 만들어졌다. 2020년 4대강 재(再)자연화와 관련된 정책들이 추진되긴 하였으나, 4대강에 놓인 보는 대부분 그대로 있다.

## 2013년 ◀

### 대한민국, 박근혜 정부 출범

박근혜 정부는 제6공화국의 여섯 번째
정부로, 2013년 2월 25일 박정희 전 대
통령의 딸이자 대한민국의 첫 여성 대통
령인 박근혜를 수반으로 출범하였다. 그
러나 정부 시작 전부터 각종 정책에 비선
실세(秘線實勢)인 최순실(최서원)이 개입했
다는 의혹이 불거졌고, 이는 박근혜 대통
령 탄핵으로 이어졌다. 박근혜 정부는 창
조 경제와 한반도 통일을 국정 목표로 삼
았으나 통합진보당 해산, 역사 교과서 국
정화, 개성공단 폐쇄 등 제왕적 대통령
의 모습을 여과 없이 보여 주었다. 게다
가 2014년의 세월호 사건과 2015년의
메르스 사태를 겪으면서 무능하다는 평
가를 받았다. 취임 초 내세웠던 경제민주
화, 소득주도성장 등은 구호에 불과했고,
최고 책임자인 대통령은 책임을 회피하
기에 급급하다는 인상을 지울 수가 없었
기 때문이다. 결국 박근혜 대통령은 대한
민국 헌정사상 최초로 파면됐다. 2017년
3월 10일 오전 11시 탄핵 심판의 선고
재판에서 재판관 전원 일치로 파면이 결
정됨으로써 박근혜 정부는 막을 내렸다.

박근혜 대통령(출처: 대한민국 국가기록원)

## 2014년 ◀

### 대한민국, 세월호 사건 발생

2014년 4월 16일 안산 단원고 학생
325명을 포함해 476명의 승객을 태우
고 인천에서 제주도로 가던 여객선 세월
호가 전남 진도 앞바다에서 침몰했다. 세
월호는 조류가 거센 맹골수도에서 급격
하게 항로를 변경했는데, 이때부터 중심
을 잃고 기울어져 침몰하기 시작했다. 그

2017년 목포신항에 인양된 세월호(출처: 위키피디아 CC
BY-SA 4.0 ©Trainholic)

러나 선내에서는 '이동하지 말고 가만히 있으라'는 방송이 나왔고, 단원고 학생의 신고로 해경이 도착했을 때는 선원들이 가장 먼저 배에서 탈출했다. 사고의 생존자 172명 중 절반 이상은 해경보다 늦게 도착한 민간 선박이 구조했고, 배가 침몰한 이후의 구조자는 단 1명도 없었다. 이 같은 상황에서 일부 언론은 전원 구조라는 오보를 냈고, 박근혜 정부는 구조 작업에 우왕좌왕하는 모습을 보여 희생자와 실종자 가족들의 분노와 불신을 샀다. 2014년 11월 〈4·16 세월호 참사 진상규명 및 안전사회 건설 등을 위한 특별법〉이 제정되고 세월호 참사 특별조사위원회가 꾸려져 2016년 9월 30일 강제 종료될 때까지 활동했으나 이렇다 할 성과는 없었다. 대검찰청은 2019년 11월 6일 세월호 참사 특별수사단을 설치, 재조사하였으나 대부분의 의혹은 혐의 없음으로 결론지어졌다. 이를 받아들일 수 없었던 세월호 유가족들은 재항고까지 하였으나 2021년 6월 21일 대검찰청은 이를 기각했다. 예방할 수 있었던 인재(人災)인 세월호 사건으로 사회 곳곳에 만연해 있는 안전 불감증과 물질 만능주의, 생명 경시 풍조, 그리고 컨트롤 타워 역할을 제대로 못 한 정부의 한계가 드러났다.

세월호 참사 희생자들을 추모하는 노란 리본들(출처: 위키백과 CC BY-SA 3.0 ⓒPiotrus)

### 2017년 ◐
#### 대한민국, 문재인 정부 출범

문재인 정부는 세 번째 정권 교체를 이룬 정부로, 2017년 5월 10일에 출범해 2022년 5월 9일까지로 예정되어 있다. 전임 대통령의 탄핵으로 2017년 5월 9일에 치러진 대통령 선거에서 제19대 대통령으로 당선되자마자 대통령직인수

2018년 4월 27일 판문점 평화의 집에서 열린 남북정상회담(출처: 청와대)

위원회 설치 없이 다음 날부터 국정을 운영했다. 문재인 정부는 '국민의 나라, 정의로운 대한민국'을 건설하겠다는 목표로 국민주권, 경제민주의, 복지국가, 균형발전, 한반도평화번영 등을 세부 과제로 정했다. 남북고위급회담 성사, 평창 올림픽 개최 등이 임기 중 이뤄졌으나 검찰과 부동산 개혁 등이 난항을 거듭하고 있다. 환경 문제 해결에는 다소 소극적이라는 평가를 받고 있으나, 코로나바이러스감염증-19(COVID-19)를 극복하는 과정에서 전 세계에 'K-방역'이라는 방역 모범국의 면모를 보여 주었다.

2018년 6월 북미정상회담

### ◎ 2018년

#### 미국, 북한과 회담 개최 아시아

북한과 미국의 1차 정상회담은 2018년 6월 12일 싱가포르에서 진행됐다. 미국의 도널드 트럼프 대통령과 북한의 김정은 위원장은 새로운 북미 관계 수립과 한반도 평화 구축, 판문점 선언의 확인과 한반도 비핵화, 전쟁 포로 및 전쟁 실종자의 유해 송환 등에 합의했다. 2차 회담은 2019년 2월 27~28일 베트남 하노이에서 개최됐다. 이때 미국은 영변 핵시설 폐기 외에 모든 핵시설과 핵무기 목록 제출 등을 요구하며, 실무 협상에서 이미 합의된 경제 제재의 해제 요구와 추가 보상을 정상회담 당일에 바꿔 버렸다. 북한이 이를 거부하면서 합의에 이르지 못하고 회담은 중도에 멈췄다. 3차 회담은 2019년 6월 30일 오사카 G20 정상회의가 끝난 뒤 판문점에서 약식으로 진행됐다. 트럼프 대통령은 오후 3시 45분에 군사분계선을 넘어 현직 미국 대통령으로서는 최초로 북한 땅을 밟았다. 트럼프 대통령과 김정은 위원장은 '자유의 집'에서 53분간 정상회담을 하였고, 미국과 북한 모두 비핵화 협상을 재개한다고 발표했다. 2021년 1월 조 바이든 정부가 출범하면서 북미 정국은 묘한 긴장감이 흘렀고, 6월 18일 김정은 위원장은 미국과의 대결뿐만 아니라 대화도 준비한다는 내용의 첫 공식 대외 메시지를 내놓았다.

코로나바이러스감염증-19 창궐

코로나바이러스감염증-19는 2019년 12월 중국 후베이성 우한시의 집단 발병을 시작으로 전 세계로 확산된 바이러스성 질환이다. 이는 2003년의 사스(SARS, 중증급성호흡기증후군), 2012년의 메르스(MERS, 중동호흡기증후군)와 같은 코로나바이러스의 신종으로 밝혀졌다. 코로나19는 호흡기나 눈·코·입의 점막으로 감염자의 침방울이 침투되어 전염되거나 공기 중에 떠다니는 에어로졸(aerosol) 형태로 전파된다. 치사율이 높은 데다 후유증도 심한 코로나19가 전 세계로 퍼지자 2020년 3월 11일 세계보건기구(WHO)는 감염병 세계 유행인 팬데믹(pandemic)을 선언했다. 2020년 12월 8일 영국에서 최초로 백신 투여가 이뤄진 후 전 세계는 백신 생산과 확보, 투여에 열을 올리고 있다. 백신에 이어 치료 약이 개발되면 잠복기인 2주 격리, 각국의 입국 제한, 사회적 거리 두기, 마스크 착용 등 코로나19로 인한 제한이 완화될 전망이며, 세계 경제와 정세도 개편될 여지가 다분하다.

2020년 ◐

대한민국, 문화 강국 등극

2020년 2월 9일 봉준호 감독이 영화 〈기생충〉으로 92회 아카데미 영화제에서 감독상을 받았다. 그뿐만 아니라 〈기생충〉은 각본상, 국제영화상, 작품상까지 휩쓸었다. 돈에 의해 숙주와 기생충으로 나뉘어 사는 사회를 풍자한 〈기생충〉은 전 세계인의 공감을 불러일으키기에 충분했다. 또한 2021년 4월 25일 배우 윤여정은 93회 아카데미 영화제에서 영화 〈미나리〉로 여우조연상을 받았다. 그녀는 대한민국 최초로 아카데미 영화제에서 수상한 배우가 됐다. 2020년 9월 1일에는 방탄소년단(BTS)이 〈다이너마이트(Dynamite)〉로 빌보드 차트 1위를 기록했다. 전 세계인을 대상으로 하여 영어로 부른 다이너마이트는 3주 연속 1위를 기록했고 총 32주간 '핫100'에 머물러 있었으며, 2021년 6월 1일에는 뮤직비디오 1억 뷰를 달성했다. 게다가 2021년 5월 21일에 공개한 〈버터(Butter)〉는 빌보드 차트에서 4주 연속 1위를 하면서 다이너마이트를 넘어섰다. 이렇듯 코로나19로 전 세계의 교류가 어려운 상황에서 대한민국은 대중문화의 강국이 되었다.

한국사 세계사
비교 연표

초 판 1쇄 발행·2021. 11. 30.
초 판 4쇄 발행·2024. 11. 5.

지은이     이근호·최유림
발행인     이상용·이성훈
발행처     청아출판사
출판등록   1979. 11. 13. 제9-84호
주소       경기도 파주시 회동길 363-15
대표전화   031-955-6031      팩스 031-955-6036
전자우편   chungabook@naver.com

ⓒ 이근호·최유림, 2021
ISBN 978-89-368-1199-0  03900